U0909322

中　国　现　实　经　济　热　点　问　题　系　列

本书出版获广东省软科学研究计划项目资助（项目编号：2014A070704010）

农民社会养老保险制度的公共投入优化研究

Public Investment Optimization of Rural Social Pension Insurance System

徐　强／著

经济管理出版社
ECONOMY & MANAGEMENT PUBLISHING HOUSE

图书在版编目（CIP）数据

农民社会养老保险制度的公共投入优化研究/徐强著. —北京：经济管理出版社，2015.9
ISBN 978-7-5096-3683-1

Ⅰ. ①农… Ⅱ. ①徐… Ⅲ. ①农民—社会养老保险—养老保险制度—研究—中国
Ⅳ. ①F842.67

中国版本图书馆 CIP 数据核字（2015）第 058771 号

组稿编辑：申桂萍
责任编辑：申桂萍　梁植睿
责任印制：司东翔
责任校对：雨　千

出版发行：经济管理出版社
（北京市海淀区北蜂窝 8 号中雅大厦 A 座 11 层　100038）
网　　址：www. E-mp. com. cn
电　　话：（010）51915602
印　　刷：北京九州迅驰传媒文化有限公司
经　　销：新华书店
开　　本：720mm×1000mm/16
印　　张：15
字　　数：252 千字
版　　次：2015 年 9 月第 1 版　　2015 年 9 月第 1 次印刷
书　　号：ISBN 978-7-5096-3683-1
定　　价：49.00 元

·版权所有　翻印必究·
凡购本社图书，如有印装错误，由本社读者服务部负责调换。
联系地址：北京阜外月坛北小街 2 号
电话：（010）68022974　　邮编：100836

前　言

我国是农业大国，同时也是人口大国。在计划经济时期，广大的农村居民以"工农业价格剪刀差"的形式为国家的工业化、现代化作出了重大贡献。随着国家经济实力的快速增长，实现农村居民"老有所养"，解除他们的养老后顾之忧，对于我国构建和谐社会、小康社会具有重要意义。在工业化、城市化快速推进的背景下，农民传统的养老保障（家庭养老、土地养老等）功能逐渐弱化，农民养老问题面临严峻的挑战。2009 年，国务院出台了《关于开展新型农村社会养老保险试点的指导意见》，"新农保"的突出特点是增加了政府公共投入，一定程度上体现了政府的责任。但是目前"新农保"的公共投入尚存在较大的优化空间：一是公共投入的责任分担机制不健全；二是公共投入的总体水平偏低；三是缺乏政府公共投入的财政预算制度。因此，研究农民社会养老保险制度的公共投入优化问题，探讨城乡统筹背景下该公共投入优化机制的适用性，不仅对于我国应对人口老龄化，推进"新农保"、"城居保"及两者合并后的城乡居民基本养老保险制度发展具有重要意义，而且对于完善国家公共投入体系、缩小城乡差距、促进城乡协调发展具有重要意义。

虽然自 2014 年 2 月城乡居民基本养老保险制度开始试行，但其实质是"新农保"与"城居保"的合并。因此，以农民社会养老保险制度为例，研究其公共投入优化机制，探讨在城乡统筹背景下该公共投入优化机制对城乡居民基本养老保险制度的适用性具有重大的理论和现实意义。本书主要探讨并回答以下六个方面的问题：第一，政府财政为什么要介入农民社会养老保险制度？即农民社会养老保险制度公共投入的理论依据和现实依据；第二，世界上其他国家对农民社会养老保险制度的公共投入情况如何，有哪些值得我们学习的地方？即农民社会养老保险制度公共投入的国际经验和借鉴；第三，现行农民社会养老保险制度中各级政府财政责任的分担现状及存在的问题，并提出公共投入责任分担的优化方案；第四，现行农民社会养老保险制度中政府公共投入水平的现状及存在的问题，并提出优化公共投入水平的政策建议；第五，现行农民社会养老保险制度中财政预算的现状及存在的问题，并提出具体的优化方案；第六，城乡统筹背景下，农民社会养老保险制度公共投入优化机制对“新农保”和“城居保”合并后的城乡居民基本养老保险制度的适用性。

全书共分为九章，围绕上述六个问题进行集中阐述和分析。

本书的主要创新之处在于：第一，在政府介入农民养老的理论依据方面，尝试运用风险社会理论进行解释，丰富了人们对社会风险及风险应对方式的认识。第二，在公共投入的责任分担方面，依据财政联邦主义理论，对各级政府公共投入的边界进行合理界定。第三，借助社会保障水平测定模型及柯布—道格拉斯生产函数，运用统计数据分析农民养老供需不均衡的现状，并以加强公共投入为切入点，对财政补贴水平进行合理界定，以期逐步提高保障水平，并使政府财政负担在可承受范围之内。第四，本书尝试性地提出农民社会养老保险制度“三账户”合意模式。通过对现行新农保“基础养老金 + 个人账户”模式进行部分调整，增加单独的地方补助养老金，由“两账户”给付模式转变为“三账户”给付模式，实现制度优化。第五，财政预算是履行“新农保”政府责任的制度保证。本书提出“依托社会保障预算改革，完善新农保预算支持”的思路，并构建了“新农保”预算管理的基本框架。第六，通过“新农保”、“城居保”、城乡居民基本养老保险制度的比较研究，探讨本书构建的农民社会养老保险制度公共投入优化机制在城乡统筹背景下的适用性。

本书力图构建农民社会养老保险制度公共投入的优化机制并探讨其在城乡统筹背景下的适用性。但由于资料收集、知识积累及个人能力等方面的问题，许多内容还有待进一步的深入研究。

例如，本书分析了地方各级财政（省、市、县三级财政）的分担结构问题，并提出三种可供选择的方案，但缺乏实地调研案例的支撑；本书依据统计数据对农民养老的适度需求水平进行界定，尚需要借助实地调研数据进行验证；本书依据柯布—道格拉斯生产函数对农民社会养老保险制度公共投入的最优规模进行了界定，后续研究还可以考虑运用社会福利函数进行验证；本书研究了农民社会养老保险制度公共投入优化机制对城乡居民基本养老保险制度的适用性，但由于数据获取的难度及研究时间的限制，并没有对城镇居民养老保险公共投入水平进行详细的测算，这也是后续研究的方向。

目 录

第一章 导 论

第一节 研究背景

一、形势变化，农民传统养老方式面临挑战

我国是人口大国，同时也是农业大国，广大的农村居民以“工农业价格剪刀差”的形式为国家的工业化、现代化作出了重大贡献，因此，解决农村居民“老有所养”问题不仅是全面建设小康社会的需要，也是构建社会主义和谐社会的需要。为了实现人口增长与经济社会发展的协调，我国政府自20世纪70年代就开始对人口数量实行有计划的调控，实行计划生育的基本国策。计划生育政策的实行，在有效控制人口快速增长，促进经济社会发展进步的同时，也使我国的人口结构发生较大变化。同时，随着经济的发展、人民生活水平和保健水平的提高、医疗技术的进步，人均寿命不断延长，我国的老龄化进程不断加速。根据《中国统计年鉴》(2012)，1982年，我国65岁及以上人口占总人口的比重为4.9%；1990年，这一比重为5.6%；2000年，这一比重上升为7.0%；2010年，这一比重为8.9%；2011年，这一数据则达到了9.1%。按照联合国老龄化社会的划分标准（65岁及以上人口占总人口的比重为7.0%），我国自2000年即进入老龄化社会，而且老龄化速度越来越快。此外，工业化、城市化的快速推进，人口流动规模的加大，使农民传统的养老方式面临挑战。特殊文化背景及经济形态下形成的传统家庭养老及土地养老方式由于时代的变迁而遭到冲击。

首先，家庭养老面临冲击。家庭养老即以家庭为基础，通过代际之间的亲情

赡养关系为老年人提供经济支持、亲情服务以及精神慰藉。家庭养老方式是我国历史发展的结果，传统的儒家理念宣扬“孝”文化，奠定了家庭养老的思想基础。孝敬父母、尊敬长辈是中华民族的传统美德，“父母在，不远游”是这种文化的生动体现，充分说明赡养老人是年轻一代的义务和责任。小农经济形态是家庭养老的经济基础。农业社会生产力水平极其低下，物资资源较为匮乏，人们很难在年轻时通过土地耕作进行充分的积蓄以备养老之需。年老后不能从事繁重的农业劳动，生活来源随之中断，这也注定了子女要承担起父辈的养老责任，如此代际循环维持了中国农村的稳定和谐。稳定的家庭结构是维持家庭养老的现实基础。传统的私有制社会里，一家一户既是生产单位又是消费单位，大家紧密团结在以老人为核心的家庭里进行风险共担。人口流动很少发生，家庭结构相对稳定，所以子女赡养老人的家庭养老模式能够很好地得以世代延续。但是在市场经济快速推进、工业化以及城镇化加速发展、计划生育政策持续推行、人口流动规模不断增多、农村人口老龄化不断加速的大环境下，传统的家庭养老模式面临前所未有的威胁：一是赡养老人意识的减弱动摇了家庭养老的思想基础；二是家庭结构小型化对家庭养老模式产生冲击；三是知识经济时代，传统社会老年人所具有的农业耕作知识逐渐滞后于现代科技的发展，传统家庭以老龄长辈作为核心的向心力及凝聚力逐渐消退，老人在家庭的权威地位不断下降。

其次，土地养老面临新的挑战。土地养老即农民将土地作为生存和发展的基础，通过辛勤耕作获得生活所需，养老资金也全部依赖土地产出的一种保障方式。在我国，土地被视为农民的天然保障，是农民赖以生存和发展的基础，农民从土地上获得日常必需的粮食、蔬菜，因此日常生活维系成本较低，而且可以种植部分经济作物，作为家庭收入的一部分。农村全面的社会保障体系迟迟没有建立和发展起来，其中一个重要原因就是国家认为农民有土地作为他们的基本保障。与城市居民退休无养老金就很难生存不同，在农村地区，年老并不意味着就完全脱离农业劳动，而是仍然可以依靠土地维系基本日常生活，这也决定了农村土地养老的低水平和高弹性，与老年人身体状况、劳动能力密切相关。但是，我们应该意识到，土地在一定程度上诚然可以对农村老年人起到一定保障作用，但其作用的发挥需要一些基本条件：一是要保障每位农业劳动力有适量的土地可以耕种，这是最低条件；二是要综合考虑农业面临的自然风险以及市场风险情况，土地收益减去土地耕作成本的纯农业利润应该足以保证农民的基本生活所需；三

是当农民年老丧失劳动能力不能从事农业生产时，可以在市场上合理转让农地承包经营权以获得土地收入。然而，社会经济的发展正在冲击甚至摧毁土地保障赖以存在的三大基石，土地对农村居民的保障功能正在不断弱化甚至衰退：一是农村耕地由于城市化的快速发展持续减少，失地农民越来越多；二是农民仅依靠纯农业生产已经很难维持家庭正常生活开支；三是我国完善的农地流转机制尚未建立，农地流转困难重重。

综上所述，由于社会经济形势的变化，农民传统的养老保障方式（家庭养老、土地养老等）功能弱化并面临严峻的考验。

二、增加政府财政投入，“新农保”建设取得成效

社会养老保险即由国家或政府主办的，具有经济福利性的、社会化的保障老年人生活的一种社会保险制度。它一般遵循个人、集体、国家三方出资的原则，年轻时进行养老金的积累，年老丧失劳动能力时按照积累额逐月领取养老金，以保证衣、食、住等基本生活所需。社会养老在我国农村的发展经历了一个由无到有，逐步发展完善的过程。

鉴于城乡二元的经济结构以及传统家庭养老、土地保障的存在，我国农村社会养老保险在相当长时间内处于缺位状态。20 世纪 80 年代中期，面对日益严重的人口老龄化趋势，我国开始在农村经济比较发达的地区建立社会养老保险制度。经过三年多的试点，在取得一些成绩的同时，也出现较多问题，主要表现在制度建设以乡村社区为依托，养老金的筹集、管理和发放由乡镇完成，统筹层次太低，管理不严格，资金安全性较差，因此效果不明显。1990 年 7 月，国务院明确农村社会养老保险由民政部主管。1991 年 6 月，民政部制定了《县级农村社会养老保险基本方案》。该《方案》确定农村社会养老保险制度的资金来源主要包括个人缴纳和集体补助：个人缴纳为主，集体补助为辅。国家不提供资金扶持，仅提供政策支持。坚持社会养老保险与家庭养老相结合，由点到面、逐步发展，确立了农村社会养老保险制度的六大原则。根据《方案》精神，各地逐步开展工作，到 1998 年底，全国 65%的乡镇开展了农村社会养老保险，参加人数达 8025 万。1998 年，农村社会养老保险工作由民政部移交劳动和社会保障部。此时，由于受“亚洲金融危机”的冲击，基金运行难度加大，基于当时农村的现实情况，国务院决定暂时中止农村社会养老保险制度，农村社会养老保险事业陷入徘

徊阶段，参保人数逐年下降。2002 年，党的十六大明确提出“在有条件的地方探索建立农村社会养老保险制度”的方针，农村社会养老保险工作再次开始发展。2004~2006 年，国务院又出台了一系列文件，提出各地方政府应该根据农村经济发展水平，建立社会养老保险制度。在中央文件精神的指引下，农民社会养老保险制度快速推进，参保人数迅速上升。

为了深入贯彻落实科学发展观，逐步解决农村居民“老有所养”问题，根据党的十七大和十七届三中全会精神，国务院发布了 2009 年第 32 号文件，明确在全国开始试行农村社会养老保险制度，即“新农保”。“新农保”的任务目标是 2009 年在全国 10%的县（市、区、旗）进行试点，以后逐步向全国扩展，在 2020 年之前对适龄农村居民基本实现全覆盖。“新农保”试点的四大基本原则是“保基本、广覆盖、有弹性、可持续”，资金来源主要包括个人缴费、集体补助、政府补贴三大部分。与原有的农村社会养老保险（以下简称“老农保”）相比，“新农保”在两个方面具有较大的创新：第一，制度模式不同。“新农保”参考城镇企业职工养老保险，实行“基础养老金+个人账户”模式。基础养老金实行普惠制，资金来自中央财政，所有农村居民年龄达到 60 岁即可以享受，标准暂时定为每人每月 55 元，以后逐步调整。个人账户资金由个人按规定缴纳的养老保险费和地方政府补助的资金组成。“老农保”完全实行个人账户积累制，农民个人缴纳的养老费和集体补助全部记在个人名下，是参照商业保险的模式。第二，“新农保”规定了明确的财政补贴标准，国家财政目前支付每人每月 55 元的基础养老金，随经济发展水平逐步上调。省、县两级财政根据农民个人每年缴费的五个不同档次（100 元、200 元、300 元、400 元、500 元）分别给予 30 元、35 元、40 元、45 元、50 元的补贴，其中省级财政补贴比例占 60%。“老农保”中规定政府只提供政策支持，集体经济可提供适当补助，但缺乏具体的标准，在制度实行过程中很多地方并没有享受到相应的集体补助资金。

由此可见，“新农保”作为一项惠民政策，与“老农保”相比，增加了政府公共投入，在一定程度上克服了原有体制的一些弊端。从试点地区的推行状况来看，取得了较为明显的建设成效。

三、经济快速发展，为公共投入奠定物质基础

经济发展对社会保障建设和发展具有促进作用，主要表现在它可以为社会保

障提供所需的财政基础，而这是所有社会保障项目能够启动并实现预定目标的前提条件。经济发展水平越高，可提供给社会保障再分配的财富数额越大，社会保障制度的健康运行越有保障。社会保障作为收入再分配的重要手段，其功能的正常发挥需要政府财政收入作为保证，经济发展水平越高，政府财政实力越强，社会保障作用的发挥越有保障。可以看出，经济发展水平制约社会保障的规模大小、制约社会保障的体系结构、制约社会保障的标准高低。①

改革开放以来，我国经济高速发展，经济实力不断增强，如表 1-1 所示。可以看出，1992 年，我国 GDP 总量仅为 26923.5 亿元，2001 年则达到了 109655.2 亿元，10 年间增长了 4 倍多，2011 年我国 GDP 总量达到了 472881.6 亿元，是 1992 年 GDP 总量的 17.6 倍。伴随经济的高速增长，我国财政收入也在迅速增加。1992 年，我国财政收入总量为 3483.37 亿元，2001 年达到了 16386.04 亿元，10 年间增长了 4.7 倍，2011 年我国财政收入达到了 103847.43 亿元，是 1992 年的 29.8 倍。经济发展、财政实力的增强，为社会保障制度的发展奠定了坚实的物质基础。由于我国长期采取重城镇、轻农村的发展思路，广大农民为国家的工业化、现代化作出了重大的贡献，但是城乡收入差距却在不断拉大。社会保障作为调节收入差距的重要措施，本应该为城乡统筹发展作出贡献，然而却采取城乡

表 1-1 1992~2012 年我国 GDP 和财政收入情况

年份	GDP		财政收入		年份	GDP		财政收入	
	总量（亿元）	增长率（%）	总量（亿元）	增长率（%）		总量（亿元）	增长率（%）	总量（亿元）	增长率（%）
1992	26924	—	3483	—	2003	135823	12.9	21715	14.9
1993	35333	31.2	4349	24.8	2004	159878	17.7	26396	21.6
1994	48198	36.4	5218	20.0	2005	184937	15.7	31649	19.9
1995	60793	26.1	6242	19.6	2006	216314	17.0	38760	22.5
1996	71177	16.7	7408	18.7	2007	265810	22.9	51322	32.4
1997	78973	11.0	8651	16.8	2008	314045	18.1	61330	19.5
1998	84402	6.9	9876	14.2	2009	340903	8.6	68518	11.7
1999	89677	6.2	11444	15.9	2010	401513	17.8	83102	21.3
2000	99215	10.6	13395	17.0	2011	472882	17.8	103874	25.0
2001	109655	10.5	16386	22.3	2012	519322	7.8	117210	12.8
2002	120333	9.7	18904	15.4					

资料来源：根据历年《中国统计年鉴》数据计算得出。

① 郑功成. 社会保障学——理念、制度、实践与思辨［M］. 北京：商务印书馆，2009：211-213.

有别的制度安排，导致城乡之间财政投入水平差距悬殊。为了提高农民收入水平，拉动农村经济发展，必须加大对农村社会保障的财政投入力度，而国家财政实力的迅速增长也为增加农村社会保障公共投入提供了保障。

由于农民自身筹资能力的限制，农村社会养老保险制度在很大程度上取决于国家的经济状况及财政实力。在经济快速增长、政府财政收入不断增加的同时，由于我国收入分配制度的不完善，导致地区之间、城乡之间、不同社会群体之间收入差距不断拉大。为了缩小贫富差距，缓和不同群体之间的社会矛盾，促进基本公共服务的均等化，政府提出"民生财政"的政策。民生财政强调关注民生、服务民生，它是在经济高速增长的基础上采取的促进基本消费均等化，增强公民幸福指数的财政，是对长期以来我国奉行的"建设财政"的一种纠正。总之，经济高速发展，财政实力增强，为财政支持农民社会养老保险制度奠定了坚实的物质基础，而"民生财政"政策的提出则为财政支持农民社会养老保险制度提供了政策基础。

四、农民社会养老保险制度的公共投入尚存在较大优化空间

"新农保"与传统农村社会养老保险制度相比，最大的特色在于增加了政府公共投入，充分体现了政府的责任。根据国发〔2009〕32 号文件的内容，新型农村社会养老保险制度的资金来源包括个人缴费、集体补助和政府补贴三部分，体现了三方的责任共担机制。但是目前农民社会养老保险制度的公共投入还存在较大的优化空间：一是公共投入的责任分担机制不健全；二是公共投入的总体水平偏低；三是政府公共投入缺乏财政预算保证制度。

首先，公共投入的责任分担机制不健全。国务院颁布的《关于开展新型农村社会养老保险试点的指导意见》中，对于各项政府的公共投入责任进行了划分，形成了"新农保"的财政责任分担机制，但是存在以下三方面的问题：一是中央财政与地方财政的责任划分不合理；二是地方各级政府财政责任划分缺乏统一的标准；三是市、县级地方政府面临较大的财政硬约束。

其次，公共投入的总体水平偏低。近年来农民养老保险的实际保障水平呈现上升趋势，尤其是 2009 年新型农村社会养老保险制度实施以来，政府财政增加了对制度的公共投入，保障水平的上升趋势非常明显。但是总体待遇水平仍然偏低，距离农民养老适度需求水平的满足尚有较大差距。政府公共投入目前主要体

现在基础养老金上，2009 年“新农保”试点规定的基础养老金最低标准是每人每月 55 元，即每年 660 元的基础养老金，低于 2009 年全国农村最低生活保障标准（998 元）。农民收入水平和农村消费水平随着经济的发展也在不断增长，而基础养老金虽然规定是要随着经济发展水平适度提高，但是缺乏动态的制度化调整机制，因此将会越来越不能满足农民的养老需求。

最后，政府公共投入缺乏财政预算保证制度。现行“新农保”制度主要有三部分资金来源：个人账户缴费、集体经济补助、政府财政补贴。其中政府财政补贴主要用于三个方面：一是基础养老金的支出，二是个人账户的缴费补贴部分，三是长寿的养老金领取者在人均预期寿命（60 岁之后领取 139 个月，即 71.58 岁）之后的个人账户领取部分。目前“新农保”制度建设和发展所需资金都是通过财政直接拨款的方式来解决，当前的财政拨款是根据当年新农保制度试点的推行状况来实行，而事先并未将这部分财政拨款纳入政府财政预算，因此具有很强的政策性。“新农保”制度建设资金只是在政府公共预算中列支，并不能有效地反映“新农保”制度财政收支活动以及资金结余情况，也不能很好地接受立法机关的全方位监督。只有建立政府财政预算制度才能从制度上、法律上保障“新农保”所需资金的可持续性，保障制度的健康、合理及有序发展。

第二节 研究目标与内容

一、研究目标

虽然自 2014 年 2 月起城乡居民基本养老保险制度开始试行，但其实质是“新农保”与“城居保”的合并。因此，以农民社会养老保险制度为例，研究其公共投入优化机制，并探讨在城乡统筹背景下该公共投入优化机制对城乡居民基本养老保险制度的适用性具有重大的理论和现实意义。具体而言，本书的研究目标包括以下六个方面：

第一，政府财政为什么要介入农民社会养老保险制度？即农民社会养老保险制度公共投入的理论依据和现实依据。

第二，世界上其他国家对农民社会养老保险制度的公共投入情况如何，有哪些值得我们学习的地方？即农民社会养老保险制度公共投入的国际经验及借鉴。

第三，当前农民社会养老保险制度中各级政府财政责任的分担现状及存在的问题，并提出公共投入责任分担的优化方案。

第四，现行农民社会养老保险制度中政府公共投入水平的现状及存在的问题，并提出优化公共投入水平的政策建议。

第五，现行农民社会养老保险制度中财政预算的现状及存在的问题，并提出具体的优化方案。

第六，城乡统筹背景下，“农保”公共投入优化机制对“新农保”和“城居保”合并后的城乡居民基本养老保险制度的适用性。

二、研究内容

本书研究的核心内容是：分析“农保”公共投入在投入结构、投入总量及财政预算等方面存在的问题，构建公共投入的优化机制，并探讨城乡统筹背景下“农保”公共投入优化机制的适用性。

本书共分为九章，围绕上述核心问题进行集中阐述和分析。

第一章是导论。阐述本书的研究背景、研究目标与内容，介绍本书的研究方法和研究框架，并对研究中的相关概念进行界定。

第二章是分析的理论起点，即相关研究述评。主要从七个方面对相关学者的研究成果进行归纳总结：一是农民社会养老保险制度的政府责任研究，二是农民社会养老保险制度公共投入的必要性和可行性研究，三是农民社会养老保险制度公共投入的方式与能力研究，四是农民社会养老保险制度公共投入的责任分担研究，五是农民社会养老保险制度公共投入的保障水平研究，六是农民社会养老保险制度公共投入的财政预算研究，七是农民社会养老保险制度公共投入的绩效及优化研究。最后对相关学者已有的研究成果进行评述。

第三章是农民社会养老保险制度公共投入的理论分析。首先对公共投入与农民养老的关系进行界定：研究认为农民养老的公共投入是政府责任的集中体现，实现农民“老有所养”是公共投入的政策目标；其次论述农民社会养老保险制度公共投入的理论依据和现实依据；最后是农民社会养老保险制度公共投入的理论反思：对目前存在的不赞成政府财政支持农民社会养老保险制度的两种观点（政府财力不足论和土地保障替代论）进行剖析与反思。

第四章是农民社会养老保险制度公共投入的国际经验与借鉴。首先从全球范围对农民社会养老保险制度进行比较分析，重点介绍发达国家的“三支柱”模式及发展中国家的“非缴费”模式；其次论述典型国家（德国、日本、法国、加拿大、巴西等）农民社会养老保险制度中公共投入的表现；最后是国际上农民社会养老保险制度的经验总结。

第五章是我国农民社会养老保险制度公共投入的分担结构优化。首先对公共投入责任分担的理论依据、公共投入责任主体的构成及基本关系进行分析；其次对公共投入责任分担的现状及问题展开详细论述；最后阐述公共投入责任分担机制的优化原则和方案。

第六章是我国农民社会养老保险制度公共投入的保障水平优化。首先分析农民社会养老保险制度的需求和供给现状，一是需求视角下农民社会养老保险适度水平测定，二是供给视角下政府公共投入最优规模界定；其次基于供需均衡视角对农民社会养老保险制度存在的问题进行剖析；最后阐述农民社会养老保险制度公共投入优化的多维视角及优化方案的设计。

第七章是我国农民社会养老保险制度公共投入的财政预算优化。首先对社会保障财政预算的基本含义、我国社会保障财政预算的现状进行分析；其次论述建立农民社会养老保险财政预算的必要性及基本原则；最后阐述农民社会养老保险财政预算的优化方案。

第八章是城乡统筹背景下农民社会养老保险制度公共投入优化的延展讨论。首先对“新农保”、“城居保”、城乡居民基本养老保险制度的主要内容进行介绍；其次是对“三种制度”公共投入机制的比较研究，发现“三种制度”在公共投入方面并没有明显差异；最后通过对“三种制度”公共投入机制核心内容的分析及内在运行逻辑的研究，认为在城乡统筹的大背景下，农民社会养老保险制度公共投入优化机制对“新农保”和“城居保”合并后的城乡居民基本养老保险制度具有较好的适用性。

第九章是结论与建议。通过对本书尝试解决的六个问题进行理论分析、全面解答和系统总结，提出进一步研究的政策建议。

第三节　研究方法与研究框架

一、研究方法

（一）文献研究方法

文献研究方法是一种基本的研究方法，基本上关于社会科学的研究都需要这一方法。本书通过文献阅读、文献梳理，归纳已有研究成果，提炼核心研究结论来丰富本书的理论论证。首先，本书系统归纳总结了农民社会养老保险制度公共投入的理论基础与现实依据。其次，通过对国际上其他国家农民社会养老保险制度公共投入的分析，得出需要我国政府学习和借鉴的国际经验。再次，根据财政联邦主义理论，对中央及地方政府在农民社会养老保险制度中的财政责任进行合理划分，并借鉴穆怀中教授的研究定义，认为农村养老金支出总额占国内生产总值的比重即为农民社会养老保险水平，同时对“保障水平”的目标界定进行详细的论述。最后，在深入分析农民社会养老保险财政预算不健全现状的基础上，设计了财政预算的优化方案。这些都为本书的立意、研究及结论奠定了理论基础。

（二）比较研究方法

为丰富研究内容，拓宽研究视野，本书使用了比较研究方法。首先，结合我国农民社会养老保险制度建立与改革的背景、时代特征及政府财政责任现状，分析了德国、日本、法国、加拿大、巴西等国农民社会养老保险制度中公共投入的现状，从中总结经验教训，为我国的制度建设与完善提供有益启发。其次，通过农民社会养老保险“老农保—地方新农保—国家新农保”的发展历程，对比政府责任的历史演进，可以看出政府责任在农民养老中不断完善，但仍然存在较大的改进空间，尤其是财政责任分担机制不健全及政府总体财政投入水平偏低等。再次，通过农民养老保险制度“三账户”合意模式与现行“新农保”“两账户”模式相比，得出结论：通过对现行“新农保”的“基础养老金+个人账户”模式进行部分调整和完善，引入“地方补助养老金”，实现“两账户”向“三账户”模式转变，虽不是最优模式，却可以在多方面使制度得到优化，实现“帕累托改进”。

最后，通过对“新农保”、“城居保”及城乡居民基本养老保险制度公共投入机制的比较研究，发现“三种制度”在公共投入上并没有明显差异，认为在城乡统筹的大背景下，“农保”公共投入优化机制对合并实施的城乡居民基本养老保险制度具有较好的适应性。

（三）统计分析方法

从经济学的供给与需求视角切入，研究我国农民社会养老保险供需不均衡的现状。首先，根据社会保障适度水平模型，对我国农民养老保险适度需求水平进行测算，并与实际水平进行对比，得出我国农民养老保险的实际水平与适度水平尚有较大差距。其次，根据柯布—道格拉斯生产函数，对养老保险政府公共投入的最优规模进行测算，通过财政支出实际水平与最优规模的比较，得出我国养老保险财政供给不足的结论。最后，基于供需不均衡的现状，从加强政府公共投入的视角，进行农民社会养老保险保障水平的界定。农民养老金替代率是衡量基本养老保险水平的重要指标，根据对农民“生存需求”及“生活需求”标准的界定，结合农民社会养老保险“三账户”模式的构建，对国家基础养老金、个人账户养老金及地方补助养老金等不同部分的替代率水平进行研究，从而合理构建中央政府、地方政府在农民社会养老保险制度中的财政责任合理分担机制。

二、研究框架

根据本书的研究内容，研究框架如图 1–1 所示。

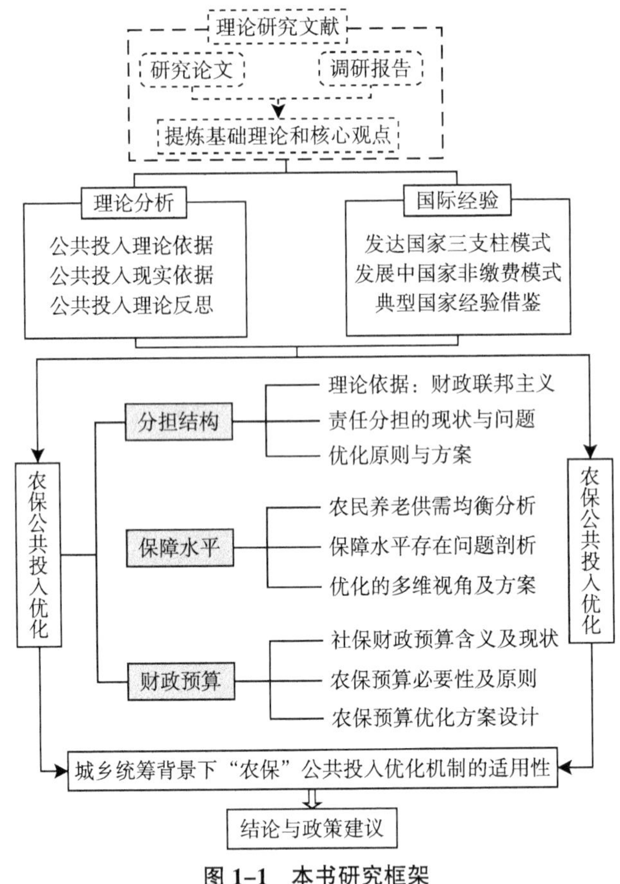

图 1-1　本书研究框架

第四节　相关概念界定

一、养老及养老保险

顾名思义，“养老”通常指奉养老年人。“养”的含义包括经济支持、生活照顾及精神慰藉三个层面，本书主要基于经济支持的层面去研究养老问题，至于生活照顾和精神慰藉在更大程度上是社会学和伦理学研究的范畴。“老”通常是与“年轻”相对应的概念，强调的是人的一种生理状态。不同的历史时期，人们对“老”的界定是不一样的。在原始社会，由于生产生活条件的恶劣，人均寿命较

短，三四十岁即进入丧失劳动能力的“老”的状态。今天，社会普遍将 60 岁及以上人口视为进入“老”的状态。在目前的养老保险制度中，“老”与退休年龄结合在一起，作为制度供养对象的界定标准，将达到退休年龄的人视为“老年人”，以此为条件来领取养老金。

“养老”属于历史范畴，养老问题的产生依赖于三个条件：老年风险的存在、剩余产品的出现及私人产权的形成。依据养老资源供给主体的不同，可以将解决养老问题的方式分为自我养老、家庭养老及社会养老三种。其中，“养老保险”是社会养老方式中较为科学的一种，比较有效和普遍，因为制度中蕴含了生命周期理论、大数法则及世代交叠模型三种运作机理，从而可以实现个人生命周期内收入平滑、代内及代际之间收入的转移与平衡。“养老保险”强调风险共担与精算平衡，是通过保险手段提供经济收入以解决养老问题的制度安排。在制度运行过程中，被保险人以缴纳保险费的方式将约定的风险转移给保险人，保险人通过特定风险的集中并依据大数法则将风险在大多人中得以分散。“养老保险制度”保障的标的是老年经济风险，目的是满足老年人基本生活需求。风险源于不确定性，“老年人生活需求满足”是一种风险，原因在于：一是进入老年状态后，保持一定生活水平所需的费用是不确定的；二是进入老年状态后，还能存活多长时间是不确定的。

二、农民社会养老保险制度

“社会养老保险”指国家通过立法建立，目的是解决劳动者因年老退出劳动领域后的基本生活需求的一种社会保险制度。其基本特征是国家运用保险的大数法则原理，通过雇员、雇主缴费，同时辅之以政府必要的财政补贴，形成一个统筹基金，在全体被保险人之间统一调剂使用，实现养老风险的有效化解，保障老年人退休后的基本生活所需。我国目前的养老保险制度已经在制度层面实现了全覆盖，包括四大部分：公职人员养老金制度、城镇职工和城镇居民养老保险制度、新型农村社会养老保险制度。虽然自 2014 年 2 月国务院推进建立城乡居民基本养老保险制度，但是实质是“新农保”与“城居保”的合并，两种制度名称的统一，并没有改变“新农保”与“城居保”的核心内容，尤其是公共投入体系。因此，本书以农民社会养老保险制度为例，研究其公共投入优化机制，并探讨在城乡统筹背景下该公共投入优化机制对城乡居民基本养老保险制度的适用性。

我国当前的“新农保”即“新型农村社会养老保险制度”的名称内涵不够准确，本书建议改为“农民社会养老保险制度”。首先，农村指的是居民聚居区，它是一个地域的概念。该区域主要以农业生产活动为基础，以农业为主要职业的人群聚集的地域。从世界范围看，各国的养老保险制度都是以参保对象而非聚居区域作为分类标准，农民作为自我雇佣者，各国通常将政府作为其雇主，为其建立专门的制度。其次，明确以从事种植业的农民为参保对象，可以鼓励更多户籍在农村的城镇务工人员参加城镇职工基本养老保险，从而提高保障标准，由此拉动城镇化及工业化进程。基于上述分析，本书使用“农民社会养老保险制度”这一概念进行分析。

三、公共投入

“公共投入”即政府支出，是政府为实现其职能的需要而购买商品、服务及其他支出的费用。它的目的是促进社会再生产，向社会成员提供公共产品以及公共服务，它是各级政府有计划的财政资金分配活动。公共投入是与市场经济相适应的概念，由于信息不对称等因素的存在，完全依靠市场来调节经济存在难以克服的弊端，因此需要政府采取行政手段对社会经济活动进行必要的干预，它是政府干预市场失灵的一种手段，以满足社会成员基本的公共需求，因此又被称为政府投入。公共投入的实质是政府对社会资源的配置活动，是政府为执行其决策所支付的成本，它反映一个国家的职能活动范围，体现国家的政策方向，规定政府活动的方向以及范围。公共投入体现的是一种政府经济行为，有广义和狭义之分。广义的公共投入指政府所有公共部门的支出，包括公共财政支出以及公共企业支出。狭义的公共投入指政府的财政支出，即公共财政支出，专指政府为满足社会成员对公共产品、公共服务以及其他方面的需求而进行的公共财政支出。本书讨论农民社会养老保险制度的公共投入，指的是狭义的公共投入，即公共财政支出。本研究中公共投入优化主要从分担结构、保障水平、财政预算三个方面进行论述。

第五节 本书的创新与不足之处

本书的核心内容是分析“农保”公共投入在投入结构、投入总量及财政预算等方面存在的问题，构建公共投入的优化机制，并探讨城乡统筹背景下该公共投入优化机制对城乡居民社会养老保险制度的适用性。本书在理论分析、实证研究等方面的可能创新之处包括：

第一，关于政府介入农民养老的理论依据方面，已有的研究成果多从公共产品理论、福利补偿理论、社会公正理论、福利国家理论等进行分析，本书在对已有研究成果进行总结的基础上，提出风险社会理论的解释框架，丰富了相关研究成果，丰富了人们对社会风险以及风险应对方式的认识。随着时代的发展，农民养老的社会风险增加，因此，需要国家建立社会化的风险分担机制，实现责任分担，有效化解老年风险。政府以公共投入的方式支持农民养老保险制度的发展，较好地体现了政府作为农民雇主所承担的缴费责任，可以较好地推动农民养老问题的解决。

第二，关于公共投入的责任分担方面，本书依据财政联邦主义理论，在对公共投入责任主体的构成及基本关系进行分析的基础上，详细阐述了现行“新农保”财政责任分担的现状及存在的问题，结合公平原则、法律规范原则、财权事权对应原则、受益范围原则及可持续性原则，对各级政府公共投入的边界进行合理界定。本书认为：中央政府的财政投入应主要体现在基础养老金的发放以及财政转移支付上；地方各级政府（省、市、县）财政责任的承担应该考虑两个问题：一是地方财政总体投入量的问题，即地方补助养老金的水平。二是地方各级财政分担结构的问题，即省、市、县三级财政如何分担农民养老保险的财政责任问题，应该通过财政转移支付制度缓解地方各级政府的财政困境。

第三，基于供需均衡的视角对农民社会养老保险制度保障水平进行界定。一是从农民需求视角，依据人口学中的人口结构理论，借鉴穆怀中教授关于社会保障水平的定义以及测定模型，计算农民社会养老保险的适度水平，然后运用统计年鉴数据计算出实际保障水平，求出两者之间的差距，得出实际水平偏低的结论。二是从政府供给视角，运用柯布—道格拉斯生产函数计算得出，养老保险财政支出的最优规模与实际水平之间存在较大差距，尤其是农民养老保险财政支出明显不足。三是基于农民养老保险供需不均衡的现状，以加强政府公共投入为切入点，对财政适度保障水平进行合理界定，以期逐步提高农民养老保险水平，使之向适度水平接近，并使政府财政负担在可承受范围之内。

第四，本书尝试性地提出农民社会养老保险制度“三账户”合意模式。通过对现行新型农村社会养老保险制度“基础养老金+个人账户”模式进行部分调整和完善，增加单独的地方补助养老金，由“两账户”给付模式转变为“三账户”给付模式，实行“统账结合、现收现付的名义账户制”。“统账结合”模式充分体现了中央、地方政府以及个人的责任共担机制。基础养老金由中央财政全额拨付，只要承担缴费责任，到达领取年龄就有资格享受，其标准全国统一；地方补助养老金由地方财政承担，体现地方政府作为农民雇主的财政责任；个人账户实行以人均纯收入为基础的比例缴费制，缴费年限越多，享受水平越高，体现其激励特性。

第五，财政预算是履行政府在“新农保”中责任的强有力的制度保证。只有通过财政预算合理安排农民社会养老保险制度的收支数量及收支结构，才能从法律上保证公共投入的稳定性和持续性。本书提出依托社会保障预算改革，完善“新农保”预算支持，并尝试构建了“新农保”预算管理的基本框架及具体安排。一是科学确立预算编制的目标和模式；二是加强预算管理的法制建设；三是优化预算支出结构，增加政府公共投入；四是制定“法定支出”，确保预算的保障水平；五是建立完善的财政预算管理及监督机制等。本书对“新农保”财政预算做了较为系统的研究，以弥补已有研究成果在这方面的薄弱之处。

第六，城乡居民基本养老保险制度实质是“新农保”和“城居保”的合并实施，国务院对“三种制度”颁布的指导意见内容基本一致。在我国养老保险制度城乡统筹的背景下，城乡居民基本养老保险制度将很快取代“新农保”和“城居保”。通过对“三种制度”内在运行逻辑的分析、公共投入机制的比较，探讨本书构建的农民社会养老保险制度公共投入优化机制在城乡统筹背景下的适用性。

通观全篇，本书力图构建农民社会养老保险制度公共投入的优化机制并探讨其在城乡统筹背景下的适用性。但由于资料收集、知识积累及个人能力等方面的问题，许多内容还有待进一步的深入研究。

例如，本书分析了地方各级财政（省、市、县三级财政）的分担结构问题，并提出三种可供选择的方案，但缺乏实地调研案例的支撑；本书依据统计数据对农民养老的适度需求水平进行界定，尚需要借助实地调研数据进行验证；本书依据柯布—道格拉斯生产函数对农民社会养老保险制度公共投入的最优规模进行了界定，后续研究还可以考虑运用社会福利函数进行验证；本书研究了“农保”公共投入优化机制对城乡居民基本养老保险制度的适用性，但由于数据获取的难度及研究时间的限制，并没有对城镇居民养老保险公共投入水平进行详细的测算，这也是后续研究的方向。

第二章　相关研究述评

第一节　相关研究综述

一、农民社会养老保险制度的政府责任研究

政府在社会保障中承担责任具有丰富的理论基础。综观目前学术界的研究成果，主要包括五大方面：公共产品理论、市场失灵理论、社会转型成本承担理论、福利补偿理论和社会风险防范理论。公共产品理论认为，公共产品具有非排他性和非竞争性，可分为纯公共产品和准公共产品两类。其中，纯公共产品具有完全的非排他性和非竞争性，如国防、司法等。准公共产品分为两类：一类是具有消费的排他性但非竞争性的产品，例如社会保障制度中的社会保险项目；另一类是具有竞争性但消费的非排他性的产品，如社会福利项目中的孤儿院、养老院等福利项目。陈小安认为，根据公共产品的定义，农村社会养老保险制度应该纳入准公共产品的范畴。准公共产品的本质属性决定其无论采取私人产品的市场供给模式还是纯公共产品的政府供给模式，都无法实现效用最大化。因此，可以采用“政府补贴＋市场提供”的混合产权制度供给模式，政府直接或间接参与准公共产品的供给。[①] 马雁军、孙亚忠认为农村基本社会养老保险具有纯公共产品的特性，但鉴于政府有限财力约束而产生准公共产品的特征。从未来发展来看，农村

---

① 陈小安．准公共产品供给与定价的理论和实践研究［D］．成都：西南财经大学硕士学位论文，2002.

社会养老保险具有的纯公共产品特性说明应由国家和集体作为提供主体，坚持政府主导原则，同时明确政府职责的边界，层级不同的政府承担责任的侧重点及功能应有所区别。[①] 王朋、徐怀伏认为养老保险具有准公共产品属性，在养老保险市场中存在信息不对称及外部性等市场失灵现象，单靠市场机制无法予以解决，必须依靠政府干预进行协调。一方面解决信息不对称及外部性问题；另一方面针对养老等社会性风险，政府承担能力要强于市场，可以有效抑制低风险群体的自由退出计划，从而实现养老保险市场的供需均衡。[②] 乐章通过风险与保障的视角来分析农民问题，认为在市场经济条件下，传统的土地及家庭保障已经难以规避农民面临的巨大风险，这些风险有可能累积成较大的社会风险，并造成整个农村社会的不稳定。农民对政府提供保障的需求非常强烈，当前社会保障制度在农村建设的首要任务是通过政府职能的发挥帮助农民解决现实的经济风险。[③] 汪敏论述了政府在农村社会保障中承担责任的理论依据：一是农村社会保障的公共产品特征，决定政府应作为公共产品的供给主体；二是农民较大的社会风险是在社会转型中产生的（从农业社会向工业社会转型），因此政府应该承担转型成本；三是只有政府有能力提供防范较大范围社会风险的制度安排；四是从法律上来看，无论宪法还是国际公约，都规定政府组织有建立社会保障缓解后顾之忧的义务。[④] 顾永红认为农民的养老风险应对机制包括事前行为及事后行为。事前行为旨在规避养老风险事件发生，如养儿防老及年老之前自我储蓄养老等，事后行为则通过构建社会网络、购买保险（社会或商业保险）等形式实现。由于农民养老暴露于养老风险之中，而且自身还缺乏有效的风险应对手段，因此，农民养老风险具有脆弱性，极易遭受直接的家庭福利损失。因此，政府建立旨在化解农民养老风险的社会养老保险制度就显得尤为重要。[⑤]

政府在社会保障制度建设中承担责任的内容，随着经济发展水平及社会主观认识水平的变化而变化。新中国成立后，农村社会保障中政府责任的历史演进大

---

① 马雁军，孙亚忠. 农村社会基本养老保障的公共产品属性与政府责任 [J]. 经济经纬，2007 (6)：111-114.

② 王朋，徐怀伏. 养老保险中政府行为与市场行为的均衡分析 [J]. 中国医药技术经济与管理，2007 (8)：84-89.

③ 乐章. 他们在担心什么：风险与保障视角中的农民问题 [J]. 农业经济问题，2006 (2)：26-35.

④ 汪敏. 农村社会保障中政府责任的反思 [J]. 湖北社会科学，2009 (1)：44-50.

⑤ 顾永红. 农村养老风险规避与保障方式研究 [D]. 长沙：中南财经政法大学博士学位论文，2012.

致可以划分为三大阶段：一是政府责任隐性化的集体保障阶段，二是政府责任缺位的家庭及土地保障阶段；三是政府责任归位的农村社会保障试点开始阶段。徐广荣、朱法锦认为建立和完善农村社会养老保险制度需要强化政府的行政职能，并从加强部门协调、组织建设、行政立法及管理服务等方面提出了相关的政策建议。[①] 李绍光认为由于我国实行的是多层次的社会保障制度，政府在不同的保障项目上承担的职责也不相同。承担直接监管职责的应该是公共社会保障计划，承担外部监管职责的是基金制社会保障项目，并且应该合理协调不同社会保障项目，承担宏观管理职责。基金制社会保障项目应该是政府的未来发展目标，而近期主要承担公共社会保障计划的主导职责，建立科学的资金筹集制度，明确国家、企业及职工的职责划分。[②] 郑功成认为在国家—单位保障制阶段，社会保障的主要责任主体是国家。在国家—社会保障制阶段，尽管出现了责任分担机制，责任主体包括机关事业单位、企业、社会团体及个人等，但国家仍然承担直接的、重要的职责。[③] 陈少晖认为，对农村社会保障问题的责任缺失和长期忽视，是我国政府的一个重大缺陷。[④] 基于经济发展水平等因素的制约，目前农村社会保障水平还不能与城镇等量齐观，但应该明确政府有促进城乡社会保障一体化早日实现的责任。陆解芬认为政府在我国农村社会养老保险制度中的责任承担机制不够健全。政府作为社会保障制度的责任主体，应该发挥应有的主导作用，在制度建设中承担政策责任、法律责任及财政责任等。[⑤] 张利平认为现代社会保障强调政府或国家的责任是与早期社会保障的最大区别之处。政府的性质及现代政府的公共职能决定其应该成为社会保障的首要责任主体。[⑥] 李迎生认为政府应该在农村社会保障建设中承担主导责任。政府职责主要包括制度框架的构建、财政责任的承担以及确保基金增值、完善管理体制、健全监管机制、推动立法建设、创造适宜制度建设的外部环境等。[⑦]

---

① 徐广荣，朱法锦. 论政府在建立农村社会养老保险制度中的行政职能作用［J］. 社会工作研究，1994（4）：15-17.

② 李绍光. 政府在社会保障中的责任［J］. 经济社会体制比较，2002（5）：34-37.

③ 郑功成. 中国社会保障制度变迁与评估［M］. 北京：中国人民大学出版社，2002.

④ 陈少晖. 农村社会保障：制度缺陷与政府责任［J］. 福建师范大学学报（哲学社会科学版），2004（4）：35-41.

⑤ 陆解芬. 论政府在农村养老社会保险体系建构中的作用［J］. 理论探讨，2004（3）：56-57.

⑥ 张利平. 论社会保障中的政府责任［J］. 新视野，2005（2）：35-37.

⑦ 李迎生. 论政府在农村社会保障制度建设中的角色［J］. 社会科学研究，2005（4）：120-125.

欧阳仁根在分析农村社会保障制度建设中国家承担责任的客观必要性基础上，从加强立法、组织引导、财政支持及管理监督等方面对政府责任进行了具体的阐述。① 刘燕认为我国农村社会保障面临诸多问题，如覆盖面偏窄、政府责任不明确、农民社会保障意识淡薄等问题，提出政府应该积极承担起农村社会保障建设的责任，包括立法和制度安排的责任、调整利益主体关系的责任、市场调控和行政监督的责任、提供财政支持的责任等。② 刘志国、姜浩认为社会保障财政制度设计的理论基础是科学合理地界定社会保障财政责任，作者认为社会保障财政责任从性质上分为六种：财政基础责任、法定责任、有限责任、转移支出责任、帮助责任及最后责任；从内容上有财源责任及管理责任；从配置上有横向配置责任、纵向配置责任及财政类型配置责任。③ 陶知翔、徐茗臻认为我国农村社会保障建设存在法律不健全、责任不到位、管理不清晰等问题，应该强化政府责任，逐步实现农村社会保障的法制化、农村社会保障的社会化及农村社会保障管理的科学化。④ 覃双凌分析了政府介入社会保障领域的理论依据（政治学的人民主权论、经济学的市场缺陷与政府干预、公共产品理论及政府配置资源职能等），认为政府在农村社会保障中的职责包括宣传教育、立法与制度安排、财力支持、市场调控及监督管理职责等。⑤

二、农民社会养老保险制度公共投入的必要性及可行性研究

首先，“农保制度”公共投入的必要性。诸多学者对此从不同视角进行了研究，主要包括“农保制度”的产品属性、传统“农保制度”停滞的原因、提高农民参保缴费的积极性、国际典型国家的成功经验等几方面的论述。

第一，农村社会养老保险的产品属性决定了公共投入的必要性。周绍斌认为包括养老保障在内的社会保障，是一种介于私人物品和公共物品之间的优效品，宜于由政府强制提供给公民消费。因此，政府财政在制度的建设与发展中承担着不可推卸的责任。在资金的筹集方面，政府应该承担出资者的责任，这是由农村

① 欧阳仁根. 试论国家在建立农村社会保障制度中的职责［J］. 财贸研究，2002（3）：28-31.
② 刘燕. 我国农村社会保障制度改革中政府责任问题研究［J］. 人口与经济，2006（2）：75-79.
③ 刘志国，姜浩. 社会保障财政责任的界定［J］. 北方经贸，2006（2）：14-16.
④ 陶知翔，徐茗臻. 论新农村社会保障的国家责任与国家管理［J］. 中国市场，2007（11）：98-99.
⑤ 覃双凌. 我国农村社会保障制度改革中的政府责任问题探讨［J］. 生产力研究，2009（9）：4-7.

社会养老保险的性质决定的。政府应根据农民养老保险的客观需求以及政府财政的实际承受能力确定一个适度的公共投入比例，以提供稳定的资金来保证农民养老问题的解决。[①] 徐通提出“农保制度”作为公共产品，市场由于自身缺陷无法有效提供，因此需要政府借助国民收入的分配与再分配通过“税收—转移支付”的形式提供，以保障农村居民老年基本生活。同时由于保险市场信息不对称导致市场失灵，只能借助政府干预来实现供求均衡。[②] 薛菁从理论和实践两个层面分析了政府财政支持农村社会保障的必要性。理论上社会保障的公共品及优值品特性决定其必须由政府提供，实际上 20 世纪 90 年代我国农村养老保险、合作医疗失败的教训及先进工业化国家的经验均表明农村社会保障建设和发展离不开政府的公共投入。[③]

第二，传统“农保制度”停滞的主要原因在于缺乏公共投入。李小瑞认为，自 1998 年开始试点的缺乏社会性的“农保制度”陷入停滞的主要原因是政府职能缺位和农民缴费困难。因此，要推动农村社会养老保险制度的发展，政府必须承担一定的财政责任。作者从政府资金来源及制度运行成本两方面分析了政府财力支持的可行性。[④] 阳义南认为农村社会养老保险制度已经陷入理论和实践困境，应改变政府单纯政策扶持的方式，增加资金支持。由中央及省级财政按照农民缴费多少进行补助，采取多缴多补、少缴少补、不缴不补的原则，逐步提高农民参保的积极性。[⑤] 郝二虎、陈小萍认为 20 世纪 90 年代以来我国农村社会养老保险制度建设进展缓慢，既有历史的因素，也有体制的原因，而陷入困境的根源在于农村养老保险制度供给主体不明确及公共财政的严重缺位。作者从加强财政投入力度、健全基金运作机制、加大政府监管力度、加快立法进程等方面提出了完善公共财政行为，破解农村养老保险困境的建议。[⑥]

第三，部分学者通过实际调查指出，增加政府的公共投入可以推进制度的健康发展，在较大程度上促进农民参保缴费，扩大制度覆盖面。我国农村社会养老

---

① 周绍斌. 论农民养老中的政府职能 [J]. 人口学刊，2003 (1)：34-38.

② 徐通. 试论政府在农村养老保险制度中的责任 [J]. 黑河学刊，2008 (3)：132-133.

③ 薛菁. 公共财政视角下的农村社会保障建设 [J]. 福州党校学报，2007 (1)：29-32.

④ 李小瑞. 论建立农村社会养老保险制度的可行性 [J]. 湖南税务高等专科学校学报，2003 (5)：11-14.

⑤ 阳义南. 农村社会养老保险基金筹资机制改革的若干对策 [J]. 农业经济问题（月刊），2005 (1)：40-44.

⑥ 郝二虎，陈小萍. 农村养老保险制度的财政学探讨 [J]. 理论探讨，2008 (3)：87-90.

保险制度发展迟缓，并非农民参与意愿不强。乐章（2004）通过全国 11 个省份 1100 余份问卷的调查发现，83%的农民愿意参加农村社会养老保险制度，他们对制度的需求非常迫切。但由于现行农村社会养老保险制度，国家只提供政策扶持而无资金支持，使其与商业保险和储蓄养老相比没有明显优势，因此有损农民参保积极性。[①] 陈娇娥认为政府财政责任的缺失导致传统“农保制度”不具备社会保险的性质，是制约农村社会养老保险制度发展的关键因素，导致制度保障水平较低，极大地损害了农民参保的积极性。因此，作者认为无论是对现行制度进行重构或是修订，核心问题是明确政府的缴费责任，即财政支持或资金支持。[②] 张馥厚运用宁夏回族自治区 1237 份实地调查问卷的数据，通过建立 Logistic 模型进行分析，结果表明，影响农民参加养老保险的关键经济因素包括两个方面：农民的家庭人均年收入、政府公共投入。政府投入是影响农民参保率的因素中最关键的一个，在通过显著性检验的六个变量中，政府补贴对农民参保意愿的解释力是最大的，说明政府补贴对提高农民参与意愿有显著的正向影响。因此，在农民社会养老保险制度的发展进程中，政府适度的公共投入对于制度的健康发展具有重要作用。[③] 赵建国、韩军平运用分省份数据，采用相关分析、弹性分析及回归分析法，实证分析了在农村影响养老保险制度需求的重要因素。结果显示，“农保制度”的需求弹性较大，集体补助与农民参保率之间显著正相关，较少的政府财政投入可以极大地提高制度的覆盖面和参保率。因此，政府应该在财力允许的情况下加大对农村社会养老保险的财政支持。[④] 龙梦洁运用 1999~2003 年全国分省区面板数据，通过构建固定效应模型并运用 FGLS 加权法对模型回归进行分析。结论认为：集体补助对提高农民参保率具有显著的影响，集体补助水平每提高 1 个百分点，农民参保率就会提升 0.19 个百分点，从而证实政府公共投入可以显著提高农民的参保率。因此，中央政府和地方政府都应该在政策扶持的基础上，通过财政支出实实在在补贴农村的社会养老保险，尤其是增加对贫困人口及低收入群

---

① 乐章. 现行制度安排下农民的社会养老保险参与意向 [J]. 中国人口科学，2004（5）：40-47.

② 陈娇娥. 论政府在农村社会养老保险制度中的缴费责任 [J]. 人口与经济，2006（3）：77-80.

③ 张馥厚. 农村基本养老保险资金供款中的政府责任及其可行性研究——以宁夏为例 [D]. 杭州：浙江大学硕士学位论文，2008.

④ 赵建国，韩军平. 影响农村养老保险制度需求的因素分析 [J]. 财经问题研究，2007（8）：66-71.

体的缴费补助。[①] 陈涛、艾继平等基于湖北省松滋市 1560 份有效问卷的数据分析，发现农民对“您是否愿意参加农村社会养老保险”的回答中，愿意参加的占 32%，不愿意参加的占 18%，看国家政策是否有利而定的占 49.8%。针对“如果政府（或集体）给予 10%~35%的补贴，是否愿意参加”这一问题的回答，表示愿意的比例为 41.4%。结果表明，如果政府给予农村社会养老保险制度适当的财政补贴，可以极大提高农民参保的积极性。[②]

第四，国际典型国家的实践经验说明公共投入对于农村经济的发展、农民养老问题的逐步解决、城乡差距的不断减小具有较大作用。刘书鹤认为作为社会主义国家，我国应该对社会保障有较大资金投入。但是我国中央财政用于社会保障的支出占中央财政总支出的比例却是比较低的，仅有 10%左右，而澳大利亚为 35%，日本为 37%，加拿大为 39%。而且我国中央财政仅有的 10%的投入也绝大部分给了城镇职工。因此，农村社会保障制度发展滞后的根本原因在于政府财政支出的决策失误。[③] 宫晓霞对德国、法国、日本的农村社会养老保险制度进行考察，发现三国政府财政对农民养老都有较大的公共投入。三国农民养老保险的投入分别占整个农村社会保险投入的 70%、60%和 43%。“农保制度”在发达国家整个社会保险体系中处于关键地位，成为其促进农村经济发展，调节收入分配格局，缩小城乡差距的重要政策。鉴于我国农村社会养老保险制度公共投入不足的现状，政府财政责任的承担就显得特别重要。[④] 杨翠迎认为从家庭养老逐步向社会养老变迁是经济社会发展的必然趋势。目前世界上已经有超过 70 个国家的社会养老保险制度覆盖到农村人口。无论是社会保险型的德国、日本、法国、韩国，社会救助型的斯里兰卡、南非，还是储蓄保险型的新加坡、智利，在农民社会养老保险制度的资金来源方面，都不同程度地体现了政府的公共投入，强调了政府对农民养老的财政责任。[⑤]

除了上述几方面的论述，还有部分学者从政府责任、公共投入的社会、经济

---

① 龙梦洁. 论农村社会养老保险中的政府财政责任——基于 1999~2003 年全国各省市面板数据的实证分析［J］. 保险研究，2009（5）：64-68.

② 陈涛，艾继平，李欣. 公共财政体制下我国农村养老保险制度研究［J］. 经济研究参考，2010（4）：14-21.

③ 刘书鹤. 农村社会保障的若干问题［J］. 人口研究，2001（5）：35-42.

④ 宫晓霞. 发达国家农村社会养老保险制度及其启示［J］. 中央财经大学学报，2006（6）：6-9.

⑤ 杨翠迎. 农村基本养老保险制度理论与政策研究［M］. 杭州：浙江大学出版社，2007.

效益等视角进行分析。汪柱旺认为政府是农村社会养老保险制度的运行主体，对农民负有终级责任。在基金筹集过程中，国家不仅要提供政策扶持，而且要承担必要的物力和财力。政府的公共投入主要包括两个方面，一是农村社会养老保险制度部分运行成本的支出，二是建立相应的给付金补充机制。[①] 于长革认为尽管从经济效应来看，社会保障财政支出一般会减少劳动力供给及资本形成，与经济增长负相关，但是社会保障财政支出具有强大的社会效益，它有利于维护基本生存权，实现社会公平及社会稳定，同时还具有明显的反经济周期性。因此，在确定财政社会保障支出的规模及比重时，一定要综合考虑其经济效应和社会效益。[②] 针对目前财政社会保障支出的现状，应该扩大社会保障的财政支出规模，使其占政府支出的比重控制在 15%~20%为宜。

其次，“农保制度”公共投入的可行性。即政府财政是否具备支持农民社会养老保险制度的能力。早期部分学者如马利敏等持否定观点，认为现代社会养老保险制度在一个农业社会中推行存在难以克服的障碍，目前国家不论在经济实力还是实际操作上都不可能提供足够的财政支持来吸引广大农民参加社会养老保险制度。[③] 但主流的观点认为我国财政具备对农民社会养老保险制度进行公共投入的能力。

李小瑞认为从财力上讲，国家财政支持农村社会养老保险制度建设是不存在障碍的，并从资金来源方面对政府财力进行了分析。主要包括国内上市公司的国有股划拨、每年新增财政收入、财政越位项目支出转向养老保险部分、社会保障长期债券收入、社会保障彩票收入、国有土地的转让、拍卖及出租收入等。[④] 谭克俭、王建华认为政府财政对农村社会养老保险的个人账户进行补助，不会对财政造成太大压力。同时结合国家取消农业税的时机，改农业税为养老保险费，政府财政补贴农民缴费，这些措施对农村社会养老保险制度的完善将发挥重要作用。[⑤] 陈婷、陈夏婷通过政府在社会保障方面承担财政责任现状的分析，认为政府财政

---

① 汪柱旺. 农村养老保险：供给主体与制度创新［J］. 当代财经，2006（10）：37-40.

② 于长革. 政府社会保障支出的社会经济效应及其政策含义［J］. 广州大学学报（社会科学版），2007（9）：36-41.

③ 马利敏. 农村社会养老保险请缓行［J］. 探索与争鸣，1999（7）：11-12.

④ 李小瑞. 论建立农村社会养老保险制度的可行性［J］. 湖南税务高等专科学校学报，2003（5）：11-14.

⑤ 谭克俭，王建华. 农村社会养老保险发展中的几个焦点问题［J］. 南京人口管理干部学院学报，2006（4）：21-24.

关注的重点是全国社会保障基金及社会保险，正在承担越来越多的责任，但是目前对社会保障公共投入的相关信息披露很不全面，而且社会保障公共投入的比例较低，财政责任亟须强化。[①] 米红、项洁雯提出农村社会养老保险制度“有限财政责任”的观点，并运用精算学、数理人口学及经济学的方法对到 2050 年农村社会养老保险制度的保障水平、缴费水平、制度覆盖率及财政投入进行政策仿真分析，结果显示“有限财政责任”在政府财力可承受范围之内，“有限缴费责任”在农民可承受范围之内。[②] 曹文献、文先明认为，1991~2001 年城市人均社会保障支出占人均 GDP 比重平均为 15%，而农村仅有 0.18%，两者相差 90 倍之多。在社会保障资金总投入量一定的情况下，严重的重城镇轻农村倾向极大地损害了农村居民的利益，有违社会公平的准则。因此，即使所谓的“财力不足论”成立，只要城乡财政投入比例合理，政府可以在更大程度上承担农村养老保险的财政责任。[③] 杨静静基于精算平衡原则，对农村社会养老保险制度实行现收现付制条件下的政府补贴及农民缴费能力进行测算，结果显示 2025 年政府补贴占财政收入的比重为 1.22%，个人缴费占农民人均年收入的比重为 4.10%，认为财政补贴及农民缴费都不存在能力不足的问题。[④]

也有部分学者从政策调整的视角，认为通过调整目前的“农保制度”，政府完全有能力承担对农民养老的公共投入责任。卢海元认为，只要对目前农村发展政策进行微调，包括变现部分国有资产，调整收入分配格局等，政府财政就可以承担起建立农村社会养老保险制度的责任，同时又起到盘活农村经济，增加农民收入的多重政策效果。[⑤] 杨德清、董克用在参考世界其他国家农村社会养老保险制度的基础上，提出建立普惠制养老金制度。以农村 65 周岁以上人口作为依据，以农村人均生活消费现金支出作为养老金领取标准，根据东、中、西部三类地区确定不同的地方财政负担比重，测算结果表明普惠制养老金制度下各级财政负担水平均在可承受范围之内。[⑥] 朱俊生认为通过农村养老保险制度的构建，政府财政

---

① 陈婷，陈夏婷. 析我国政府对社会保障的财政责任［J］. 经济体制改革，2007（6）：151-153.

② 米红，项洁雯. 中国新型农村养老保险制度发展的敏感性分析暨有限财政投入仿真研究［J］. 社会保障研究，2008（1）：127-144.

③ 曹文献，文先明. 新型农村社会养老保险的财力保障研究［J］. 经济研究导刊，2009（25）：45-46.

④ 杨静静. 现收现付制下农村养老保险制度的财政可行性分析［J］. 劳动保障世界，2012（2）：11-16.

⑤ 卢海元. 中国农村社会养老保险制度建立条件分析［J］. 经济学家，2003（5）：36-41.

⑥ 杨德清，董克用. 普惠制养老金——中国农村养老保障的一种尝试［J］. 中国行政管理，2008（3）：54-58.

完全有能力解决农民的养老问题。但是，由于地区经济发展水平及财政收入能力存在较大差异，中西部贫困地区财政能力有限，难以为“新农保”支付必要的保费补贴。因此，需要对中央政府及地方政府间的财政关系进行重构，中央财政根据各地经济发展水平的不同进行财政转移支付，分担地方财政对养老保险的保费配套补贴。①

三、农民社会养老保险制度公共投入的方式与能力研究

王国军提出社会保障制度城乡有机衔接的思路：即从城乡“二元”到“三维”（基本保障、补充保障和附加保障）。基本保障中，国家通过征收养老保险税的方式筹集资金，纳税收入由社会保障管理机构按比例分别记入社会统筹账户及个人账户。如果农民受雇于人可参加补充保险，由雇员和雇主分别按照职工工资的一定比例缴纳补充保险费，保费收入按比例分别记入社会统筹账户及个人账户。此外，农民可以通过自我储蓄或参加商业保险的方式参加附加保障。② 杨东乐提出发展税收型养老保险制度，通过加强间接税收（消费税、增值税等）而非直接税和社会保障税的方式为养老保险制度筹集资金。由于间接税不针对任何群体，推行阻力较小，而且符合城乡统筹、减轻农民负担、逐步缩小城乡收入差距的目标。税收资金在减轻国家财政负担的同时增强了社会互济性。③ 阳义南对比了农村社会养老保险三种筹资方式（缴费方式、缴税方式、缴物方式），认为当前情况下以缴费方式为宜，实行完全积累的个人账户制，政府补贴和农民缴费完全进入个人账户，通过基金投资运营向农民提供养老年金。以农民人均纯收入的10%作为筹资标准，政府和农民个人分别承担 50%。④ 陈志国、王丽丽认为缴费型养老保险制度难以适应我国农村的实际情况，而非纳费型普遍保障型的养老金制度较为可行，管理成本也相对较低。普遍保障型养老金制度的资金来源主要为中央政府财政收入，参考发达国家经验，可考虑将 GDP 的 2%用于农村非纳费型养老保险制度。国有企业部分私营化的股权转让收益也可作为筹资来源。资金给付

① 朱俊生. 推进新农保制度的难点在地方财政［J］. 农村工作通讯，2009（20）：39.

② 王国军. 现行农村社会养老保险制度的缺陷与改革思路［J］. 上海社会科学院学术季刊，2000（1）：120-127.

③ 杨东乐. 论我国农村社会养老保险的互济性［J］. 黑河学刊，2005（11）：116-118.

④ 阳义南. 农村社会养老保险基金筹资机制改革的若干对策［J］. 农业经济问题（月刊），2005（1）：40-44.

标准以各地的低保标准或绝对贫困线作为参考，原则上选择货币给付方式，对遭受自然灾害地区也可考虑实物给付。[①]廖煜娟、潘怀明提出农村社会养老保险制度应采取完全积累的个人账户制，认为该模式可以改变老年人面对子女、家庭和社会的心态，有利于巩固代际关系，而且还可以调动农民参保的主动性和积极性。个人账户筹资采取国家、集体和个人三方共同承担的原则。[②]

申策、约翰·威廉姆斯（John Williamson）研究了在我国农村建立全覆盖的最低社会养老金制度的必要性及可行性。该制度将年龄和居住地作为领取养老金的条件，受益人不需缴费，开始时养老金水平较低，随着国家财政实力的增强逐步增加。该制度有助于逐步缩小城乡差距，改善农村老年人生活水平。[③]华迎放认为农村社会养老保险制度应采取“社会统筹+个人账户”模式，其中以个人账户为主，采取“小统筹+大账户”模式。筹资机制采取个人、集体和政府三方共同负担的方式。缴费标准设立高、中、低三个档次，由农民自由选择，缴费方式采取按年度或月度定期缴费。[④]郭金丰通过对新中国成立以来不同时期“农保制度”筹资模式的研究，认为随着形势的变化，制度的筹资模式已经发生了彻底改变。政府不仅提供政策扶持，而且已经开始承担具体的财政责任，不再将集体作为主要的筹资来源。[⑤]作者认为在当前中央财政转移支付能力增强而县乡财政普遍困难的情况下，政府应该增加中央财政的转移支付力度，以此逐步转变社会保障的筹资模式。约翰·威廉姆斯等认为雇员、雇主和国家是养老保障体制比较完善国家的筹资主体，其中国家财政主要承担最低保障部分，主要筹资来源为雇员和雇主的缴费。[⑥]

Valdés-Prieto 认为名义账户制和基金资本化运作模式可以降低转制成本，推动金融市场的发展完善。[⑦]约翰森（Johnson）和威廉姆斯（Williamson）提出，在

① 陈志国，王丽丽. 农村社会养老保险的功能定位、发展路径与制度创新［J］. 重庆社会科学，2009（8）：18-24.

② 廖煜娟，潘怀明. 建立多支柱多层次的农村养老保障模式［J］. 理论探讨，2006（6）：36-38.

③ 申策，约翰·威廉姆斯. 中国农村老年人最低社会养老金制度的必要性、可行性及可能的社会效益［J］. 中国农村经济，2006（8）：50-55.

④ 华迎放. 农村社会保障制度架构［J］. 理论参考，2007（4）：34-35.

⑤ 郭金丰. 略论农村社会保障筹资模式的转型［J］. 江西农业大学学报（社会科学版），2008（3）：8-12.

⑥ John B.，Williamson，Fred C. Pampel. Old-Age Security in Comparative Perspective［M］. 北京：法律出版社，2002.

⑦ Valdés-Prieto，S.. Securitization of Taxes Implicit in PAYG Pensions［J］. Economic Policy，2005，20（42）：215-265.

人均收入水平偏低的国家，应该以国家财政作为筹资主体建立普惠制养老金制度。[①] 刘昌平、殷宝明通过构建现收现付制下的农村社会养老保险财政补贴模型，通过测算认为现收现付制下的阶段式缴费补贴模式为新农保最优的财政补贴机制。[②] 李艳荣认为当前“新农保”制度下，政府财政补贴的方式多样化：一是采取比例配套，缴费越多补贴越多，此方式在带动缴费积极性的同时造成“补富不补贫”的情况，少数贫困农民因无力缴费被排斥于制度之外；二是年度固定金额补贴制，此方式在保证公平性的同时抑制部分富裕农民的缴费积极性；三是政府补贴部分进入基础调剂账户；四是以农村低保和救助形式进行转移支付。作者认为应根据不同地区农民实际情况和经济特点选择政府补贴方式，在保证制度公平的同时体现制度效率。[③] 张朝华、丁士军对广东省粤西的四个新型农村社会养老保险试点县（区）的实地调查结果显示，农民个人缴费困难，集体补助缺口较大，“捆绑原则”使基础养老金发放存在制度性缺陷。作者认为要促进新农保的健康发展，除了加强宣传及管理机构建设外，还应加强财政补助力度。根据各地实际，增强中央及地方财政对基础养老金的补贴力度，补贴标准参照当地农村的最低生活保障线。[④]

1992 年《县级农村社会养老保险基本方案》颁布，实行“个人缴纳、集体补助、国家政策扶持”相结合的原则，鼓励各地积极推广，但实际运行中制度难以大面积推广，覆盖面较小。究其原因，与政府的财政责任缺位有关。一是政府没有直接资金投入，二是管理费用从农民缴费中提取，三是缺乏基金运营的政策优惠。因此导致农村社会养老保险制度运行受阻，资金供给严重不足。周绍斌认为在农村社会养老保险的筹资机制中，政府的财政支持非常重要。无论从政府使命、市场缺陷及社会保障的特点，还是国际经验来看，政府都应为“农保制度”提供公共投入。浙江省及广东省东莞市“农保制度”的实践经验也证明，政府为农民养老保险提供资金支持，不仅可以缓解农村居民缴费困难，而且还刺激农民

---

① Johnson, J. K., & Williamson, J. B.. Do Universal non-contributory Old-age Pensions Make Sense for Rural Areas in Low-income Countries? [J]. International Social Security Review, 2006, 59 (4): 47-65.

② 刘昌平，殷宝明. 新型农村社会养老保险财政补贴机制的可行性研究——基于现收现付平衡模式的角度 [J]. 江西财经大学学报，2010 (3)：35-40.

③ 李艳荣. 浙江省新型农保制度中的政府财政补贴及其效应研究 [J]. 农业经济问题（月刊），2009 (8)：92-99.

④ 张朝华，丁士军. 新农保推广中存在的主要问题——基于广东粤西农户的调查 [J]. 经济纵横，2010 (5)：9-12.

参保的积极性。[①] 尚长风认为基于我国当前的情况，建立农村社会养老保险制度从政府财政来看是可行的。首先，不断增长的财力为农村养老保险提供强力后盾；其次，公共财政框架建立以后，可以将国有经营性资产的一部分用于农村社会养老保险制度对资金的需求；最后，可以通过发行养老保险彩票的社会渠道筹集资金。[②] 杨东乐提出建立政府财政的比例补贴制度，农村社会养老保险制度的参保者按照不同的参保级别给予不同的资金补贴，财政补贴按照缴费水平越高，补贴数目越多但是比例递减的方式。这样既起到激励参保者选择较高的缴费水平，增强参保积极性，又不会出现拉大贫富差距的作用。[③] 于凌云、石磊基于国家财政、地方财政及区域财政不平衡的视角，对未来 40 年社会保障的财政负担率进行测算。结果显示，2010~2050 年的社会保障财政负担率最高只有 13.49%，完全在政府财政能力承受范围之内，认为随着经济增长、财政收入增加及转移支付制度的完善，政府财政完全有能力支持农村社会保障制度建设。[④] 周莹首先将农村社会养老保险制度划分为“基础养老金＋个人账户＋商业保险（个人储蓄）”三个层次，重点探讨了低水平的政府兜底、强制缴费、固定收益的基础养老金的推进策略，从缴费年限、领取年龄、基础养老金的目标替代率及计发标准等方面对基础养老金进行制度设计，计算了农民基础养老金的个体承受能力，并对政府介入基础养老金账户的时机进行模拟测算。[⑤] 段东平认为公共财政要增大对农村养老保险制度的投入力度，对其管理机构停止收取管理费，人员及办公经费列入同级财政预算，同时建立农民参保财政补贴机制，降低参保门槛。作者建议农民基础养老金由中央政府无偿提供，针对计划生育、军烈属等特殊家庭由省级财政建立农保年金，市县级财政补贴个人账户。对于中西部地区、经济欠发达地区及少数民族地区，中央财政可根据地方财政实际承受能力通过财政转移支付的方式予以照顾。[⑥]

2009 年，为了给农村居民提供更好的养老保障，在总结“老农保”经验及教训的基础上，国务院发布了《关于开展新型农村社会养老保险试点的指导意

---

① 周绍斌. 论农民养老中的政府职能［J］. 人口学刊，2003（1）：34-38.

② 尚长风. 农村养老保险制度的财政学反思［J］. 南京大学学报（哲学·人文科学·社会科学版），2004（5）：113-118.

③ 杨东乐. 论我国农村社会养老保险的互济性［J］. 黑河学刊，2005（11）：116-118.

④ 于凌云，石磊. 农村社会保障及政府承担力的一个基本判断［J］. 广东金融学院学报，2008（3）：98-104.

⑤ 周莹. 新型农村社会养老保险中基本养老金仿真学精算模型［J］. 上海经济研究，2009（7）：17-24.

⑥ 段东平. 公共财政支持农村养老保险的思考［J］. 财会研究，2009（20）：6-9.

见》。宫晓霞认为政府对参保农民缴费给予补贴，对基础养老金全额支付，这标志着农村社会养老保险制度进入由政府财政支持的全新阶段。[①] 邓大松、薛惠元在对 2008 年数据（全国人口及财政等）进行分析的基础上，测算了新型农村社会养老保险制度的财政补助数额，认为虽然地方财政特别是中西部较为贫困地区财政困难，但中央财政完全有能力承担财政补助。因此通过各级政府间财政关系的重构，这一问题可以得到解决。[②] 张为民通过计算得出，在农民人均纯收入 50%的替代率水平下，假定收益率为 4%，即使政府补贴 40%，财政负担率也仅为 1.82%。因此，只要制度设计合理，政府完全有能力承担农村社会养老保险费用支出。[③] 薛惠元、张德明分析了“新农保”基金筹资主体的筹资能力，认为个人有能力交费，集体补助大多形同虚设，中央财政有能力承担，地方财政尤其是中西部贫困地区筹资困难。作者认为应该重构中央和地方之间的财政关系，合理划分省、市、县三级政府在“新农保”制度中的财政责任。[④] 李先德、王士海认为，在不同的保障水平下农村社会保障事业需要不同规模的财政资金支出。基于城镇化率及社会保障制度、人口数量、经济发展状况的四种设定及未来十年财政收入的预测计算得出，2010~2020 年农村社会保障三项（养老保险、医疗保险、低保救助）的资金需求占财政收入的比例最低为 2.1%，最高为 6.6%。通过计算，作者认为在农村社会保障项目实现全覆盖的情况下，只要公共财政体制得以建立，政府职能得以转变，即使采取较高的社会保障支出水平，未来的政府财政仍是可以支持的。[⑤] 毕红霞、薛兴利认为“新农保”确立了政府的财政支持责任，国家财政全额补助基础养老金，有利于保障老年人口的基本生活水平，实现“保基本”的目标，地方财政对农民缴费进行补贴，可以调动农民的参保积极性，实现“广覆盖”的目标。作者通过测算发现，虽然国家总体具有支持“新农保”的经济条件，但层级不同的政府对“新农保”的支持能力存在差异，农民的参保积极性对财政补贴的依赖性较强。因此，政府财政支持农村社会养老保险的方式应体现地区经济发展水平以及层级财政责任的差异性，并积极探索具有导向激励作用

---

① 宫晓霞. 新型农村社会养老保险制度建设中的财政支持研究［J］. 财政研究，2011（8）：35-37.

② 邓大松，薛惠元. 新农保财政补助数额的测算与分析——基于 2008 年的数据［J］. 江西财经大学学报，2010（2）：38-42.

③ 张为民. 我国新型农村社会养老保险经济支持能力研究［J］. 西北人口，2010（2）：57-60.

④ 薛惠元，张德明. 新农保基金筹集主体筹资能力分析［J］. 税务与经济，2010（2）：32-37.

⑤ 李先德、王士海. 城乡统筹下农村社会保障的资金需求分析［J］. 农业经济问题，2010（10）：60-66.

的财政支持方式。[①] 封进、郭瑜认为财政补贴农村社会养老保险是各国的普遍做法。基于对人口老龄化、城市化、财政收入增长对新农保财政负担综合影响的测算，作者认为农村人口老龄化对财政负担的冲击将会被财政收入增长和城市化进程所冲淡，未来政府财政压力趋于下降，将农民养老保险替代率由目前的 20%提升至 30%具有财政可行性，中央财政负担率低于 4.5%。由于地区经济发展不平衡，地方财政负担差距较大，经济欠发达地区县级财政负担较重，可考虑中央财政进行转移支付。[②] 曹信邦、刘晴晴对未来 30 年农村社会养老保险制度的财政支持能力进行测算，认为政府有能力支持新农保的发展。在养老金替代率为 50%的情况下，财政补贴支出最高只占财政收入的 3.5%，但由于地区经济发展不平衡，因此中央政府应加大对中西部地区新农保的财政转移支付力度。[③]

四、农民社会养老保险制度公共投入的责任分担研究

1992 年，我国试行分税制改革，1994 年，财政体制分税制在全国推行。樊小钢、陈薇认为既然财政体制实行分税制，那么对我国社会保障制度的公共投入责任也应该按照“财权与事权相结合的原则”在中央政府及地方政府之间进行合理分担。[④] 郑功成认为，即使在政府内部，中央政府及地方政府之间也缺乏明确的职责分工，在社会保险制度中财权与事权的分离，既加重中央政府的财政责任，又造成了地方政府被动的局面。因此，应该合理确立政府公共投入的责任分担机制。

杨方方认为中央与地方政府在社会保障制度中责任划分的不明确已经影响到制度的有效运行及发展完善。在深入分析政府的本质特征并宏观把握中央及地方政府关系的基础上，作者认为应该按照财权与事权相统一的原则、各尽所长优势互补原则、经济效益原则、动态性原则、共同负责相互配合原则来合理划分中央政府及地方政府的责任。[⑤] 黄书亭、周宗顺认为我国社会保障的中央及地方政府职

---

① 毕红霞、薛兴利. 财政支持农村社保的差异性及其有限责任［J］. 改革，2011（2）：41–48.

② 封进，郭瑜. 新型农村养老保险制度的财政支持能力［J］. 重庆社会科学，2011（7）：50–58.

③ 曹信邦，刘晴晴. 农村社会养老保险的政府财政支持能力分析［J］. 中国人口·资源与环境，2011（10）：129–137.

④ 樊小钢，陈薇. 我国农村社会养老保险中政府财政责任探讨［J］. 甘肃行政学院学报，2008（6）：57–63.

⑤ 杨方方. 关于中央和地方政府社会保障责任划分的几点看法［J］. 经济体制改革，2003（3）：18–20.

责划分存在问题：一是制度设计及政策制定方面存在“统放不分”现象；二是具体项目负责方面存在“错位”现象；三是财政投入方面未实现财权与事权有效统一原则；四是在管理实施及监督方面存在职责划分不清现象。进而提出应该统一立法，政府按照不同公共物品的性质分级负责，严格遵循财权与事权相一致的原则划分中央及地方政府在社会保障中的职责范围。①

李文君认为中央及地方政府在社会保障中财政责任的划分应该与具体国情及财政体制相结合，实现动态适应。当出现新情况新问题时，应及时对双方责任进行调整并重新界定，避免出现责任盲区，相互推诿责任情况的出现。目前地方财政不足的情况下，中央财政应处于主导地位，待农村经济有较大发展后，农村社会保障支出可转为地方财政为主。中央与地方财政职责的确定除了财权与事权相统一的原则外，还应按照优势互补的原则明确各自承担的责任种类。② 林治芬认为中央与地方政府社会保障责任不清主要是养老保险责任的定量划分不清。作者设计了两种模式：“统账全分、全国统筹”模式及“统账对分、省级统筹”过渡模式。“统账全分、全国统筹”模式将养老保险统筹缴费改为税，基础养老金全国统筹，纳税收入归中央，结余划归全国社会保障基金，个人账户继续缴费，收入归地方，结余部分逐步做实个人账户；“统账对分、省级统筹”过渡模式将养老保险统筹缴费改为共享税，中央与地方政府各分50%，养老保险债务由中央和地方政府按比例分担，个人账户继续缴费，收支归地方，养老保险制度运行由省级政府负责。经过比较作者提出模式一更适合制度未来发展的方向。③

陶勇以财政分权理论为基础，借鉴西方经验，结合中国国情，对社会保障供给中政府责权配置进行研究。认为我国当前存在社会保障供给过于分散化，层级政府间财权、事权和财力脱节的问题。就养老保险制度，作者认为基本养老保险由中央政府集中管理，逐步实现全国统筹，社会保险费（税）由中央政府征收，一方面促进劳动力地区间有序流动，另一方面方便养老保险基金全国调剂使用，防止地区间费（税）率高低不均。对于缺口部分，由中央政府承担“兜底”责

① 黄书亭，周宗顺. 中央政府与地方政府在社会保障中的职责划分［J］. 经济体制改革，2004（3）：19-22.

② 李文君. 论我国财政对农村社会保障支出的责任［J］. 山东财政学院学报（双月刊），2005（3）：17-21.

③ 林治芬. 中央与地方养老保险责任划分模式设计［J］. 财贸经济，2006（6）：73-77.

任。[①] 钱亚仙认为政府在社会保障制度建设及运转中应承担主体责任。在责任承担方面，中央政府应强化在宏观规划上的责任，如立法推动、制度设计及监督管理等，地方政府承担组织实施及具体执行责任。在财政责任方面，应该按照财权与事权相统一的原则，认真贯彻公共事务管理中“谁负责、谁出资”的原则。中央政府主要负责全国范围的收入再分配，地方政府承担地方设立的一些社会保障项目的融资责任。[②] 杨德清、董克用提出建立中央与地方财政共同承担的普惠制养老金制度，并设定了东、中、西部三类地区中央与地方财政对普惠制养老金的负担比例，东部为3:2，中部为3:1，西部为9:1，经过测算认为，各级财政负担均在可承受范围内。[③] 郁建兴、高翔认为在农村社会保障体系建设过程中，中央政府与地方政府需要明确的职责分工。与中央政府相比，地方政府具有信息优势，可以结合本地实际开展社会保障试点，通过向城市化借力的方式逐步推进城乡社会保障一体化进程。作者以宁波市江北区为例，详细阐述了江北区政府通过强化地方政府责任（如政策责任、财政责任及执行责任），极大地完善了农村社会保障体系。同时作者认为在快速城镇化进程中实现农村社会保障体系的补位，构建城乡社会保障体系阶梯式的接轨路径只是当前的一种权宜之计。长远来看，农村社会保险体系需要顶层设计，逐步缩小并消除城乡差距，实现社会公平的目标。[④]

樊小钢、陈薇认为在农村社会养老保险制度建设过程中，应当按照财权与事权相结合的原则确定中央与地方政府的财政责任，鉴于目前中央及省级财政实力不断增强，可适度分担地市级以下政府的财政支出责任。由于我国经济发展区域不平衡，可依据东、中、西部经济发展水平的不同适当调整财政投入比重，经济发达地区地方财政多承担一些，而经济欠发达地区则主要依靠中央财政的转移支付来解决。[⑤] 欧阳仁根认为在中央和地方实行分税制的现行税制下，农村社会保

① 陶勇. 社会保障供给中政府间责权配置研究［J］. 中央财经大学学报，2007（10）：17-21.

② 钱亚仙. 地方政府在农村社会保障中的责任探讨[J]. 中共青岛市委党校（青岛行政学院学报），2008（4）：67-69.

③ 杨德清，董克用. 普惠制养老金——中国农村养老保障的一种尝试［J］. 中国行政管理，2008（3）：54-58.

④ 郁建兴，高翔. 地方政府在农村社会保障体系建设中的作用——以宁波市江北区为例［J］. 中共宁波市委党校学报，2008（4）：25-32.

⑤ 樊小钢，陈薇. 我国农村社会养老保险中政府财政责任探讨［J］. 甘肃行政学院学报，2008（6）：57-63.

障的财政支持应在各级财政合理分担的基础上，坚持以地方财政为主。[①] 米红、王鹏对新农保试点的激励机制模型及可执行算法进行优化设计，基于政府“有限财政”的理念，设计出三种省、市、县财政分担的“进口”补贴模式。一是“4-3-3”模式，即省、市、县三级均衡补贴模式，三级财政共同分担个人账户的财政补贴，此模式适用于经济发展比较均衡的省市；二是“6-3-1”模式，即以省级财政补贴为主，市级为辅，县级次之的模式，此模式适用于城乡发展差距较大的省市；三是“2-3-5”模式，即以县级财政补贴为主模式，此模式适用于农村经济发展较好的省市。作者对中西部20省的数据进行测算，发现“新农保”制度优化后，2010~2050年的省、市、县三级财政对“新农保”的支出基本适度，“新农保”支出占财政总支出的比例在0.56%~1.88%之间。[②] 金雁认为在农村社会保障制度建设中应该明确界定中央政府和地方政府的职责范围。中央政府负责制定基本原则、制度框架及运行规则，推动立法进程等。目前，应该对各地“新农保”试点的经验及教训进行总结，并抓紧构建全国统一的“新农保”制度模式，防止制度的过分“碎片化”。地方政府主要根据本地实际，负责制度的日常管理、基金征缴、养老金发放及监督管理工作。在财政责任配置方面，首先，在合理划分层级政府事权基础上，明确各自的财政支出责任；其次，加大中央政府对溢出效应突出的农村养老保险投入以及对中西部困难地区的转移支付；最后，为避免财政投入的随意性，应该建立财政投入的保障机制。[③]

五、农民社会养老保险制度公共投入的保障水平研究

长期以来，由于受经济发展水平、公共收入总量、政府决策方式及政府管理模式的影响，我国政府公共投入的优先次序及公共投入的结构存在不合理的情况，重经济增长，轻民生支出，重城镇投入，轻农村支出，导致我国社会保障支出水平总体偏低，农村社会保障尤其是农民养老保险在较长时期内处于缺位状态。2009年“新农保”政策的实施，增加了政府对农民养老的公共投入，但总体保障水平明显偏低。

---

① 欧阳仁根. 试论国家在建立农村社会保障制度中的职责［J］. 财贸研究，2002（3）：28-31.

② 米红，王鹏. 新农保制度模式与财政投入实证研究［J］. 中国社会保障，2010（6）：28-30.

③ 金雁. 农村社会保障体系建设中的政府责任探讨——以城乡统筹社会保障建设为视角［J］. 中共南京市委党校学报，2010（2）：100-104.

李文君通过研究发现，地方财政与当地社会保障水平正相关，财政实力越强，社会保障水平越高；反之，地方经济发展水平越低，则社会保障水平也越低。作者认为，根据基本生存权平等的观念，无论富裕还是贫困地区的公民，都应得到基本的生存保障。因此，基本保障应由中央政府提供，而非财力悬殊较大的地方政府提供，以免出现富者愈富、穷者愈穷的马太效应，影响社会保障的公平性。[①] 冉维运用《中国统计年鉴》及《中国财政年鉴》的数据对我国财政社会保障支出进行分析，认为我国财政社会保障支出总体水平偏低，支出结构不合理，重城镇轻农村，并引入“社会保障支出增长弹性系数”这一指标来说明随着每年财政总支出的增长，社会保障财政支出却没有增加或增加较少，造成社会公正及政府责任的缺失。作者认为应加大财政对社会保障的投入并向农村倾斜。[②] 杨翠迎、米红结合农民的缴费能力及中国的财力，提出“有限财政责任的农村社会养老保险制度”。有限财政责任是对中国城乡经济发展的区域特征、农村的人口结构、人口变动特征及中央财政的转移支付能力进行科学的精算和预测基础上，确保农村人口安全无风险地度过养老金领取高峰；同时这一财政责任又是在中央及地方政府间合理分担的。[③] 贡森认为将农民纳入社会保障体系是必要的。由于制度设计不合理及财政能力不足等原因，农民的生存保障漏洞较大，因此，应加大财政投入，建立财政自行增长机制，在未来 10 年，将农村社会保障政府财政投入占农民纯收入的比重提高到 10%左右。[④] 邵美侠认为农村养老保险资金短缺的主要原因是政府财政投入的严重不足，我国财政用于社会保障的支出比例仅为 11%，与世界其他国家相比处于较低水平，而且资金投入重城镇轻农村，财政对农村社会养老保险的投入只占城镇的 1/8，农村人均养老保险财政投资仅为城镇居民的 1/30，因此，农村居民社会养老保险缴费压力较大，一定程度上阻碍了制度的顺利实施。[⑤] 郑军研究了经济增长方式对农村社会保障中政府财政责任的影响，认为粗放型经济增长方式与农村社会保障制度建设中财政责任缺位密切相关，而集约

① 李文君. 论我国财政对农村社会保障支出的责任 [J]. 山东财政学院学报（双月刊），2005（3）：17-21.

② 冉维. 关于我国财政社会保障支出的分析 [J]. 重庆工商大学学报（社会科学版），2007（8）：45-49.

③ 杨翠迎，米红. 农村社会养老保险：基于有限财政责任理念的制度安排及政策构想 [J]. 西北农林科技大学学报（社会科学版），2007（5）：1-7.

④ 贡森. 加快建立农村社会保障制度，实现城乡共赢 [J]. 决策咨询通讯，2007（4）：47-53.

⑤ 邵美侠. 初探我国农村社会养老保险 [J]. 人口与经济（增刊），2008（4）：200-201.

型经济增长方式有助于政府财政责任的回归。通过国际比较，作者认为随着我国由粗放型向集约型经济增长方式的转变，政府对农村社会保障制度建设承担的财政责任必定会逐步增强，保障水平逐步提高。[①] 华黎、郑小明认为在新型农村社会养老保险制度下公共财政补助水平依然较低，尤其是中央财政补贴水平存在较大不足。[②] 杨翠迎、孙珏妍认为“新农保”每年 660 元的基础养老金补贴占 2008 年我国农村居民家庭人均纯收入（4760.6 元）的比例为 13.86%，远远低于城镇职工 20%的基础养老金替代率。[③] 邓大松、薛惠元通过构建“新农保”替代率精算模型，认为基础养老金的替代率水平较低，建议将农民人均纯收入作为缴费基数，实行比例缴费制，同时鼓励农民尽早参保并选择较高的缴费标准。[④] 黄晗将保障农村居民基本生活水平作为参照对国家财政补助的设定标准、农民个人账户缴费数额进行重新思考，认为目前我国的财政补助标准和个人缴费标准都较低，因此应该大幅提高财政对新农保的补助数额，同时适度提高个人缴费标准。[⑤]

针对农民社会养老保险制度公共投入的保障水平偏低的情况，诸多学者基于政府“有限财政责任”的视角，对农民养老的适度保障水平进行测算。樊小钢、陈薇提出西方福利国家的实践表明，由于社会保障的制度刚性，过高的保障水平会导致国家财力无法负担，因此政府不应承担无限财政责任。他认为我国农村社会养老保险水平的确定应根据国家的财政承受能力及农民的基本生活水平综合考虑，并对政府财政责任的适度水平进行了分析。[⑥] 张瑞书、王云峰认为农村社会养老保险的保障水平是影响农民参保积极性的重要因素，并构建了农村社会养老保险适度给付水平的理论及测算模型，分别对河北省 2009 年试点的大厂县、武安市、肃宁县的“新农保”适度水平进行了测算，并将适度给付水平的上下限与城乡居民最低生活保障水平、农民人均消费水平、企业职工基本养老保险待遇水平进行了对比分析。结果显示，试点方案确定的保障水平普遍低于经过测算的适度

① 郑军. 经济增长方式对农村社会保障中财政责任的影响分析［J］. 财会研究，2008（17）：6-10.

② 华黎，郑小明. 完善新型农村社会养老保险财政资金供给的思路与对策［J］. 求实，2010（10）：89-92.

③ 杨翠迎，孙珏妍. 推行新农保，瞻前顾后很重要［J］. 中国社会保障，2010（7）：25-27.

④ 邓大松，薛惠元. 新型农村社会养老保险替代率精算模型及其实证分析［J］. 经济管理，2010（5）：164-171.

⑤ 黄晗. 新型农村社会养老保险筹资标准的测算与分析［J］. 江西财经大学学报，2011（5）：60-65.

⑥ 樊小钢，陈薇. 我国农村社会养老保险中政府财政责任探讨［J］. 甘肃行政学院学报，2008（6）：57-63.

给付水平。[①] 徐强、王延中在对农民生存需求和生活需求进行理论界定的基础上，运用《中国统计年报》及国家统计数据库的数据，测算了农村社会养老保险基础养老金和个人账户养老金的适度需求水平，并对中央和地方的财政补助金额进行估算。认为“新农保”保障水平的界定应考虑两个方面的因素，上限是当前财政补贴及农民收入的可承受能力，下限是农民基本养老需求（生存需求和生活需求）的满足。基本生存需求应全国统一标准，突出公平原则，基本生活需求各地根据情况单独测定，突出效率原则。[②]

六、农民社会养老保险制度公共投入的财政预算研究

1993 年,《中共中央关于建立社会主义市场经济体制若干问题的决定》在党的十四届三中全会通过，提出逐步完善我国的复式预算制度，建立国有资产经营预算和社会保障预算，并适时建立社会保障预算和其他预算。1995 年《中华人民共和国预算法》和《预算法实施细则》对此作了进一步规定。由于党和政府的重视，全国范围的社会保障预算研究热潮出现。根据研究成果的特点，大致可以分为三个阶段：

第一阶段（1993~1998 年）：社会保障预算研究全面展开阶段。戴天柱（1995）认为政府预算作为国家意志的体现、政府活动的基本手段，应顺应经济运行机制的变化。当前应该借助我国复式预算制度的改进完善过程，在国有资产经营预算和公共预算的基础上，尽快设立社会保障预算，并建立相应的投融资机制，拓宽基金预算管理范围，充分发挥财政预算在我国社会财力中的重要作用。[③] 肖忠清首先分析了社会保障预算收入体系和支出体系的构成，然后提出建立社会保障的总预算和单位预算，最后提出建立社会保障预算的财务报告和统计报告制度。[④] 王荣山分析了建立社会保障预算的必要性，建立社会保障预算的三大基本原则，即与经济社会政策相协调原则，量力而行、量入为出原则以及专款专用原

① 张瑞书，王云峰. 新型农村社会养老保险适度给付水平研究［J］. 中国社会科学院研究生院学报，2011（5）：141-144.

② 徐强，王延中. 新农保公共财政补助水平的适度性分析［J］. 江西财经大学学报，2012（5）：41-49.

③ 戴天柱. 关于建立我国社会保障预算的若干思考［J］. 经济问题，1995（3）：32-34.

④ 肖忠清. 建立我国统一的社会保障预算的具体设想［J］. 吉林财税，1995（7）：34-35.

则，最后设计了社会保障的预算表。[①] 张红霞、刘健认为社会保障预算的建立是完善财政职能的要求，完善社保制度的基础，并从基金的筹集方式、基金的管理和运作等方面提出了建立我国社会保障预算的构想。[②] 蔡社文全面论述了建立社会保障预算的必要性、可行性、指导思想、基本原则、方案设计，最后阐述了需要解决的配套措施建设问题。[③] 桂馨从三个方面论述社会保障预算的建立：一是建立社会保障基金财政专户，奠定预算基础；二是实行单独的预算管理，以适应社会保障制度建设的客观需要；三是以工薪收入作为课税基础征收社会保障税，完善社会保障体系。[④] 朱栢铭从社会保障的属性和社会保障的基金性质论述建立社会保障预算的理论依据，并从主要收入项目和主要支出项目分析社会保障的框架体系，最后阐述了社会保障预算的运作条件，这是早期比较有影响力的研究成果。[⑤]

第二阶段（1998~2010 年）：公共财政框架下社会保障预算的构建研究。周顺明从五个方面论述了建立社会保障预算的必要性、社会保障预算的主要内容，并对社会保障预算的运作条件进行分析，认为要确立社会保障预算在预算体系中的地位，规定预算的编制原则，健全预算法制，强化预算管理。[⑥] 魏和宁详细论述了山西省吕梁地区试编社会保障预算的实践探索。作者认为社会保障预算的编制认识要到位、目标要明确、运行要规范、配合要默契，并提出了预算编制的三条建议：一是要积极支持和参与社会保障制度的改革，用好管好职工的“保命钱”和“养命钱”；二是研究推进以税收代收费的办法，积极推进社会保障税改革；三是积极稳妥地进行国家预算科目的调整，尽快出台全国统一的社会保障预算过渡性办法。[⑦] 丛树海分析了社会保障预算化管理的基本要点，对社会保障预算收支的内容、预算表式及其平衡方法进行研究，最后深入探讨了社会保障预算的监督和管理。[⑧] 林治芬认为虽然社会保障已出现近百年的时间，但社会保障预算却只有三五十年的时间，她将社会保障预算分为三种模式：以英国为代表的政府公共预算模式，以美国、日本、德国为代表的专项基金预算模式，以新加坡为代表的社

① 王荣山. 论建立社会保障预算 [J]. 财经问题研究，1995（9）：22-26.
② 张红霞，刘健. 关于我国建立社会保障预算的若干思考 [J]. 山东财政学院学报，1996（1）：38-40.
③ 蔡社文. 关于建立社会保障预算的初步设想 [J]. 财政研究，1996（3）：31-36.
④ 桂馨. 当前我国社会保障预算体系的建立 [J]. 财会研究，1997（11）：11-12.
⑤ 朱栢铭. 建立我国社会保障预算的构想 [J]. 财政研究，1998（2）：45-48.
⑥ 周顺明. 试论建立社会保障预算 [J]. 湖北财税，1999（12）：6-9.
⑦ 魏和宁. 建立社会保障预算的实践与思考 [J]. 中国财政，1999（11）：24-25.
⑧ 丛树海. 社会保障预算化管理的探讨 [J]. 当代财经，1999（11）：25-28.

会保障不纳入政府预算模式。通过分析，作者认为社会保障预算应该同国家的经常性预算分开，社会保障资金采取基金管理方式较好，而且社会保障预算没有现成的国际模式可以借鉴，必须走适合本国国情的道路。[①] 张长飞认为我国目前没有真正意义的社会保障预算，应注重加强理论研究，并将理论运用于实践来加快构建社会保障预算体系。作者对我国社会保障预算管理的现状进行分析，认为社会保障责任不清、社会保险费征收范围不统一、社会保险基金管理体制不顺、社会保障预算不规范不完整、社会保险基金管理需要加强，最后提出完善社会保障预算的构想。[②] 包丽萍回顾了我国社会保障预算的发展历程，并对国际社会保障预算模式进行比较分析，认为我国社会保障预算的近期目标是“基金预算+一般预算”的“板块式”预算结构，未来发展目标是建立“一揽子”社会保障预算模式。[③]

第三阶段（2010 年至今）：集中围绕社会保障基金预算研究。单晓红深度解析了社会保障基金预算的方法、实现路径及预算机制，认为社会保障预算的编制要采用科学规范的编制方法，综合考虑多种因素（统筹地区经济水平、宏观经济运行状况、社会保险发展情况等），运用规范的预测和精算方法；实现路径的特殊性主要体现在预算的编制和执行上；预算机制有三类值得关注：政府责任机制、基金预算绩效考核和激励约束机制、基金资源优化机制，最后论述了社会保障预算对目前的经办管理体制的挑战。[④] 闫俊认为社会保障基金支出具有福利刚性并且难以预测，不同险种之间风险属性差别较大，对于社会保障基金的收支平衡挑战巨大。作者认为要实现社会保障基金收支平衡，改进预算管理，应该明确财政预算的关键点，厘清统筹范围内的责任边界，树立“量出为入、专款专用”的预算新理念，同时增加预算的透明度，强化监督管理。[⑤] 李阜东认为社会保障预算编制水平的高低直接影响到社会保障基金管理的规范化以及收支的计划性。作者分析了我国社会保障基金预算存在的问题，并提出了具体建议：一是构建基金预算编制体系，二是全面提升基础数据的质量，三是加强内部分工和协同配合，四是执行严格的修正值使用规范，五是完善参保人员的基础信息，六是加强基金

① 林治芬. 国际社会保障预算的分析与借鉴［J］. 中国社会保障，2000（1）：34-35.

② 张长飞. 关于建立我国社会保障预算的构想［J］. 河南财政税务高等专科学校学报，2007（5）：1-6.

③ 包丽萍. 我国社会保障预算的现实定位与未来选择［J］. 地方财政研究，2010（12）：62-67.

④ 单晓红. 社保基金预算的方法、路径与机制解析［J］. 中国社会保障，2010（3）：29-30.

⑤ 闫俊. 社保基金预算收支平衡实现路径［J］. 人民论坛，2011（17）：120-121.

预算执行的约束力。[①] 王威威首先对社会保障基金进行介绍，分析了建立社会保障基金预算的必要性，然后详细论述了我国社会保障基金预算的管理目标以及模式选择，最后对社会保障预算的管理方案和财政监督等方面内容提出了自己的观点。[②]

七、农民社会养老保险制度公共投入的绩效及优化研究

首先，“农保制度”公共投入的绩效研究。李放运用《中国统计年鉴》及《中国民政统计年鉴》的数据对城乡社会保障的财政支出进行比较分析，认为我国财政对农村社会保障的投入严重不足，导致农村社会保障发展严重滞后于城市。为了促进城乡社会保障的均衡协调发展，应该调整财政支出的结构，对农村地区的社会保障，国家财政应该承担更多的责任和义务。[③] 樊小钢、陈薇认为政府承担财政责任的目标既要实现制度追求的公平，又不产生效率的损失。因此，政府财政责任的下限应满足社会成员的基本生存需求，上限则是政府财政的承受能力，并指出，在西方发达国家及中等水平的发展中国家，政府将财政收入的 35%~40% 用于社会保障支出，而我国用于社会保障的支出还不到财政支出的 11%，支出水平明显偏低，而且支出结构严重失衡。财政投入不合理的制度设计，农村居民的养老保障问题不仅解决不好，反而逐步拉大了城市与农村居民间的收入差距。[④] 李先德、王士海利用《中国统计年鉴》、《中国人口和就业统计年鉴》及《中国农村统计年鉴》的数据描述了城乡养老保险严重失衡的现象，2010 年农村基础养老金的发放数额仅占 2008 年全国城镇户籍统筹范围内离退休人员平均离退休费用的 4.7%。此外，李先德还描述了养老保险区域失衡的现象，北京市 2009 年基础养老金的标准为每月 280 元，是 2009 年全国“新农保”试点规定的 55 元标准的 5 倍多。[⑤]

在对政府财政支持社会保障及农村社会养老保险的绩效进行客观评价的基础上，学者们又对绩效水平低的原因进行了深入探究。一是财政体制方面的原因。

---

① 李阜东. 社保基金预算编制亟待完善［J］. 山东人力资源与社会保障，2012（4）：42-43.

② 王威威. 财政预算体系下的社会保险基金预算研究［J］. 财会研究，2012（4）：9-11.

③ 李放. 试论农村社会保障体系建设中的财政支持［J］. 农业现代化研究，2005（1）：70-74.

④ 樊小钢，陈薇. 我国农村社会养老保险中政府财政责任探讨［J］. 甘肃行政学院学报，2008（6）：57-63.

⑤ 李先德，王士海. 城乡统筹下农村社会保障的资金需求分析［J］. 农业经济问题，2010（10）：60-66.

吕炜认为1994年分税制改革在推动经济社会发展方面遵循非均衡战略，呈现出明显的“重上轻下、重财权轻事权、重城轻乡、重工轻农、重建设性投入轻公共性投入”的体制性倾向，导致“三农”、城乡差距及公共领域发展滞后等问题突出。1998年财政制度安排对农村发展中的问题起到了缓解作用，但尚未形成一种制度性安排。作者认为未来财政体制演进应该坚持公共服务均等化的政策取向，逐步缩小城乡差距、区域差距，应该处理好各级财政的分担责任，应该建立农村重点公共事业发展的单项保障机制，加快农村社会保障体制的建立和发展。[①] 二是政府利益博弈的结果。李琴、熊启泉、孙良媛运用博弈论的分析框架，认为农村公共品供给存在问题的主要原因是中央政府、地方政府及农民三个利益主体的博弈关系，而农民在博弈中处于弱势地位，利益难免受到侵害。[②] 王一涵认为农村社会保障供给之所以陷入困境是因为中央政府与地方政府之间以及不同地方政府之间利益相对独立，政府之间相互博弈以寻求自身利益最大化。在诸多利益权衡中，农村社会保障制度重要性被不断淡化。因此，在财力有限的情况下，政府更倾向于将有限的财政投入到城镇社保。为有效抑制政府之间利益博弈，促进农村社会保障供给，作者提出四条建议：加快农村社保立法、构建政府间利益平衡机制、重构政府的政绩考评机制、完善农民利益表达机制。[③]

其次，“农保制度”公共投入的优化研究。刘海燕认为应该构建多层次的农村社会养老保险财政制度。针对长期居住在农村且户籍也在当地的“纯农户”，他们的基本养老保险费的缴费基数为当地上一年度农村居民人均纯收入，缴费比例为20%，其中市（县）、区、乡（镇）及村集体承担12%，个人缴费8%，实行社会统筹与个人账户相结合。针对农村中灵活就业者的养老保险应以个人为主，集体和财政为辅。缴费比例仍为当地上一年度农村居民人均纯收入的20%，其中个人负担15%。[④] 杨立雄基于中国农村的经济社会状况，认为大多数农民收入水平低而且来源不稳定，实行缴费型社会保险有一定的局限性，只有具备一定缴费能力的人群才能纳入保障范围，容易出现“保富不保贫”，因此既不能覆盖广

---

① 吕炜. 构建推进社会主义新农村建设的财政保障机制［J］. 财贸经济，2006（3）：3-9.

② 李琴，熊启泉，孙良媛. 利益主体博弈与农村公共品供给的困境［J］. 农业经济问题，2005（4）：34-37.

③ 王一涵. 政府利益博弈对农村社会保障制度供给的制约分析［J］. 广西农学报，2007（4）：65-68.

④ 刘海燕. 构建农村养老保险的财政制度安排［J］. 农村经济，2006（5）：77-79.

大农村地区，也不能保障残疾人等弱势群体的利益，容易产生新的不平等，因此应以非缴费性的老年津贴方案代替以缴费为资格的养老保险制度。通过测算认为非缴费性的老年津贴方案在政府财政可以承受范围之内。同时认为在经济发达地区可以适当开展农村社会养老保险试点工作。[①] 杨翠迎、米红基于农民身份不断分化的现状，结合"农保制度有限财政责任"的理念，设计了分群体特征的"农保制度"创新模式，即适合纯农户的"统筹账户＋个人账户"模式或"长寿风险基金＋个人账户"模式、适合失地农民的"基础养老金＋个人账户＋储备金"模式、适合农民工流动性的"弹性账户＋激励账户"模式、适合计划生育户的"到龄辅助"转为"即期投入"模式，同时四种模式之间保留一定的衔接与转化通道。[②] 刘昌平认为"乡—城"人口不断迁移加大了农村养老风险，并进行了农村社会养老保险的制度设计，即"最低养老金＋个人账户"模式。非缴费型标准统一的最低养老金体现国家财政补贴和收入再分配性质，集体补助和农民缴费则进入个人账户。待遇水平实行"保基本＋缴费确定型"，即国家财政提供最低养老金保障老年人基本生活，免除老年贫困，个人账户强调待遇水平与缴费多少直接相关，激励农民缴费积极性，并对养老保险基金管理办法进行了评估与设计。[③] 何文炯提出"老年津贴＋个人账户"的农民社会养老保险制度模式。政府财政对某一年龄（如 65 岁）以上的老年人给付具有普惠性质的老年津贴，对 16~65 岁的农村居民建立个人账户，个人缴费，地方财政适度补贴，实行完全积累制，到达退休年龄领取老年津贴加上个人账户养老金。财政出资建立社会统筹基金应对长寿风险，即个人账户支付完后需要继续支付的养老金。[④] 李珍、王海东等通过对"新农保"财务可持续性、个人账户可接受性、个人账户资金管理效率等几方面的分析，认为现行"新农保"制度安排并非最优选择。农业收益的不稳定不符合保险对缴费的要求，城乡统筹发展不等于追求制度模式统一，"老农保"停滞，"新农保"低效的主要原因在于个人账户的诸多弊端，而非财政投入不足的问题，因此应该建

---

① 杨立雄. 建立非缴费性的老年津贴——农村养老保障的一个选择性方案［J］. 中国软科学，2006（2）：11-21.

② 杨翠迎，米红. 农村社会养老保险：基于有限财政责任理念的制度安排及政策构想［J］. 西北农林科技大学学报（社会科学版），2007（5）：1-7.

③ 刘昌平. 建立覆盖城乡居民的养老社会保障体系的战略思考［J］. 西北大学学报（哲学社会科学版），2008（7）：23-28.

④ 何文炯. 农民社会养老保障：老年津贴+个人账户［J］. 学习与探索，2009（4）：40-42.

立普惠性的养老金制度，其不仅管理成本较低，而且财政支持具有可持续性，制度建设坚持低水平、全覆盖，并不断强化家庭在养老方面的积极作用。①

华黎、郑小明认为“新农保”在财政资金供给方面存在整体保障水平低、基础养老金不足及基础养老金缺乏动态调整机制等问题。提出基础养老金的标准应参照当地上一年度农村居民人均纯收入的20%，其中，中央财政承担15%，地方财政承担5%，统一改为“出口”补贴，并结合2008年的数据进行了测算，结果显示中央财政补贴支出占财政收入的1.96%，地方财政补贴支出占各省区财政收入的比例为0.5%~1.5%，基本都在财力可以承受范围之内。② 封进、郭瑜（2011）基于中央及地方政府对农村社会养老保险制度财政支持能力测算的基础上，提出了制度构建的意见。农民的基础养老保险水平实行全国统一标准，作为实现地区间公共服务均等化的重要措施，同时给予地方政府管理个人账户的充分自主权，地方政府补贴力度可以根据经济发展程度有所差异，以促进地区竞争，体现效率原则。在农民社会养老保险合适的替代率（如30%）确定的基础上，制定出政府财政补贴的增长机制，确保养老金水平保障老年人基本生活需求。③ 鲁全认为“新农保”在“老农保”个人账户（第三支柱）基础上，增加了基础养老金（零支柱），充分体现了政府财政责任，但仍缺乏基本养老保险制度（第一支柱），因此提出名义账户制的创新模式。制度模式采取统账结合现收现付的名义账户制，筹资模式采取“个人缴费+政府财政补贴”，结付模式采取待遇确定的方式，农民基础养老金替代率保持在50%左右，未来基金缺口由财政兜底；管理体制采取统一管理，地方负责，在衔接政策方面，基础养老金转为最低养老金，个人账户转为补充养老金。④

---

① 李珍，王海东，王平. 中国农村老年收入保障制度研究[J]. 武汉大学学报（哲学社会科学版），2010（9）：679-687.

② 华黎，郑小明. 完善新型农村社会养老保险财政资金供给的思路与对策［J］. 求实，2010（10）：89-92.

③ 封进，郭瑜. 新型农村养老保险制度的财政支持能力［J］. 重庆社会科学，2011（7）：50-58.

④ 鲁全. 新型农民社会养老保险制度模式的反思与重构［J］. 保险研究，2011（5）：18-24.

第二节　简要评论

农民社会养老保险制度作为农村社会保障制度的核心内容，作为我国社会保障体系的重要组成部分，对于缓解农村老年贫困、缩小城乡差距、维护社会稳定具有重要作用。新中国成立后，农村社会保障中政府责任的历史演进大致可以划分为三大阶段：一是政府责任隐性化的集体保障阶段，二是政府责任缺位的家庭及土地保障阶段，三是政府承担主要责任的农村社会保障试点开始阶段。2009年“新农保”试点推行，增加了政府公共投入，体现政府对农民养老财政责任的承担，促进了制度健康快速的发展。综观目前学术界关于农民社会养老保险制度公共投入的研究，主要围绕“农保制度”的政府责任、“农保制度”公共投入的必要性和可行性、“农保制度”公共投入的方式和能力、“农保制度”公共投入的责任分担、“农保制度”公共投入的保障水平、“农保制度”公共投入的财政预算、“农保制度”公共投入的绩效及优化七个方面。

第一，关于“农保制度”的政府责任，目前学术界已经基本达成共识，即政府应该对农民养老承担必要的责任，包括构建制度框架、健全管理体制、兑现财政责任、确保基金增值、健全监管机制、推动立法建设、创造适宜制度建设的外部环境等。2009年“新农保”试点推行后，研究重点转向政府财政责任的承担。此外，关于政府承担责任的理论基础，诸多学者也进行了详细阐述，主要包括公共产品理论、市场失灵理论、社会转型成本承担理论、福利补偿理论及社会风险防范理论等。

第二，“农保制度”公共投入的必要性和可行性。必要性方面，目前学术界基本认同政府对农民养老进行公共投入是必须的，并从不同视角进行了研究，主要包括农村社会养老保险的产品属性、传统农村社会养老保险制度停滞的原因、提高农民参保缴费的积极性、国际典型国家的成功经验以及公共投入的社会、经济效益等方面；可行性方面，早期部分学者以“财力不足论”为基础，认为在一个农业社会推行现代社会养老保险制度存在难以克服的障碍，但当前主流观点认为，我国财政具备对农民社会养老保险制度进行公共投入的能力。从资金来源来看，应该充分利用国内上市公司的国有股划拨，每年新增财政收入，财政越位项目支出转向养老保险部分，社会保障长期债券收入，社会保障彩票收入，国有土地的转让、拍卖及出租收入等，同时需要对中央政府及地方政府间的财政关系进行重构，中央财政根据各地经济发展水平的不同进行财政转移支付，分担地方财政对养老保险的保费配套补贴。

第三，"农保制度"公共投入的方式和能力。资金筹集方面，虽然学者们对采取"缴税方式"还是"缴费方式"存在较大争议，但普遍认为应该适当加大政府财政的投入力度。关于给付方式，部分学者认为普惠制基础养老金是适合我国国情的合理选择，也有学者坚持"社会统筹+个人账户"的方式。关于公共投入的方式，采取国家财政全额补助基础养老金，有利于保障老年人口的基本生活水平，实现"保基本"的目标，地方财政对农民缴费进行补贴，可以调动农民的参保积极性，实现"广覆盖"的目标。同时鉴于层级不同的政府对"新农保"的支持能力存在差异，农民的参保积极性对财政补贴的依赖性较强，政府财政支持农村社会养老保险的方式应体现地区经济发展水平以及层级财政责任的差异性，并积极探索具有导向激励作用的公共投入方式。关于公共投入的能力，不同学者由于测算方法、参数选择、测算数据的不同，分析结果存在一定的差异，但基本上认为在"有限财政责任"的理念下，随着国家经济增长、财政收入增加及转移支付制度的完善，政府财政完全有能力支持农村社会保障制度的建设和发展。

第四，"农保制度"公共投入的责任分担。目前学术界普遍认为中央与地方政府在社会保障制度中责任划分的不明确已经影响到制度的有效运行及发展完善。因此，应当按照财权与事权相结合的原则确定中央与地方政府的财政责任，鉴于目前中央及省级财政实力不断增强，可适度分担地市级以下政府的财政支出责任。由于我国经济发展区域不平衡，可依据东、中、西部经济发展水平的不同适当调整财政投入比重，经济发达地区地方财政多承担一些，而经济欠发达地区则主要依靠中央财政的转移支付来解决。同时加大中央政府财政对中西部困难地区的转移支付力度，增强对公共投入溢出效应比较明显的"农保制度"的支出。最后，为避免财政投入的随意性，应该建立财政投入的保障机制。但总体而言，上述研究大多属于宏观分析及总体探讨，关于我国目前"新农保"公共投入责任分担现状及问题的研究不够深入，尚没有关于公共投入责任分担优化方案的系统研究。

第五，“农保制度”公共投入的保障水平。目前学者们普遍认识到我国财政社会保障支出总体水平偏低，支出结构不合理，重城镇轻农村，农民社会养老保险制度保障水平偏低，因此应逐步加大财政对社会保障投入，并向农村地区和中西部地区适当倾斜。同时鉴于社会保障的制度刚性，过高的保障水平会导致国家财力无法负担，因此政府不应承担无限财政责任。我国的农村社会养老保险水平的确定应根据国家的财政承受能力及农民的基本生活水平综合考虑，上限是当前财政补贴及农民收入的可承受能力，下限是农民基本养老需求（生存需求和生活需求）的满足。总而言之，农民养老保障水平的界定不仅要考虑农民需求的满足，还要考虑政府财政供给能力。但目前基于供需均衡视角对农民养老适度保障水平进行界定、基于财政责任合理分担视角对公共投入进行优化的研究成果尚不多见。

第六，“农保制度”公共投入的财政预算。学术界对我国社会保障财政预算的研究经历三个阶段：20 世纪 90 年代初期，全国范围的社会保障预算研究开始；90 年代末，研究集中于公共财政框架下社会保障预算的构建，当前学界的研究集中转向社会保障基金预算。主要涉及以下几个方面：社会保障预算建立的必要性、可行性、指导思想、基本原则、方案设计以及预算模式选择，关于社会保障基金预算的方法、实现路径及预算机制等，但是少有学者关注并研究农民社会养老保险制度的财政预算。目前，农民社会养老保险制度的财政预算是不规范的，制度化、法制化的财政长效供给机制是缺失的。当前制度建设所需资金是通过政府财政拨款的方式实现的，而这部分资金并没有纳入政府预算，具有很强的政策性和随意性。作为一种缓解农村普遍贫困、缩小城乡收入差距以及解决农民养老所需的制度，公共投入在农民社会养老保险制度中发挥着重要作用。政府公共投入的资金只能来源于一般性的税收收入，这需要政府的财政预算制度予以保障。通过财政预算合理安排农民社会养老保险制度的收支数量及收支结构，才能从法律上保证公共投入的稳定性和持续性。农民社会养老保险制度作为社会保险制度的一部分，不会成为一个独立的预算，需要依托于社会保障预算的不断完善和优化。

第七，“农保制度”公共投入的绩效及优化。首先，公共投入的绩效方面，学者普遍认为我国财政对农村社会保障的投入严重不足，导致农村社会保障发展严重滞后于城市。为了促进城乡社会保障的均衡协调发展，应该调整财政支出的结构，对农村地区的社会保障，国家财政应该承担更多的责任和义务。其次，公共投入的优化方面，学者们对制度模式提出了各自的见解，例如“最低养老金+个人账户”模式、普惠制的基础养老金、统账结合现收现付的名义账户制等。但是却没有针对具体的责任分担、保障水平、财政预算等方面提出具体的优化方案。

结合当前学界关于农民社会养老保险制度的研究现状及不足，本书研究的核心内容是：分析“农保”公共投入在投入结构、投入总量及财政预算等方面存在的问题，构建公共投入的优化机制，并探讨在城乡统筹的背景下“农保”公共投入优化机制的适用性。

具体而言，本书将集中探讨并回答以下六方面的问题：第一，政府财政为什么要介入农民社会养老保险制度？即农民社会养老保险制度公共投入的理论依据和现实依据。第二，世界上其他国家对农民社会养老保险制度的公共投入情况如何，有哪些值得我们学习的地方？即农民社会养老保险制度公共投入的国际经验和借鉴。第三，现行农民社会养老保险制度中各级政府财政责任的分担现状及存在的问题，并提出公共投入分担结构的优化方案。第四，现行农民社会养老保险制度中政府公共投入水平的现状及存在的问题，并提出优化公共投入水平的政策建议。第五，现行农民社会养老保险制度中财政预算的现状及存在的问题，并提出具体的优化方案。第六，城乡统筹背景下，“农保”公共投入优化机制对“新农保”和“城居保”合并实施的城乡居民基本养老保险制度的适用性。

第三章　农民社会养老保险制度公共投入的理论分析

第一节　养老问题的一般分析

一、养老问题产生的条件

“养老”问题属于历史范畴，是历史演变的结果。在人类社会发展的早期阶段，养老问题只是个别的、非社会性的现象，甚至在早期阶段可能不存在养老问题。原因可能有以下几个方面：首先，在人类历史发展的早期阶段，由于生产生活条件极其恶劣，人类面临的风险种类非常多，虽然有老年风险的存在，但人们对其关注较少；其次，当时极其低下的生产方式，几乎很难有剩余产品的存在，所有参加正常劳动的人尚无法解决温饱问题，为了保持群体的生存所需，因此对弱势群体的关照自然较少；再次，从个人的生命发展历程来看，由于自然条件、生活条件极其恶劣艰苦，人均寿命普遍较短，大多数成员都是遵循“活到老、干到老”的生命轨迹，个人整个生命周期都与劳动过程密不可分，因此不存在养老问题。随着生产力水平的提高、剩余产品的出现、风险防范意识的增强及人类文明程度的提升，人类的养老行为逐渐由早期的个体行为和现象演变为一种普遍性的社会行为和现象。

养老问题的产生依赖于三个条件：老年经济风险的存在、剩余产品的出现及私人产权的形成。①

首先，养老问题产生的自然基础是老年经济风险的存在。风险指特定环境下、特定时间段内某种损失发生的可能性，即不确定性。老年经济风险是指人进入老年阶段后，由于劳动能力减弱或丧失劳动能力退出劳动力市场后，可能会导致由于收入中断或减少进而无法维持基本生活需求的状态。虽然对于每一个人来讲，年老是一个必然的过程，但是进入老年状态后能否维持一个正常的基本生活需求则面临不确定性。因此，我们认为老年存在经济风险，即“老年人生活需求满足”是一种风险，原因在于：一是进入老年状态后，未来生存期间保持一定生活水平所需的费用是不确定的，这主要是由于随着社会经济的发展变化，工资水平和物价水平都在不断变化，因而很难对较长一段时间内的生活需求总量进行估计。在没有正式的社会养老保险制度安排下，依靠个人储蓄养老以及商业养老保险通常很难应对通货膨胀的侵袭。二是进入老年状态后，个体还能存活多长时间是不确定的。当前国际上评价一个国家人口的健康水平和生存质量的重要指标是“人均预期寿命”，它指的是在一定年龄组别的死亡率之下，活到确切年龄 m 岁后平均还能继续生存的年数。根据我国第六次人口普查的资料计算，2010 年我国平均预期寿命达到 74.83 岁，相比 10 年前提高了 3.43 岁。计算“人均预期寿命”的重要指标是死亡率，但在实际上，死亡率是不断变化的，因此，“人均预期寿命”是一个假定的指标。寿命的长短受两方面因素的影响：一方面，社会经济发展、医疗卫生水平等影响人们的寿命，所以不同历史时期寿命的长短有较大差别；另一方面，由于基因遗传、个人体质、生活习惯等个人差异，使得每个人的寿命长短差距悬殊。因此，对个体成员来讲，进入老年状态后还能继续生存的时间是不确定的。

其次，养老问题产生的经济前提是剩余产品的出现，即在经济上社会具备供养老年人所需的物质基础。早期原始社会，由于自然环境恶劣，生产力水平极其低下，人们面临较大生存威胁，所有人共同劳动尚且只能维持最低生活需求，因此不可能对丧失劳动能力的年长者进行赡养，在突发事件发生时，群体成员各自逃散，年老体弱者自然就被遗弃和淘汰。② 只有当社会生产力发展到一定阶段，整

① 段家喜. 养老保险制度中的政府行为［M］. 北京：社会科学文献出版社，2007：31.

② 陈功. 我国养老方式研究［M］. 北京：北京大学出版社，2003：83.

个社会生产的物质资源极大丰富，出现剩余产品的时候，才有可能对社会资源的配置方式进行调整，对丧失或部分丧失劳动能力的老年人进行特殊照顾。因此，社会经济的发展是养老制度发展及养老问题解决的推动力和原动力。

最后，养老问题产生的现实条件是私有产权的形成。随着原始社会解体及奴隶社会形成，剩余产品及私有产权形成。私有产权形成后，社会资源不再均衡分配，于是出现贫富差距、社会阶层。社会成员开始考虑自己的养老问题，依靠自我的储蓄积累及家庭成员的代际支持来保证老年生活所需。在农业社会，土地作为重要的养老资源在自我和家庭养老中扮演重要角色。进入工业社会，随着劳动者与生产资料的分离，劳动收入成为维持生活的重要来源。一旦出现大规模经济危机，失业者增多，不仅劳动者生活面临困难，也会对整个社会稳定带来影响，于是社会化的化解老年风险的养老保险制度逐渐形成。

二、养老问题的解决方式

养老制度是指通过一定的方式组织动员养老资源以解决老年人基本生活需求的方式和途径，包括传统的解决养老问题的习俗惯例等非正规制度，也包括国家法律法规确定的正式制度。本章依据经济收入来源的不同将养老制度分为自我养老、家庭养老和社会养老三种模式。

自我养老即自我储蓄养老，它是指老年生活所需主要依靠年轻时期的自我储蓄积累，它主要依据生命周期理论，年轻时期劳动能力较强，进行必要的积累以备老年所需，使个人资源在整个生命周期中实现纵向的平衡。自我养老发挥作用需要满足两个条件：一是个人年轻时期进行了足够多的储蓄；二是储蓄资金可以保值增值。自我养老的缺陷可以利用莫迪利亚尼的“生命周期理论”进行解释。生命周期理论的假设是：消费者个人通过整个生命周期内收入总额和消费总额的平滑来实现个人效用的最大化。因此，消费者当期消费与当期收入无关，而与整个生命周期内收入总额相关。根据边际效用递减的规律，消费者不同生命周期阶段只有选择接近于预期的平均消费量才能实现生命周期内效用的最大化。但是由于预期收入与实际收入之间存在一定的误差，因此，消费者按照平均消费量进行支出时，必然存在正或负的储蓄额。现实社会中，并非所有公民都是理性消费者，个人在工作期与退休期消费偏好会有一定的变化，再加上资本市场发育得不成熟，个人储蓄额保值增值面临较大挑战，因此，自我养老面临风险较大，存在一定缺陷。个人短视也是自我养老存在缺陷的重要原因，一是人们缺乏足够的信息预测老年时满足基本生活需求所需的资金量，二是多数人不愿面对将来变老的事实，因此不可能做出明智的长期决策。

家庭养老是我国传统的养老模式，即以家庭为基础，充分发挥家庭成员之间的代际赡养关系，为老年人提供经济支持、服务保障、精神慰藉的养老方式。这种保障来自中国二代、三代甚至四代同堂的家庭结构。在中国传统文化里，家不仅是人们生产和生活的场所，更是一种情感的依托，是几代人生命活动的连接点和归属。家庭养老方式的形成是中国历史选择的产物。但是随着我国市场经济的发展，工业化、城镇化的加速推进，人口流动规模的加速，计划生育政策的推行，人口的加速老龄化，传统的家庭养老模式面临前所未有的威胁，主要体现在下述三个方面：一是赡养老人意识的减弱动摇了家庭养老的思想基础；二是家庭结构小型化对家庭养老模式产生冲击；三是知识经济时代，老人家庭权威地位下降。

自我养老和家庭养老曾经在较长的历史时期内发挥着积极的作用。随着生产的社会化，市场化程度的提高，自我养老的脆弱性及家庭养老的不稳定性逐渐显现，这种非正规的养老制度必然要向更规范的社会化养老方式转变。社会养老即社会养老保险，指的是国家或政府主办的具有经济福利性的、社会化的保障老年人生活的一种社会保险制度。它一般遵循个人、集体、国家三方出资的原则，年轻时进行养老金的积累，年老丧失劳动能力时按照积累额逐月领取养老金，以保证老年衣、食、住等基本生活所需。社会养老强调养老功能从个人、家庭向社会的转移，在更大的范围内使老年风险得以集合和分担，强调政府和社会在养老问题的兜底责任、最终责任，其目的是促进整个社会福利的最大化。社会养老在一定程度上通过风险分摊、责任共担的原理对个人、家庭、社会承担的养老责任进行合理分配，运用代际平衡和代内平衡的机理，对养老资源在社会范围内进行合理统筹和再分配，解决老年人的基本生活需求并使其分享经济社会发展成果。

自我养老、家庭养老、社会养老三种养老制度反映了个人、家庭及社会在养老问题上的责任。在不同的历史时期，三者所占据的地位和所起到的作用是不同的，但三者之间并非泾渭分明的，通常结合在一起解决养老问题，彼此之间还常常存在替代与转换的关系，三种养老制度的异同点如表 3-1 所示。

表 3-1　三种养老制度的异同点

	自我养老	家庭养老	社会养老
养老内容	经济支持、生活照顾、精神慰藉		
提供者	自己	家庭	国家
收入来源	储蓄积累	代际、代内转移	公共投入，雇主、个人缴费等
目的	个人效用最大化	家庭效用最大化	社会福利最大化
风险分担范围	很小（个人）	较小（家庭）	很大（社会）
政府的作用	较弱	适中	较强
对老年风险的抵抗力	较弱	适中	较强
体现的原则	个人收入平衡	家庭互助互惠	社会互助共济

三、养老制度的责任主体

养老制度是解决老年基本生活所需的手段、方式及途径等方面内容的统称，是人类对养老行为进行规范和选择的产物。从责任的视角来看，养老制度需要相应的供给养老资源的责任主体。在人类社会的发展历程中，养老责任的供给主体有多种表现形式：自己、家庭成员、雇主、国家等。随着社会的发展，不同供给主体的养老责任在不断变化。在市场经济条件下，对供给主体的责任结构进行分析，界定不同供给主体的养老责任，对于养老问题的研究具有重要的参考价值。

养老制度包括非正式养老制度和正式养老制度。非正式养老制度即自我养老和家庭养老，分别以个人和家庭作为责任主体。其中，个人养老体现个人理性和个人责任，是理性人的一种自发行为，个人由于年老退出劳动力市场后会出现收入中断或减少，因此通过储蓄的方式可以解决由此而带来的福利水平的下降。自我养老的运作机理是莫迪利亚尼的“生命周期假说”，即个人整个生命周期内消费的平滑。但这种理论显然不适用于自给自足的传统社会，在非货币的传统社会，自我养老与家庭养老是紧密结合在一起的。家庭养老借助家庭内部的自我积累及代际的转移支付来解决养老问题，代际之间的养老责任事实上是以血缘为基础的养老承诺，是一种隐形的养老契约。正式的养老制度即社会养老保险，它的责任主体主要包括三部分，即个人、雇主和政府。根据延期支付理论的内容，体现雇主责任并由雇主缴纳的养老保险费实质上是属于劳动者劳动收益的“延期支付”，它仍属于个人责任的内涵；来自雇主的以税收方式形成的养老资源成为政府养老责任的物质基础，政府以公共投入的方式支持养老保险制度的发展，体现了政府的责任，因此，本章将雇主责任分化为政府责任和个人责任。

社会养老保险责任结构内部（个人责任和政府责任）必然存在此消彼长的相互替代。政府责任一旦增长，个人责任必然相应的收缩，反之政府责任的收缩必然要求个人承担更多的养老责任。更为重要的是，养老保险中政府责任与个人责任的边界界定及彼此之间的替代关系所产生的制度效应及外溢效应会对整个养老保险制度甚至各个经济主体的市场行为产生影响。因此，养老保险中的政府责任与个人责任的研究，其核心内容是探讨两者之间权责如何配置，即责任分担机制的构建，而不是探讨个人责任或者政府责任谁去谁留问题，最终实现养老制度的完善和社会福利的改进。

从理论上讲，个人为其老年生活负责是一种个人理性和个人责任的体现，养老保险首先应该是一个自我保险的体系，相比较而言，它所具有的互助共济和再分配职能都是制度外生的。养老保险制度中个人责任的实现需要一定的外部环境和条件，在理论上属于“应然”，即个人应该为其老年生活负责。个人的能力是个人要实现养老责任的首要条件，至少包括两个方面的重要内容：一是可以创造或者自身拥有足够的用于满足老年生活需求的剩余产品的能力，因为养老权益的实现首先需要足够的养老资源；二是拥有足够的可以合理支配剩余产品的知识和技能。随着强调自由竞争的市场经济的快速发展，社会物质财富以较快的速度增长，个人获取知识及资源以保证老年生活的能力不断提升，使得实现个人养老责任的条件不断满足。尤其是在欧美国家，市场经济发展比较成熟，实现个人养老所需的经济政治体制已经趋于成熟，政治上宣扬自由竞争，强调通过自我努力奋斗实现人生价值，主张政府削减对福利制度的财政支出。经济上工资收入水平相对较高，可以通过工作期间的储蓄积累来实现整个生命周期内消费的平滑。除了个人能力，个人养老责任的实现还需要一定的外部环境及条件，即政府的监管体系及相对成熟的外部市场，以保证养老制度的顺利运行。一是私有产权：即个人养老权益私人所有，养老保险中个人账户中形成的养老资源积累应明确归个人所有；二是激励机制：即个人缴费多少应该与获得的养老金权益呈正相关关系，缴费越多获得的养老金也应该越多，体现出对缴费应有的激励作用。养老问题中首要的责任承担者应该是个人，这是养老保险制度的内在理论要求，不断强化个人责任是当前全球范围内养老保险制度改革的发展趋势。[①] 在市场经济条件下，养老

① Sanchez-Marcos，V.，& Sanchez-Martin，A. R.. Can Social Security be Welfare Improving When There is Demographic Uncertainty?［J］. Journal of Economic Dynamics and Control，2006，30（9）：1615-1646.

保险制度运行的有效性在一定程度上取决于政府与个人责任边界的界定以及明确的个人养老责任的确立。

虽然从理论上讲，养老保险应该是一个自我保障的体系，但是随着社会形势的发展变化及人类认识水平的不断提升，使得政府介入养老保险领域并承担适度的责任成为历史发展的必然。一是养老保险的产品属性。养老保险制度属于准公共产品，具有较强的正外部性，通过提供稳定的老年生活预期，可以有效地维护社会稳定，拉动居民消费。如果完全由市场和个人负责，极易出现市场失灵，导致养老资源供给出现低效甚至无效现象的出现。二是从风险管理的视角来看，个人生产生活中面临的不确定性及风险不仅仅是个人原因所致，更多表现为制度性或社会性风险，养老保险领域也是如此，因此，单纯依靠个人已经很难对此类风险进行有效化解。三是政府是社会“公共力量的代理人”，社会保障权是现代社会公民的一项基本权利，“公正”是社会制度的首要目标，政府理应合法运用公共权力维护社会公平并维护社会成员的基本社会保障权。[①] 四是福利国家理论的产生。该理论认为社会福利是现代公民的一项重要社会权利，不可侵犯，不可剥夺，国家有责任以平等理念为出发点对收入分配的不均衡状态进行调节。实现社会福利是政府的责任，对于维护公民权利，实现政治稳定，促进经济发展具有重要作用。因此，在养老领域，由政府作为养老保险制度的责任主体为全体社会成员提供一个公共养老计划，以此对社会成员的养老风险进行适度分担是合乎逻辑的。政府责任的履行主要包括四个方面：①制度投入，即建立公共的养老保险制度；②组织投入，即制度运行的监督管理；③资金投入，即对养老制度提供适度的财政支持；④培育市场，即为个人承担养老责任创造一定的条件及环境。

综上所述，政府责任与个人责任在养老保险制度中的运作机理、实现方式等方面存在较大差异。政府责任在提供公共养老计划，实现社会公平、正义、共享，促进合理的收入再分配以及分担更大范围的社会风险等方面具有优势；个人责任在养老资源的优化配置、凸显激励机制及实现个性化养老等方面存在优势。因此，要保障老年人养老权益，实现养老制度的高效运行，需要合理界定政府责任及个人责任，并对责任边界进行明确划分。

---

① 席恒. 公共政策制定中的利益均衡——基于合作收益的分析 [J]. 上海行政学院学报，2009 (6)：39-45.

第二节　公共投入与农民养老的关系界定

一、公共投入的一般理论

（一）公共投入的概念及分类

公共投入指的是政府以事权为依据对财政资金进行有计划的分配，以满足社会成员对公共产品、公共服务的需求以及社会再生产的资金需要的活动，是政府为履行其职能购买商品及劳务所支出的所有费用的总和。公共投入又称政府投入，是与市场经济相适应的概念。市场经济条件下，由于市场失灵的存在，需要政府对社会经济活动进行必要的干预，以满足社会成员基本的公共需求，公共投入即为政府干预市场失灵的一种手段。公共投入的实质是政府对社会资源的配置活动，是政府为执行其决策所支付的成本，它反映政府各项职能活动的范围，体现出国家的政策取向，规定政府活动的范围以及方向。公共投入作为政府的经济行为，有狭义和广义之分。狭义的公共投入指政府的财政支出，即公共财政支出，专指政府为满足社会对公共产品及公共服务的需求而进行的公共财政支出。广义的公共投入指公共部门的支出，包括公共财政支出和公共企业支出。本章讨论的公共投入指的是狭义的公共投入，即公共财政支出。

公共投入的分类是指按照一定的标准，对政府的公共投入进行归类和划分。公共投入的分类具有十分重要的理论意义和现实意义。从理论上来讲，多样性的分类标准说明公共投入的内容有多种子因素组合，研究不同公共投入的组合可以全面分析公共财政支出的情况，从整体上分析公共投入存在的问题及其成因，从而寻求实现公共投入合理化的政策建议。从实践上来讲，公共投入的分类可以使人们更加全面地把握财政支出的结构、规模和特点，有利于加强财政资金的监督和管理，更加有效地使用财政资金。公共投入的分类主要有以下几种方法：第一，按政府职能分类，公共投入可以分为经济建设费、行政管理费、社会文教费、国防费及其他支出五大类。按此标准形成的公共投入结构被称为公共投入的职能结构。第二，按财政支出的经济性质分类，公共投入可以分为经常性支出、

建设性支出及其他支出三类。其中经常性支出包括行政管理支出、政策性补贴支出及各类事业费等，建设性支出主要包括各项基本建设支出、城市维护费、农林支出、企业挖潜改造资金等。按此标准形成的公共投入结构称为财政支出的经济性质结构。第三，按公共投入的目的性，财政支出可以分为预防性支出和创造性支出。预防性支出指的是为了维护国家安全及秩序，保障人民生活及社会稳定的支出，例如国防、公安、外交等。创造性支出指的是为了促进经济发展，改善人民生活的支出，例如科技、文化、卫生及社会保障等。第四，按财政支出有无强制性，公共投入可以分为强制性支出和决策性支出。强制性支出指的是不修改现行法律法规就必须投入的那部分支出，例如最低生活保障、社会保障支出，上届政府遗留义务，国债还本付息部分及对地方政府的补助等。决策性支出指的是无法律法规明确规定，政府根据施政目标灵活决定的支出。第五，按财政支出的政府层次，可以分为中央政府投入和地方政府投入。我国政权结构由五级组成，相应的公共投入结构就包括中央投入、省级投入、市级投入、县级投入、乡镇级投入五级。其中，省级及省级以下的公共投入统称为地方政府投入。

（二）公共投入的原则

政府作为社会经济生活的管理者，需要公共干预的范围极其广泛，而社会资源总量是有限的，因此政府需要协调资源的有限性与需求的无限性之间的矛盾。为了对财政资金进行有计划的分配，以满足社会成员对公共产品、公共服务的需求，要求政府的公共投入必须按照一定的原则进行。第一，公平原则。它指的是公共投入所提供的产品、劳务及补贴在不同阶层之间的分配应符合不同阶层的差异化需求，达到相对公平的状态。因为，社会财富的初次分配是根据社会成员的资源占有状况及能力大小进行分配，容易出现贫富差距较大的两极分化状况，一旦超过一定的限度则会危及社会的稳定发展，所以，通过公共投入的角度来修正社会财富分配的不均衡状态，使财富的占有状况相对合理，体现公平的原则。公平原则主要包括横向公平和纵向公平两个方面：一是横向公平，即处在社会同一层次的居民应该同等对待；二是纵向公平，即对待不同层次的居民应该采取差别原则。第二，效益原则。它指的是政府一定的财政投入应该使社会资源的分配达到最大效益，所有资源得到优化配置。效益原则包括两层含义：一是以最大社会效益为原则进行财政资源的使用，二是最优配置公共部门和私人部门之间的社会资源。为判断某项公共投入是否符合效益原则，通常采用“成本—收益分析法”，对该项投入的总成本及总收益进行比较。第三，稳定原则。公共投入可以通过对社会需求总量的影响进而对经济发展产生作用，因此，政府的公共投入应以防止经济过分波动，促进社会平稳发展为目标，同时兼顾较高的经济增长率、较低的失业率及良好的国际收支状况。第四，统筹兼顾原则。它指的是政府公共投入的优先次序安排必须从大局出发，适当兼顾各方面的需求，区分轻重缓急，保证国民经济的顺畅运行及政府各项职能的较好实现。要保证上述目标的实现，政府在安排公共投入时：一要保持适度的公共投入规模，既要坚持量入为出原则，又保证经济社会发展的需要；二要做到突出重点与统筹兼顾相结合，避免财政资金的平均分配；三要合理安排公共投入的优先次序，恰当安排民生性支出与发展性支出的比例；四要建立中央政府与地方政府之间科学合理的公共投入责任分担机制。

（三）公共投入的运行规律

公共投入的运行规律主要包括两个方面：

第一，随着经济发展水平的提高，财政实力的增强，公共投入的规模随之增长。19 世纪 80 年代，德国著名财税学家阿道夫·瓦格纳在对美国、日本及许多欧洲国家的公共支出资料进行实证分析后提出“公共支出不断增长法则”，或称“政府活动扩张法则”，即著名的“瓦格纳法则”。他认为，当国民收入增长时，公共投入会以更大的比例增长。随着人均收入水平的不断提高，公共投入占 GNP 的比例将会增长，这就是公共投入的相对增长。导致公共投入规模不断增长的原因主要有三个方面：一是因政府活动范围的扩展而增长。瓦格纳认为导致公共投入不断增长的最基本的原因是经济的工业化。首先，伴随着经济的工业化，市场规模不断扩张，市场中各个行为主体间的关系更加复杂化，因此需要建立相应的管理制度和规章制度，需要增加政府活动以规范各个行为主体的经济社会活动。其次，随着工业化的发展，市场经济的固有缺陷更加凸显，社会资源的有效配置单纯依靠市场机制难以完成，政府有效干预经济活动以提高配置效率变得十分必要。再次，城市化和高居住密度带来拥挤和外部性现象，需要政府进行管制和干预。最后，需求收入弹性较大的教育、卫生、文化及社会保障等项目，需要增加政府这方面的公共财政支出。二是因经济发展阶段演进而增长。美国著名财政学家马斯格雷夫提出“经济发展的阶段增长理论”，认为经济发展可以划分为三个阶段，即初期、中期和成熟阶段，认为政府公共投入的作用在经济发展的不同阶段明显不同，因此，财政支出的规模也会发生相应的变化。他将政府的公共投入

分为民间支出和军用支出，其中，按支出用途的不同将民间支出主要分为三部分：公共积累支出、公共消费支出及政府转移支付支出。他认为政府公共投入的结构和规模在经济发展的不同阶段会呈现不同的特点。在经济发展的初期阶段，政府会加大基础设施的投入力度，创造良好的投资环境及生产经营环境，促进经济发展；在经济发展的中期阶段，政府用于公共积累支出的增速会适当放慢，政府投资只是私人投资的补充，用于公共消费支出及转移支付方面的比重会适当增强；在经济发展的成熟阶段，公共投入将从基础设施投入转向不断增加对教育、卫生与社会福利服务的投入，而且这方面的投入增长率将大大超过其他方面，也会高于 GDP 的增长速度。三是因政府机构的扩张而增长。自从国家产生之后，为了适应经济发展的需要，适应人类社会管理的需要，政府机构经历了从简单到复杂的发展过程，这是一个不以人的意志为转移的客观历史过程。机构的增多，人员的增加，需要公共投入的规模随之增长。

第二，公共投入的结构随着经济发展阶段和政府职能的转变而变化。在社会经济发展的不同阶段，市场失灵的领域、范围和程度不同，政府进行干预的侧重点不同，因此公共投入的结构必然随之发生变化。一般情况下，处于不同经济发展阶段的国家，其公共投入结构会有较大的差异，而处于相同经济发展阶段的国家，其公共投入结构通常具有一定的趋同性。因此，随着经济社会发展阶段的演进及政府职能结构的转变，公共投入结构会呈现一定的规律性变化。19 世纪德国统计学家恩格尔通过家计调查数据得出：随着家庭及个人收入的增长，收入中用于食品的消费支出将逐渐减少，这一结论被称为“恩格尔定律”。根据该定律，随着人均收入水平的提高，食品等必需品的需求下降，而奢侈品的比例将会上升，进而导致第一产业所占比重下降，第二、第三产业所占比重上升。政府职能结构会随着产业结构的变化而发生转变，因此财政投入的侧重点必然随之发生变化。同时，人均收入水平的提高引起人们对产品的需求上升，由于公共产品的收入需求弹性较大，因此对公共产品的需求上升比较明显，例如基础设施、社会保障、教育、医疗、卫生等。公共投入的结构随着经济发展的阶段特征及政府职能重点的转变，会呈现一定的规律性特征。首先，经济建设性支出占公共投入的比重逐步下降，而社会服务性支出的比重会逐步上升。其次，在经济建设支出中，基础设施投入的比重将逐步下降，从经济发展初期阶段的较高比重到经济发展中期阶段的适当下降。最后，在社会服务性支出中，转移支付的比重将会逐步上升，以满足社会对公共产品及公共服务不断上升的需求水平。

二、公共投入的优先次序

（一）公共投入结构的合理性判断

公共投入是政府调控宏观经济运行、平抑经济周期波动、进行社会资源配置、调节收入分配差距、促进产业结构合理、推动经济增长、缓解社会矛盾、维护社会稳定的主要手段。公共投入是实现政治稳定、经济发展、社会和谐的物质基础。从理论上来讲，公共投入可以有效调节社会总需求，防止经济出现较大波动，促进经济平稳有序发展；公共投入可以使社会资源在公共部门与私人部门之间、城乡之间、地区之间、不同人群之间进行合理配置，在一定程度上缩小收入分配差距；通过政府对不同产业投入结构的调整，可以有效促进产业结构的优化升级，推动我国经济的平稳发展。要充分发挥公共投入的功能，除了要依赖适度的公共投入规模以外，还要有科学合理的公共投入结构。公共投入结构主要解决不同财政支出类别之间的比例关系，反映政府公共投入的基本内容及投入的侧重点，体现特定时期政府政策的倾向及变化。科学合理的公共投入结构是国家调节经济社会发展，优化经济结构，实现社会稳定发展的重要杠杆。因此，政府公共投入需要一个科学合理的结构。

通常来讲，判断一个国家公共投入的结构是否科学合理，至少有两条标准：一是从系统功能的视角进行分析，分析该国所处的社会经济发展阶段以及政府追求的主要政策目标。如果该国生产力水平较低，经济发展滞后，发展经济是其首要的政策目标，那么公共投入用于经济建设方面的支出比重就应该适当高一点，集中力量发展经济；如果该国经济发达，生产力水平较高，维持经济平稳增长，改善人民生活质量是其首要的政策目标，那么公共投入用于科技、教育、文化、卫生等社会公益事业以及社会保障和福利事业的支出比重就应该适当高一点。二是从系统行为演化的视角进行分析，分析公共投入各类别的相对增长速度。公共投入各类别的增长速度不可能同比例增长，而是有快有慢，关键是判断这种增速的差异是否与政府的首要政策目标相符合。如果增速较快的公共投入类别与政府所处经济发展阶段的政策目标相适应，或者说可以较好地实现该政策目标，说明这种公共投入的结构是科学合理的。

（二）公共投入优先次序的影响因素

由于公共投入是政府对财政资金进行有计划的分配活动，以此来满足社会成员对公共产品、公共服务的需求，面对资源的有限性与需求的无限性之间的矛盾，政府需要合理安排公共投入的优先次序。影响公共投入优先次序的因素主要包括：第一，经济发展水平。经济实力是公共投入的基础，一方面，经济实力决定公共投入的供给水平；另一方面，公共投入的优先次序也受经济发展水平的影响。在经济发展的初期阶段，由于私人资本积累的有限性，许多产品和服务需要由公共部门生产和提供，因此，公共投入中用于积累性支出即投资部分所占比重较大。进入经济发展的中期阶段，政府投资只是私人投资的补充。随着收入水平的提高，基本生存需求的满足，公共投入中用于教育、卫生及安全等的公共消费支出及用于社会保障等转移支付方面的比重会适当增强。在经济发展的成熟阶段，私人的基本需求获得较大满足，对提高生活质量的消费性支出将会不断增加，同时政府的公共投入将更加关注社会资源的公平分配，缩小收入差距，用于改善民生的转移性支出的比重将会大幅提升。第二，财政收入水平。公共投入的规模和结构必然受到财政收入水平的影响。财政收入的规模及增长情况直接决定着公共投入的水平及公共投入项目的满足情况。根据“量入为出”的原则，财政多收才能多支。如果财政收入规模较大且保持稳定的增长速度，更多的公共投入项目就能得到资金来源，公共投入的优先次序问题就变得不那么紧张。一旦财政陷入困境，就需要集中财力保证一批重点项目的公共投入，此时，公共投入的优先次序安排对于整个经济社会的发展就变得特别重要。第三，政府决策机制。政府决策机制主要包括集权决策和民主决策两种。不同的决策机制对社会资源配置的出发点不同，因此资源配置效率会有较大的差别。集权决策指的是由一个人或少数几个人对公共事务作出决策，它体现少数人意志，代表少数人利益。这种决策机制在计划经济时代较为常见。限于决策者的自身能力和认知水平，集权决策在公共投入的优先次序方面常不能作出理性的判断。民主决策由于体现大多数人的意志，决策过程比较科学、民主，因此决策结果相对比较客观。总之，不同的政府决策机制会对公共投入的优先次序产生影响。第四，政府管理模式。不同的政府管理模式会考虑不同的公共投入优先次序。我国政府的管理模式正在经由公共行政型政府向公共管理型政府，行政管制型政府向社会服务型政府转变，政府的职能定位逐渐明确，社会管理目标逐渐明晰，政府对自己在社会事务中应该承担的职责及发挥的作用逐渐有了清晰的定位。因此，在公共投入的优先次序安排上已经相对比较科学、合理，由单纯注重经济发展，强调效率的价值取向逐步向兼顾经济发展与民生改善，强调公平、正义、共享的价值理念转变。

三、公共投入与农民养老的关系

（一）农民养老的公共投入是政府社会保障责任的重要体现

新中国成立以来，农民养老制度经历了从家庭养老、集体养老到社会养老的发展历程，在60余年的发展历程中，农民养老制度中的政府责任经历了一个从无到有，从缺位到补位的过程。从新中国成立到1956年，由于国民经济处于恢复时期，国家财政能力有限，农村居民的主要养老方式为传统的家庭养老，政府责任处于缺位状态。从1957年到1977年，随着“三大改造”的完成，我国农村进入集体经济时期。这一时期由于家庭收入完全依靠集体分配而无其他收入来源，因此家庭保障弱化，集体经济组织逐渐替代家庭成为农村养老保障的主体，政府责任处于由农村集体经济组织代为部分承担的隐性化阶段。从1978年到1991年，随着家庭联产承包责任制的实行，集体经济瓦解，农民养老重新回归到家庭保障的阶段。从集体养老到家庭养老的制度变迁体现政府责任的退化，因为在集体保障阶段，集体经济组织还替代国家承担了一部分养老责任，而在家庭联产承包责任制阶段，政府将农民养老责任完全转嫁给家庭成员。1992年，《县级农村社会养老保险基本方案》在全国公布并实行，确定以县为单位开展农民社会养老保险，基金筹集实行“个人缴费为主、集体补助为辅、国家予以政策扶持”的原则，并建立相应的管理机构推动制度的发展，农民养老的政府责任进入逐步归位阶段。由于制度设计的缺陷，缺乏必要的政府财政补贴，以及当时主要领导人认为中国农村尚不具备实行养老保险的条件，1998年，农民社会养老保险制度进入停滞阶段。2003年开始，全国各地进行农民社会养老保险制度的试点，取得了一定的成效。2009年，国务院颁布《关于开展新型农村社会养老保险试点的指导意见》，该《指导意见》决定在全国逐步建立新型农村社会养老保险制度。“新农保”与传统“老农保”的最大区别是增加了政府的公共投入。其中，中央财政实行“出口”补贴政策，对中西部地区符合养老金领取条件的参保人员全额支付“新农保”基础养老金，对东部地区给予50%的补助，基础养老金领取标准为每人每月55元。地方财政实行“入口”补贴，对参保人员缴费进行补贴，

补贴标准每人每月不低于 30 元，对选择较高缴费档次的，可以给予适当的鼓励。对农村缴费困难群体，地方政府代缴全部或部分最低标准的养老保险费。农民养老保险的公共投入是政府责任的集中体现，是政府责任的深化，是“新农保”得以顺利推广的关键因素，它有效破除了农民由于短视心理及对政府不信任等所造成的制度需求不足的困境。

“新农保”增加了政府公共投入，体现财政责任，将普惠性与激励性相结合，在强调养老保障自我责任的同时，又强调国家作为农民雇主应该承担的保障农民基本生活需求的责任。

（二）实现农民“老有所养”是公共投入的重要目标

首先，农村居民的养老问题是目前农村社会最严峻和亟待解决的突出问题，如果不能很好解决，将会影响农村的安定团结和社会稳定，进而影响农村的工业化、现代化进程。农村传统的以子女和土地为依托的家庭养老方式正在面临较大的冲击，计划生育政策的推行、农村劳动力的城市流动、传统孝道的衰落等都使得农村传统的保障方式很难满足农民的养老需求。理论和实践证明，养老保险制度作为社会化的化解老年风险的机制，可以在较大的范围内实现老年经济风险的责任分担，是保障老年生活安全的有效约束机制。养老保险制度的顺畅运行，关键要有资金的保障。城镇职工养老保险制度由于有企业作为雇主承担相应的缴费责任，再加上职工个人缴费部分，可以在一定程度上保障退休职工的基本生活需求。农民由于收入水平较低，缴费能力有限，因此政府作为农民雇主应该承担相应的财政责任。依靠公共投入支持农民养老保险制度，实现农民“老有所养”对于维持农村社会稳定、发展农村经济具有重要作用。其次，农村社会养老保险制度作为社会保障制度的重要组成部分，其健康发展对于构建和谐社会、统筹城乡发展意义重大。基于农民的脆弱性特质，对生存风险的抵抗能力较差，国家出于维护社会公平正义的需要，有必要以社会保险的形式引导农民来进行养老风险的分散和转移。同时考虑到农民较低的收入水平，缴费能力有限，因此，政府公共投入是国家承担责任的重要表现形式。再次，公共投入用于农民社会养老保险制度是财政收入的依据。市场经济条件下，政府财政收入主要来源于法人实体、市场主体以及城乡居民的各种税收，纳税主体具有公共性和广泛性。依据财政收入“取之于民、用之于民”的原则，以公共投入的方式支持农民养老保险制度，解决农民“老有所养”问题，并逐步缩小城乡差距，实现城乡一体化发展，符合政府公共投入优化配置社会资源的基本要求。从相反的视角来看，正是有了农民养老保险制度等公共性支出，政府才可以进行合法、合理的税收征收。最后，公共投入的目标本身具有公共性。公共投入是实现政治稳定、经济发展、社会和谐的物质基础，是政府调控宏观经济运行、平抑经济周期波动、进行社会资源配置、调节收入分配差距、促进产业结构合理、推动经济增长、缓解社会矛盾、维护社会稳定的主要手段，其实质是优化配置社会资源，满足社会对公共产品和公共服务的需求，具有较强的公共性。农民社会养老保险制度具有准公共产品的属性，而且具有较强的正外部性，政府以公共投入的方式支持制度的健康有序发展，有利于逐步消除城乡贫富差距较大的现状，促进城乡经济社会的协调发展。因此，实现农民“老有所养”是公共投入的主要目标，体现公共投入的公共性。政府公共投入应为社会福利的改善、人民生活水平的提高承担应有的责任并发挥积极的作用。

第三节 农民社会养老保险制度公共投入的理论依据

一、公共产品理论

公共产品理论是公共财政的核心理论，对于界定政府公共支出范围及管理职能起理论指导作用。公共产品理论运用微观分析方法，通过将传统的非经济领域的公共事务产品化的方式，将其纳入经济分析范畴来客观评价政府支出。将这一理论运用于养老保险制度，通过养老保险制度的产品化来界定其产品属性，目前学术界存在诸多争议。本章认为，养老保险制度应该属于准公共产品。

马国贤（2001）将准公共产品定义为：具备公共产品两大特性（非排他性、非竞争性）之一或者两个特点都不完全具备，但是具有较强的外部收益的产品。养老保险制度的非排他性和非竞争性虽然不太明显，但是具有较强的外部收益。首先，它不具备消费的非排他性，只有参与养老保险制度，达到一定的缴费年限，并且达到法律规定的退休年龄才有资格享受养老保险待遇。其次，它不具备完全的非竞争性，即增加一个人消费养老保险产品，则增加的边际成本等于零。

在养老保险制度中，政府承担了财政补贴责任，因此增加一人消费而导致增加的边际成本等于该制度下享受养老金的参保成员的平均成本。但是它具有较强的正外部性，通过提供稳定的老年生活预期，可以有效地维护社会稳定，拉动居民消费，同时作为收入再分配的重要制度安排，养老保险制度对于提高农民生活水平，缩小城乡收入差距发挥较大作用。因此养老保险制度是介于公共产品与私人产品之间的准公共产品。基本养老保险制度的准公共产品属性决定它完全由市场提供，容易出现市场失灵，需要政府进行适度的干预，需要政府承担一定的资金供给责任，同时政府的公共性和强制性也决定其在养老保险制度供给方面特有的责任能力和效率。因此，公共产品理论为农民社会养老保险制度的公共投入奠定了理论基础。

二、社会公正理论

社会保障作为实现收入再分配的重要手段，对于缩小贫富差距，维护社会稳定，促进社会和谐发展起到重要的作用。在社会保障制度的建设与发展过程中，公平正义应该成为首要的价值取向。鉴于当前社会保障制度，尤其是养老保险制度上较大的城乡差距，政府对农民社会养老保险制度进行财政支持符合社会公平正义的价值理念。

在西方的社会公正理论发展过程中，罗尔斯的分配正义论是其中的典型代表。他将近代自由平等的思想转变为具体的社会体制、社会政策的理性设计。罗尔斯在批判功利主义的思想取向过程中建构自己的“公平的正义”理论。作为西方正义理论的集大成者，他在代表作《正义论》中认为，正义是社会制度的首要价值，每个人都有基于正义的不可侵犯的权利，即使以社会整体之名也不可侵犯。他阐述了关于正义的基本观念：即应该平等地分配自由、收入、财富、机会及自尊的基础等社会的基本善。[①] 罗尔斯认为，平等可以分为两个方面，即经济平等和政治平等。他认为收入分配的公平合理是经济层面上的平等，应该尽量避免结果的不平等，不能超越合理的限度。政治民主以及自由、平等等权利是政治层面上的平等；他认为政治层面上的平等相对比较容易实现，经济层面的分配正义便成为了平等的核心问题。他的研究提出主要有两种原因导致不平等的出现：一

① 约翰·罗尔斯. 正义论［M］. 何怀宏等译. 北京：中国社会科学出版社，2001：303.

是由于家庭背景、成长环境、所受教育等方面存在的较大差别，导致一些人具有绝对优势，其他人很难超越；二是由于遗传原因，一些人具有较高的自然禀赋状况，其他人在学习、工作中即使通过较大的后天努力也很难超越。一般认为，通过建立适当的社会制度可以逐渐消除家庭背景等社会文化方面的不平等，但由于遗传原因而出现的自然禀赋方面的不平等根本无法解决。罗尔斯则认为，要实现整个社会的公平正义，必须采取措施消除上述两个方面的不平等，而消除不平等的根本举措是“差别原则”，即社会制度的安排应该充分关注弱势群体，使他们获得较大的收益，这样才有可能逐渐改变社会财富及收入不公带来的负面影响。虽然在实际运用中，罗尔斯的“差别原则”面临着诸多的困难，但“最少受惠者”的最大利益原则在一定程度上为解决不平等提供了一个较好的参照点。

如果以罗尔斯的正义论视角来考察我国的社会保障制度，我们会自然地得出一个结论：通过政府公共投入的方式来加快农民社会养老保险制度建设，是逐步缩小城乡差距，实现城乡协调发展的重要举措。首先，从价值判断的角度出发，保证全体国民“老有所养”，平等地享受社会经济发展的成果，既能体现社会公正的价值取向，又能体现社会主义优越性。然而由于我国城乡二元结构的存在，养老保险制度城乡差距悬殊，实现农村居民的“老有所养”问题严峻，这在一定程度上反映出价值取向或价值判断上的偏差。其次，从维护农村居民权利的角度出发，他们不仅应该享受《宪法》规定的社会保障权，而且应该享受与农村经济发展水平相适应的社会保障水平。他们作为罗尔斯所关注的“最少受惠者”，社会政策的调整应按照“差别原则”，以期能够逐渐缩小乃至消除城乡之间社会保障福利差的目标。

三、风险社会理论

从社会学理论诞生时开始，社会学家就自发关注风险社会理论。他们认为，社会变迁及社会转型产生的社会现象及社会风险问题要求思想家们从哲学思辨中解放出来，面对现实问题、回应社会需求、解救社会矛盾。

在风险社会理论的形成与发展过程中涌现出了许多卓越的学者，如理论形成阶段的马克思、迪尔凯姆和韦伯，理论发展阶段的贝克、吉登斯、哈贝马斯等人。总结他们关于风险社会理论的思想，我们可以得出社会风险的内涵：第一，风险是动态的概念。首先，社会越向前发展，人类抵御自然风险的能力越强，同

时面临的社会风险越多；其次，人类对风险的认知是一个不断深化的过程，早期是宿命论、神学决定论，后期人们开始从政治、经济、社会、环境及人类自身行为等多方面因素去研究风险的成因。第二，风险在带来不确定性的同时也增加了机遇特性。正所谓“挑战与机遇并存”，面对风险，我们在增强自身识别风险、抵御风险能力的同时，还应该积极设计出有效规避风险、转移风险、分担风险的制度，努力从不确定性、挑战性中去寻求确定性、机遇性。社会保险制度就是利用大数法则原理，将同质风险在群体中间进行分担，以实现社会风险有效分散的制度。第三，从发展历程来看，社会风险具有未知性、客观性及可预防性。随着人类社会的发展，社会转型必然带来新的社会风险，虽然人类对风险的认识在不断深化，但不确定性却始终存在，人类对自然和社会风险永远无法准确预知，但风险却是独立于人的主观意识客观存在的。风险的客观性和未知性并非意味着我们在风险面前就束手无策，通过先进技术、制度化分担风险方法的采用，我们可以有效化解风险，至少将风险造成的损失降到最低限度。

关于社会风险的功能，美国著名社会学家，科学社会学奠基人及结构功能主义流派代表人物之一的罗伯特·默顿认为，社会风险作为一种“社会事实”具有自身的功能，包括显性功能和隐性功能。风险社会最大的显性功能就是在个体获得主体性的同时丧失生存的独立性，即个体对社会的依赖性不断增强。风险社会的另一个显性功能是不断引发新的社会矛盾，甚至严重的社会危机。[①]就中国实际来看，我国当前面临收入差距不断增大的问题，2009 年我国的基尼系数达到了 0.49，即将达到国际公认的收入严重不平等的 0.5 的警戒线，如果不能很好地解决，将会给经济发展乃至社会稳定造成重大的不良影响，甚至威胁国家的安全。风险社会的隐性功能主要包括三个方面：首先，增强人们的忧患意识及反思精神。随着经济发展和物质条件的改善，人类战胜自然风险的能力增强，对大自然的主体性地位提高。同时，由于社会转型及社会变革使得人类控制自己、控制社会的能力减弱，个体丧失生存的独立性。因此，只有不断地进行反思，对风险的动态性、客观性、不确定性、可预防性等进行充分的了解，人类才能在战胜自然风险的同时战胜社会风险。其次，增强个体的社会适应能力及团队协作精神。通过对以往应对风险的经验教训的反思，人类对风险的认知得到不断深化，个体对

① 高和荣. 风险社会下中国农村合作医疗制度的重建［D］. 长春：吉林大学博士学位论文，2004：43.

风险的适应能力得到增强。风险的社会性也使人们认识到仅仅依靠自身力量有时很难应对风险，需要通过团队的协作来实现风险的规避与消除。最后，促进社会保障制度的建立与完善。社会保障制度是国家依法建立的具有经济福利性的国民生活保障系统。它是国家在社会成员因年老、疾病、失业、贫困及遭遇自然灾害等原因而无法维持基本生活需求时给予物质支持的制度，将个体面临的风险用社会化的方式加以分解，从而达到维护社会稳定，促进经济有序发展的效果。

风险社会理论丰富了人们对社会风险以及风险应对方式的认识。针对农民的养老风险，我们认识到由于人口老龄化的加速到来、计划生育政策的推行、农村青壮年劳动力的城市流动、农业收益风险的增加，传统的以土地为基础的自我养老及家庭养老功能正在不断弱化。因此，需要国家建立社会化的风险分担机制，实现责任分担，有效化解老年风险。政府以公共投入的方式支持农民养老保险制度的发展，较好地体现了政府作为农民雇主所应承担的财政责任，可以较好地推动农民养老问题的解决。

四、福利补偿理论

福利补偿理论指的是国家为了经济社会发展的需要，在特定时期以牺牲某一团体的利益作为代价来换取经济的整体发展，当经济发展到一定阶段之后，再根据国家整体战略的安排对这一团体的利益进行补偿。一般而言，在工业化发展的初期阶段，为了推动工业化的快速发展，各国都会采用以牺牲农民、农业的利益换取工业化的发展的“以农助工”的策略。当工业化、城市化发展进入中后期阶段之后，第二、第三产业发展迅速，国家整体经济实力获得较大提升，与此同时，广大的农村地区却日益贫困，城乡差距不断拉大。如果任其发展，将会导致农业生产萎缩、工农业产业结构及就业结构不合理，经济运行效率低下，社会矛盾加剧，不利于社会经济的可持续发展。因此，根据福利补偿理论，应该实施城镇反哺农村、工业反哺农业的政策，以推动经济社会健康有序发展。

从历史的视角回顾，广大的农村居民以经济“剪刀差”的形式为国家的现代化、城镇化及工业化做出了巨大的牺牲，减少了农村建设及农业发展的自我原始积累。这种经济“剪刀差”主要表现在工农业产品价格、土地价格及劳动力价格等方面。其中，工农业产品价格“剪刀差”是我国城乡经济“剪刀差”中持续时间最长、影响最大的。新中国成立初期，快速的工业化进程面临资本积累不足的

制约，中国只好选择暂时牺牲农业利益并以行政手段将农业剩余向工业转移的手段，通过低消费、高积累，人为压低农产品价格并抬高工业品价格的“剪刀差”形式来促进工业化发展。同时实行严格的户籍制度，限制农村劳动力的城市流动，使其只能从事农业生产，为工业的发展准备足够的原材料。改革开放后的城乡剪刀差主要表现为土地价格及劳动力价格等方面。在大量农村土地转为商业、工业用地及基础设施建设用地、住宅用地的过程中，政府以无偿划拨、低价征地高价卖地等方式满足城市化对土地的需求，与此同时却形成巨额的价格“剪刀差”及大量的失地农民，农民利益遭受极大损害。城乡二元的户籍制度导致农民工城市就业的受歧视现象，不仅工资水平与相同工种城市劳动者之间存在差距，甚至还有拖欠工资的情况出现。广大农村居民为了国家的战略需要，为国家的城市化、现代化做出了巨大贡献和牺牲，实际上形成了国家对农业、农村、农民的隐性债务，形成了城乡二元“福利差”。因此，随着国家经济发展水平的提高，经济实力的增强，理应实施工业反哺农业的方针，这既是城乡统筹发展的需要，也是对农村居民尤其是农村老龄人口历史贡献的补偿。

五、福利国家理论

福利国家理论体现农民社会养老保险制度公共投入的意义。农民社会养老保险制度的公共投入是政府作为农民雇主应该承担的义务，是政府责任的体现，是农村居民养老的外在需求及社会养老保险制度的内在要求共同作用下政府责任的理性回归。政府财政支持农民社会养老保险制度的发展，有利于农民养老问题的较好解决，对于缩小城乡差距，实现城乡一体化，促进整个社会福利状况的改善将起到积极的作用。

福利国家理论的基础是新、旧福利经济学思想。旧福利经济学的创始人霍布斯和庇古于20世纪20年代提出“经济福利”的概念。他们认为国民收入总量越大，社会福利越大；国民收入分配越均等，社会福利越大，他们主张国民收入均等化，且建立了基数效用论。新福利经济学的代表人物有意大利的帕累托，美国的勒那，英国的卡尔多等人，他们批判并继承了旧福利经济学的思想，提出了假想的“补偿原理”，建立序数效用论，并建立“社会福利函数”。第二次世界大战后，福利作为一种社会经济的调节机制应运而生。英国的《贝弗里奇报告》奠定福利国家理论的基础，德国的新历史学派、英国的费边社会主义思想都对福利国家理论的产生起到重要作用。福利国家理论的观点包括：①权利观。社会福利是现代公民的一项重要社会权利，不可侵犯，不可剥夺。②平等观。当一些人基本生存需求不能满足，而另一些人却在追求物质财富不断增加时，国家有责任以平等理念为出发点对收入分配的不均衡状态进行调节。③整体观。福利国家政策的实施要兼顾地区之间、城乡之间、民族之间的均衡，必须有整体观念。④普享观。福利政策不仅应覆盖每一公民，而且应覆盖公民一生的不同阶段。福利国家理论认为，实现社会福利是政府的责任，对于维护公民权利，实现政治稳定，促进经济发展具有重要作用。在社会保障和政府政治的关系方面，该理论认为：第一，社会福利机构可以采取一系列的措施来维护人们的权利。例如教育人们深化对“歧视”问题的认识，通过集体抗议等方式来反抗歧视行为，通过组织与企业的谈判等行为能力来维护员工的合法权益等。第二，公民参与政治进程能力的增强可以更好地表达和实现其需求。要增强参与政治进程的这种能力需要使公众了解政治制度的运作方式，并且帮助公众获得通过集体行动寻求社会变革的能力。在社会保障和国家经济的关系方面，该理论认为：社会保障的公共产品属性及其较强的正外部性，单纯由市场供给容易出现市场失灵的情况，导致社会需求不能获得满足。因此，需要政府干预，对社会财富及经济资源进行再分配，以此来克服市场缺陷，实现宏观经济的平衡。

总之，以福利经济学为基础的福利国家理论为政府介入社会保障制度提供了理论依据。政府以公共投入的方式提供养老保障、医疗保障、社会救助、社会福利，可以较好地缓解因社会贫困而产生的社会不安定因素，促进经济社会的良性发展。

第四节　农民社会养老保险制度公共投入的现实依据

一、应对人口老龄化的现实需要

所谓人口老龄化，指的是一个国家或地区因为人均预期寿命的延长，使得老年人口在总人口中的比重不断上升和人口年龄构成不断老化的社会发展过程。国

际上老龄人口的界定通常指年满60岁及以上的人口。通常将60岁及以上人口占总人口的比重超过10%或者65岁及以上人口占总人口的比重超过7%的国家或地区称为“老年型国家”或者“老年型地区”。[①] 随着经济发展水平的提高，饮食条件的改善和保健水平的提高，医疗科技的进步以及计划生育政策的推行，人均寿命不断延长而出生率不断下降，我国的老龄化进程不断加速。根据《中国统计年鉴》(2012)，1982年，我国65岁及以上人口占总人口的比重为4.9%；1990年，我国65岁及以上人口占总人口的比重为5.6%；2000年，我国65岁及以上人口占总人口的比重为7.0%；2010年，我国65岁及以上人口占总人口的比重为8.9%；2011年，这一数据则达到了9.1%。按照国际社会“老年型国家”的划分标准（65岁及以上人口占总人口的比重为7.0%），我国自2000年即进入老龄化社会，而且老龄化速度越来越快。在我国整体快速步入老年社会的过程中，农村人口的老龄化呈现如下特点：首先，农村老年人口基数大，老龄化速度快。根据第五次全国人口普查相关数据，2000年全国65岁及以上老年人口接近8810万人，占全国总人口的比重达到了7.09%，农村这一比例更高。农村地区65岁及以上人口总数为5881万人，占农村总人口的比重达到7.48%。农村65岁及以上人口占全国老年人口数的63.35%。根据第六次全国人口普查有关数据，2010年全国65岁及以上人口总数为11893万人，占全国总人口的比重为8.91%；农村65岁及以上人口数为6668万人，占农村总人口的比重达到了10.06%；农村65岁及以上人口占全国老年人口数的56.07%。[②] 上述数据充分说明我国农村老年人口基数大，占全国老年人口比重较高，而且老龄化速度要快于城镇地区。其次，农村老龄化程度高于城镇。近些年来，在信息化、工业化、城镇化的快速推进下，大量农村青壮年劳动力为了寻求更好的工作，大批涌入城市。由于大量年轻人的流出，农村老龄化形势比城市更加严峻，出现老龄化与经济发展的“城乡倒置”，即农村人口老龄化情况高于城镇，但经济发展水平却远低于城镇。曾毅预测，到21世纪中叶，我国城镇65岁及以上人口占总人口的比重为22%，农村这一比例则为26%，农村是城镇的1.2倍。[③] 最后，我国在进入老龄化社会时，经济

① 郑功成. 社会保障学——理念、制度、实践与思辨［M］. 北京：商务印书馆，2000：225.
② 资料来源：笔者根据第五次、第六次全国人口普查数据整理而来。
③ 曾毅. 中国人口老龄化的“二高三大”特征及对策探讨［J］. 人口与经济，2001（5）：3-9.

尚处于不发达阶段。西方国家进入老龄化社会时，经济发展水平普遍较高，年均纯收入普遍在5000美元以上，而我国城镇居民2012年的年均收入仅为4300美元，农村居民的年均收入仅为1300美元。农村人口的老龄化特征决定农村人口的抚养负担将会越来越沉重，传统的以土地为依托的自我养老及家庭养老模式将很难承受，因此需要政府以公共投入的方式介入，不断完善农民社会养老保险制度，以此来化解人口老龄化对农民带来的养老困境。

二、弥补传统保障方式弱化的重要途径

农村传统的养老保障方式主要包括家庭养老、土地养老及自我储蓄养老等，随着社会经济形势的发展变革，目前三种保障方式均面临较大的冲击。

首先，传统的家庭保障功能弱化。主要体现在三个方面：一是赡养老人意识的减弱动摇了家庭养老的思想基础。20世纪70年代末，农村实现经济体制改革，废除"平均主义大锅饭"的人民公社制度，实现包产到户的家庭联产承包责任制，极大地调动了农民种粮的积极性，农业生产率得到极大的提高。但另外农业生产的分配权和经营权逐渐转移到子女身上，家庭代际间的关系发生变化，集体经济的弱化使其在制度上对子女的约束力降低。随着城市化的加速发展，农业收益降低，城乡差距不断拉大，在打工挣钱的理念带动下，中国特有的"民工潮"开始出现。大批青壮年劳动力涌入城市，他们平时打工，农忙时节或者春节回家，联系交流的减少难免导致亲情纽带的松弛，老年人获得的亲情慰藉逐渐减少，中国传统"孝"文化遭受严重冲击。二是家庭结构小型化对家庭养老模式产生冲击。20世纪70年代末至80年代初，为了控制人口数量，提高人口素质，我国实行计划生育政策，取得了非常好的效果。我国农村家庭的子女逐渐减少，家庭结构日益小型化。根据《2005年全国1%人口抽样调查主要数据公报》结果显示，全国共有家庭户39519万户，平均每个家庭户人口为3.13人，平均每个家庭户的人口与第五次全国人口普查相比减少了0.31人。同时由于营养状况的改良和医疗卫生条件的改善，老年人寿命不断延长，在农村将会出现大量的"4-2-1"家庭结构，即两个独生子女结婚，他们至少要照顾一个小孩和赡养四个老人。这无论是在经济上还是时间和精力上的负担都是很难承受的。另外，"民工潮"的出现使子女离开父母的几率在不断地增大，农村出现了大量的"空巢"老人，此时即使子女愿意承担赡养老人的义务，最多也只能提供经济上的支持，而很难

做到服务上的细心护理和精神上的亲情慰藉。三是老人家庭权威地位下降。传统的农业社会中，老人以其丰富的生产经验和广博的阅历获得社会和家庭的广泛尊重，在家庭中处于核心领导作用，享有产品的分配权。现代社会的变化日新月异，知识更新速度飞快，学校、培训机构和网络逐渐成为传播知识的新型途径，老人的知识和经验对现实的指导作用越来越小，有的甚至跟不上时代发展的步伐，变得过时和陈旧。改革开放前，由于物资的匮乏，老人大都没有物质积累，随着年龄的增长，行动不便和体弱多病的影响，在家庭的影响力逐渐减弱。

其次，土地对农民的传统保障功能正在弱化甚至衰退。主要体现在三个方面：一是失地农民不断增多，主要源于大量的城郊征地导致耕地面积不断减少。城市建设占用耕地、国家产业结构升级、生态退耕以及自然或人为灾难侵吞耕地是造成国家耕地面积减少的四大因素。国土资源部统计资料表明，1991~2006 年我国实际征占农业耕地数为 6000 多万平方米，失地农民数达到 7000 万人。如果按此速度计算，预计到 2030 年，我国失地农民将增至 1.1 亿人。耕地面积的减少必然导致农民陷入耕地减少或无地可耕的局面，而我国大部分的农业劳动力的大部分时间处于闲置状态，由于经济发展所处的阶段致使第二、第三产业可吸收的劳动力毕竟有限，因此剩余劳动力向非农部门转移并不容易，这种失地又无业的农民未来养老状况令人忧虑。二是从事纯农业生产已经进入入不敷出的状态。农业生产要面临像旱灾、涝灾、病虫害等较大的自然灾害以及市场价格走低甚至产品滞销的市场风险，收益较低且不稳定性较高。另外，农药化肥等附加产品的价格却持续走高，以至于出现种粮无利可图，入不敷出的状态，农村也开始出现大量耕地抛荒的现象。此时土地对农民养老的作用已经微乎其微。三是我国完善的农地流转机制尚未建立，农地流转困难重重。实现农地的合理有序流转是盘活土地市场，增加农民收入，实现农业现代化的重要途径。然而由于我国土地法律制度不健全、农地产权制度不合理、农民只有经营权而无农地所有权、社保制度不健全、农民有较大后顾之忧、户籍制度不适应人口流动的需要等制度性障碍的存在，完善的农地流转制度的建立尚需一定时间。

最后，自我储蓄养老由于受客观条件的制约，在农村难以发挥应有的作用。自我储蓄养老的良好运行至少需要两个条件：一是农民收入水平较高，通过土地经营和其他劳动所获收益在除去家庭日常开销之外，还有相对比较多的资金积累。二是农民积累的资金不受通货膨胀等因素的影响，可以实现保值增值。综观我国农村发展的现状，经济发展水平不高，从事农业生产的收益较低，第二、第三产业由于规模太小不能吸纳大量的剩余劳动力，导致农民农闲时期缺乏合适的工作岗位，众多因素对农民收入的较快增长产生制约。与此同时，农民的日常生活开支却不断增加，医疗费用的支出、子女上学的投入、购买农药化肥的费用、日常柴米油盐的开支，使得农民经常处于入不敷出的状态，很难有闲散资金进行养老储蓄。另外，农民受自身知识水平等因素的制约，很少会进行投资理财，平时省吃俭用积累的闲置资金一般都存入银行。较低的银行利率、较高的通货膨胀率使资金不断贬值。受上述两大因素的制约，再加上储蓄养老不能发挥互助救济、风险共担的原则，因此在我国农村很难依靠农民自我积累来解决老年生活所需。

三、完善农民社会养老保险制度的关键手段

农民社会养老保险制度的公共投入体现政府的财政责任，体现政府作为社会管理者的责任，对于农民社会养老保险制度的构建，对于农民“老有所养”问题的解决、城乡贫富差距的缩小将起到重要作用。

首先，传统保障方式的弱化凸显政府公共投入的必要性。第一，传统的家庭养老模式面临前所未有的威胁，主要体现在下述三个方面：一是赡养老人意识的减弱动摇了家庭养老的思想基础。二是家庭结构小型化对家庭养老模式产生冲击。三是工业化时代，老人家庭权威地位下降。第二，个人短视导致储蓄养老存在缺陷，一是人们缺乏足够的信息预测老年时满足基本生活需求所需的资金量，二是多数人不愿面对将来变老的事实，因此不可能做出明智的长期决策。第三，土地对农民的传统保障功能正在弱化甚至衰退。其主要体现在三个方面：一是失地农民不断增多，主要源于大量的城郊征地导致耕地面积不断减少。二是农民仅依靠纯农业生产已经很难维持家庭日常生活所需。三是我国尚未建立起比较完善的农地流转机制，农民很难从土地流转中获得土地流转的应得收益。其次，“老农保”的失败说明政府公共投入的重要性。20 世纪 80 年代中期，面对农村日益严重的人口老龄化趋势，部分经济比较发达的地区进行了建立“农保制度”的尝试。经过三年多的试点，取得了一些成绩，但存在问题较多。制度建设以乡村社区为依托，养老金的筹集、管理和发放由乡镇完成，统筹层次太低，管理不严格，资金安全性较差，因此效果不明显。1990 年 7 月，国务院明确由民政部主

管农村社会养老保险事务。1991 年 6 月，民政部制定了《县级农村社会养老保险基本方案》，该《方案》规定资金来源主要包括两个方面：个人缴纳和集体补助，国家不提供资金支持，仅给予政策支持。同时注重家庭养老的作用，与社会养老保险相互结合。建立由点到面、逐步发展等农村社会养老保险制度的六大原则。根据该《方案》精神，各地逐步开展工作，到 1998 年底，全国 65%的乡镇开展了农村社会养老保险，参加人数达 8025 万。1998 年，农村社会养老保险工作转交劳动和社会保障部负责。此时，由于内外条件的影响，农村社会养老保险事业陷入徘徊阶段。外部受到东南亚金融危机的冲击，使得保险基金保值增值难度加大；内部国务院认为我国农村普遍实行社会保险的条件尚不够成熟。因此，保险制度出现参保人数逐年下降的局面，基本陷入停滞。“老农保”失败的原因是多方面的，其中，过分强调农民自我责任，缺乏政府公共投入是其中的重要原因。再次，“新农保”的快速发展说明政府对农民养老问题的重视，说明公共投入的有效性。2009 年，《关于开展新型农村社会养老保险试点的指导意见》由国务院颁布，提出“试点—扩大试点—普遍实施” 的建设思路，并提出 2009 年制度建设的目标是全国 10%的县（市、区、旗），以后试点范围逐步扩大，至 2020 年实现制度的阶段性目标，即全覆盖农村适龄人口。该指导意见颁布后，各省实施办法相继出台。2010 年，首批国家级 320 个试点区县开展“新农保”试点。同年 7 月，人保部新闻发言人表示，制度将扩大试点范围，逐渐覆盖全国 23%的县，同时明确“新农保”试点将扩大至新疆、西藏以及青海、云南、甘肃、四川四省藏区的相关方案。2011 年 4 月，国务院常务会议决定，2011 年“新农保”覆盖区域将提高到全国 60%的县。2011 年 6 月，温家宝同志在全国城镇居民社会养老保险试点工作及“新农保”试点经验交流会上指出，国务院决定加快推进“新农保”试点，力争在 2012 年内，即当届政府任期内实现“新农保”制度的全覆盖。[①] 政府对农民社会养老保险制度的公共投入，既有效地破除了农村居民由于“老农保”制度的失败而对政府产生的信任危机，又较好地克服了农民的短视心理，体现了政府财政责任的回归及公平、正义、共享的价值理念，是推进农民社会养老保险制度完善的关键手段。

---

① 张思锋，王立剑等. 新型农村社会养老保险制度试点研究——基于三省六县的调查［M］. 北京：人民出版社，2011.

四、调整公共投入结构的侧重方向

在市场经济条件下，政府公共投入的结构会随着经济发展阶段和政府职能的转变而变化。一般情况下，处于不同经济发展阶段的国家，其公共投入结构会有较大的差异，而处于相同经济发展阶段的国家，其公共投入结构通常具有一定的趋同性。因此，随着经济社会发展阶段的演进及政府职能结构的转变，公共投入结构会呈现一定的规律性变化。首先，经济建设性支出占公共投入的比重逐步下降，而社会服务性支出的比重会逐步上升。其次，在经济建设支出中，基础设施投入的比重将逐步下降，从经济发展初期阶段的较高比重到经济发展中期阶段适当下降。最后，在社会服务性支出中，转移支付的比重将会逐步上升，以满足社会对公共产品及公共服务不断上升的需求水平。1978 年改革开放以来，我国经济取得了快速发展，2010 年我国 GDP 首次超越日本，成为世界第二大经济体。在多年的经济建设过程中，各地始终把固定资产投资放在首要地位，重视基础设施建设。随着我国工业化发展水平的不断提高，根据罗斯托的“经济成长阶段理论”，公共投入结构应该进行适当的调整，由重视积累性支出逐步转向消费性支出，转向教育、保健、社保福利性支出。对于涉及市场一般性竞争的公共投入“越位”现象要进行调整，对于涉及公共财政范畴的“缺位或不足”逐步加强投入力度。

社会保障支出属于政府公共财政重点投入的范畴，对于缩小城乡之间、地区之间、人群之间的收入差距以及改善人民生活、构建社会主义和谐社会发挥重要作用。许多学者通过数据测算认为，我国的养老保险制度，特别是“农保制度”，缺乏政府公共投入则会变得不可持续，“老农保”制度的失败已经充分证明了这一点。就现阶段农民社会养老保险制度的公共投入责任来讲，主要包括三个方面：

第一，农民社会养老保险制度中各级政府公共投入责任的合理界定。我国目前有中央、省、市、县、乡五级政府，各级政府拥有不同的事权和财权范围，除中央政府外，其余各级政府都被称为地方政府。在农民社会养老保险制度的公共投入上，各级政府财政责任差异较大，纵向的财政投入关系一直难以理顺。目前，“新农保”的责任分担机制主要存在以下三方面的问题：一是中央财政与地方财政的责任划分不合理；二是地方各级政府财政责任划分缺乏统一的标准；三是市、县级地方政府面临较大的财政硬约束。鉴于“新农保”存在的上述三方面

问题，为了促进制度的健康发展，笔者认为应该根据公平原则、财权事权对应原则、受益范围原则等对中央和地方政府的公共投入责任进行明确，对各级政府的公共投入边界进行界定。首先，中央政府的财政投入应主要体现在基础养老金的发放以及财政转移支付上。其次，地方各级政府（省、市、县）财政责任的承担应该考虑两个问题：其一，地方财政总体投入量的问题，即地方补助养老金的水平。其二，地方各级财政分担结构的问题，即农民养老保险的财政问题如何在省、市、县三级财政之间合理分担。最后，依靠转移支付制度来缓解地方政府的财政困境。中央财政应该加大对困难县的帮助和扶持力度，省级财政也应该增加可用于省级以下的财政转移支付资金，加大对财政困难县的转移支付力度。

第二，合理界定财政对农民社会养老保险制度的投入水平。由于城乡二元结构的存在，我国社会保障支出长期存在重城镇、轻农村的现象，在养老保险领域尤为明显。新中国成立以来，我国农村地区主要依靠家庭养老、土地养老模式，社会养老保险制度长期处于缺位状态。1991 年，“老农保”制度开始实施，但是由于缺乏政府的公共财政投入，过分强调农民自我积累、强调自我养老责任，最后陷入停滞阶段。2009 年“新农保”开始试点，增加了政府财政支持，中央财政对基础养老金进行补贴，地方财政对农民缴费进行补贴，体现了“新农保”的普惠性与激励原则，促进了制度的较快发展。但是目前关于农民社会养老保险制度的公共投入水平仍然存在较多的问题。农民养老金的真正保障目标是什么？是象征性地补贴还是保障基本生活需求？若是保障基本生活需求，其保障标准应该如何界定？有了清晰的定位才可以对基础养老金进行合理的调整，而不应该为了短期的政绩目标盲目提高保障标准，最后造成财政的不可持续。基础养老金应坚持低标准起步循序渐进，既要避免基层政府为追求政绩盲目提高保障标准，又要克服基层财政补贴尤其是财政配套补贴空壳化。同时应该注意农民的缴费基数、财政补贴基数及双方比例测算的科学化。

第三，建立科学合理的农民社会养老保险财政预算制度。财政预算规定了政府在某一财政年度内的财政收支项目、财政收支内容以及应该达到的指标和平衡状况，是具有法律效力的政府年度财政收支计划。各级政府的财政预算经立法机关审查后便成为具有法律效力的文件。“新农保”可持续发展的重要因素是增加了政府的财政支持，而政府的公共投入机制要想贯彻长久，就需要构建制度化、法制化的财政长效供给机制，而财政预算则是实现财政长效供给机制的基础。目前，农民社会养老保险制度的财政预算是不规范的，制度化、法制化的财政长效供给机制是缺失的。当前制度建设所需资金是通过政府财政拨款的方式实现的，而这部分资金并没有纳入政府预算，具有很强的政策性和随意性。作为一种缓解农村普遍贫困、缩小城乡收入差距以及解决农民养老所需的制度，公共投入在农民社会养老保险制度中发挥着重要作用。政府公共投入的资金只能来源于一般性的税收收入，政府的财政预算制度可以实现资金的长效供给。通过财政预算合理安排农民社会养老保险制度的收支数量及收支结构，才能从法律上保证公共投入的稳定性和持续性。

五、缩小城乡贫富差距的重要措施

在市场经济条件下，市场作为优化配置资源的手段，强调效率原则，容易造成社会资源的过度集中，导致贫富悬殊状况，造成社会公平性的缺失。因此需要政府进行干预，调节收入分配不均衡的状况，以实现社会的稳定和经济的可持续发展。

1978 年改革开放以来，经济快速发展，人民收入增长迅速，城乡面貌发生了极大改观。但是，由于城乡之间二元经济结构的存在，城乡居民之间的贫富差距依然非常明显。首先，城乡之间的贫富差距表现在收入水平上，收入水平的差距是导致贫富差距的重要因素。表 3-2 显示了城乡居民的收入及增长率状况，由数据可以看出，从 2000 年到 2009 年，城乡居民的收入差距不断增大，城镇居民与农村居民收入之比由 2.79 增长到 3.33，随后稍微回落，2012 年为 3.10。城镇居民的收入增长率一直较高，且保持相对稳定的增长状态。农村居民自 2000 年到 2003 年，收入增长率一直较低。自 2000 年开始的农村税费制度改革到 2004 年开始取得成效，农民收入增幅较大，达到 10%以上。2006 年农业税的取消，极大地减轻了农民的负担，收入增长率快速提高，逐渐赶上甚至超过了城镇居民的收入增长率。尽管如此，由于城镇居民收入基数较大，城乡之间的收入差距依然较大，2012 年，城镇居民的人均可支配收入是农村居民人均纯收入的 3.1 倍。其次，基尼系数可以作为衡量居民收入分配状况的一个重要指标。通常认为基尼系数的警戒线是 0.4，如果超过 0.5 则说明收入分配高度不平均。根据世界银行 2009 年 3 月出版的《中国贫困和不平等问题评估》看出，1978 年，我国的基尼系数是 0.31，2009 年上升至 0.49，目前仍处于继续上升状态，而且同期相比，农

村的基尼系数大于城市，说明农村的收入差距比城市更大。较大的收入差距如果长期持续下去，必将会激起人民对社会的不满情绪，造成社会不稳定，进而影响经济的平稳较快发展。因此，需要政府通过税收、转移支付等手段对社会经济活动进行调节，以平衡各阶层的利益。社会保障尤其是养老保险制度作为政府调节收入再分配的重要手段，对于缩小收入差距，促进社会和谐发展将起到重要的作用。

表 3-2　城乡居民可支配收入及增长率状况

年份	城镇居民人均可支配收入（元）	农村居民人均可支配收入（元）	城镇与农村收入比	城镇增长率（%）	农村增长率（%）
2000	6280.0	2253.4	2.79	7.28	1.95
2001	6859.6	2366.4	2.90	9.23	5.01
2002	7702.8	2475.6	3.11	12.29	4.61
2003	8472.2	2622.2	3.23	9.99	5.92
2004	9421.6	2936.4	3.21	11.21	11.98
2005	10493.0	3254.9	3.22	11.37	10.85
2006	11759.5	3587.0	3.28	12.07	10.20
2007	13785.8	4140.4	3.33	17.23	15.43
2008	15780.8	4760.6	3.31	14.47	14.98
2009	17174.7	5153.2	3.33	8.83	8.25
2010	19109.4	5919.0	3.23	11.26	14.86
2011	21809.8	6977.3	3.13	14.13	17.88
2012	24565	7917	3.10	12.63	13.47

第五节　农民社会养老保险制度公共投入的理论反思

一、理论误区一：政府财力不足论

在学术界曾经存在一种观点，即城镇居民的社会保障已经给政府带来了沉重的财政承担，随着人口老龄化的加速及保障范围的扩大，财政负担将越来越大。因此，以政府财力不足为借口反对农村社会保障制度的建设，反对政府对农民社会养老保险制度的公共投入的这种观点仅片面考虑财政负担，是极其荒谬的：中国政府是为全体国民提供公共产品和公共服务的政府，而不仅是服务于城市市民的，不能以城镇社会保障负担沉重作为推脱，从而不建立农村社会保障。[①] 农民社会养老保险制度的公共投入有其内在的理论依据和现实依据，对于解决农村居民养老后顾之忧，缩小城乡收入差距，维护农村社会稳定将起到重要的作用，不能过分强调政府财力不足和过高估计农民社会养老保险制度建设的代价。

首先，社会保障权是公民的基本权利。1935 年美国《社会保障法》颁布，“社会保障”一词成为世界各国普遍采用的概念，并且伴随社会发展逐渐演变为一项基本人权，即社会保障权。《世界人权宣言》规定：每个人，作为社会的一员，有权享受社会保障。将社会保障作为人权的重要内容。人权是作为人应该享受的基本权利，不分性别、民族、出身、宗教、财产等，是人按其本质不可剥夺和不可割让的权利，生存权和发展权都是人权的基本内容。从本质上来讲，社会保障权是公民生存权的一种重要物质保障。生存权是公民基于生存需求标准提出由国家提供物质保障的权利，它的下限是基本生存需求的满足，而这也是社会保障权的内容，以社会救助形式体现出来。社会保障权是一种积极的权利，它不仅包括最低层次的社会救助，还包括中层次的社会保险及较高层次的社会福利，包括了发展权的内容。社会保障的目的就是保障人的生存和发展，而生存权和发展权正是人权的根本。同时社会保障权作为一种接受权，意味着享受社会保障利益和接受社会保障待遇是公民的基本权利，为社会成员解除社会困境并承担社会保障责任是政府的义务。社会保障权在一定程度上体现公民对政府的请求关系，其中，个人处于积极地位，满足公民请求是政府对公民承担的法定义务。公民的社会保障权目前得到全球大多数国家的承认，并以宪法和法律的形式加以规定。日本宪法规定：“任何国民，都有权享受健康之最低生活的权利，国家应努力增进社会保障、社会福利及公共卫生事业。”德国宪法规定：“当国民因年龄较大、身体不适、精神问题及其他原因致不能劳动时，可以向社会获取适当补助以维持正常生活。”我国宪法也明确提出应该建立社会保障制度，保障水平应该与经济发展阶段相适应。可以看出，社会保障权是宪法赋予公民的基本权利，是人权的具体体现，体现人类生存和发展的基本权利。然而我国由于特殊原因（城乡二元的经济结构、城乡二元的户籍制度等），使得长期以来社会保障权因社会保障制度

① 郑功成. 中国社会保障制度变迁与评估［M］. 北京：中国人民大学出版社，2002：72.

的城乡安排而出现差别，农民的社会保障权没有得到合理的体现。在经济发展、国家实力不断增强的背景下，农村的社会保障制度（最低生活保障制度、“新农合”、“新农保”等）相继建立和发展起来，政府的公共投入不断增强，是对农民社会保障权的维护和发展。部分学者以政府财力不足为借口，反对政府对农民社会养老保险制度的财政支持，这是对农民社会保障权的漠视，是对农民基本人权实现的无视，是一种错误的观点，政府财力状况只能成为公共财政支持多少的依据，不应该成为公共财政是否支持农民养老保险制度的依据。政府财力在一定程度上只是决定公共投入数量的多少，决定农民生存权和发展权的实现程度，决定农民养老保险制度的实际保障水平。

其次，经济发展水平并非是影响一个国家社会保障制度发展状况的唯一因素。客观地评价一个国家社会保障在多大程度上受经济发展的影响，我们可以看到：一个国家经济发展水平对社会保障既起到促进作用，也起到制约作用。促进作用表现在经济发展为社会保障提供必要的财政基础，而这是所有社会保障项目能够启动并达到预定目标的先决条件。[①] 一个国家在建立社会保障制度时经济所处的发展阶段，直接决定其可支配的财富总额，决定其对国民保障水平的高低。制约作用主要表现在经济发展水平高低制约着社会保障的规模、保障水平，并且制约着社会保障的体系结构以及社会保障政策。同时我们应该充分认识到经济发展水平并非是影响社会保障制度的唯一因素，一国社会保障的发展状况还受到政治因素、社会因素、文化因素等的影响。德国在最早建立现代社会保险制度时，并非是当时经济最发达的国家，而是受制于当时特定的政治、社会环境。1871 年德国实现统一，维护社会稳定、促进经济发展、扩大殖民势力是当时的国家政策取向。由于马克思主义在德国的广泛传播，对工人阶级起到思想启蒙的作用，德国逐渐取代法国成为欧洲无产阶级革命的中心，德国的阶级斗争和劳资对立比较激烈。为了缓和紧张的阶级矛盾，“铁血宰相”俾斯麦上台后推动了相关的改革，建立了社会保险制度。美国作为世界上经济最发达的国家，迄今为止仍有数以千万计的国民缺乏基本的医疗保障，主要是受其特殊的历史文化因素的影响。美国作为一个由移民组成的国家，是一个利益多元化的社会，各种民族、种族、宗教信仰的人结合在一起。新中国成立初期盛行社会达尔文主义，人们普遍认为贫穷

① 郑功成. 社会保障学——理念、制度、实践与思辨［M］. 北京：商务印书馆，2000：211.

的根源是个人不够努力和不够出众，因此对社会救济的资格设置极为苛刻，收容所、济贫院是主要的救助机构。美国早期过分强调个人主义的价值观，在促进民族和国家振兴中起到积极作用，但却导致社会的互助合作，风险分担机制没有建立起来。因此，社会保障的互助共济、风险分担理念在美国缺乏存在的土壤。1929~1933年世界性的经济危机逐渐改变了美国人的观念，使他们认识到贫困不仅是个人问题，也是社会问题，政府应该承担起适当的责任。即便如此，相比福利国家而言，美国更强调机会的平等而非结果的平等。另外，经济发展水平并不高的国家却建立起了相对比较完善的社会保障制度。20世纪60年代，作为发展中国家的突尼斯已经建立起城乡一体化的社会保障制度。1987年，斯里兰卡在人均国内生产总值只有368.9美元时就建立了农民社会养老保险制度。因此，以"政府财力不足论"为由反对政府对农民社会养老保险制度的公共投入的观点，过分夸大了经济因素在社会保障制度建设中的作用，而忽视了政治、社会及文化等多方面因素的影响。

最后，随着近年来我国经济的飞速发展，综合国力不断增强，农民社会养老保险制度的公共投入具备相应的财政基础。2001年，我国的GDP总额为109655亿元，财政收入为16386亿元。自2001年至2012年，无论GDP还是财政收入均保持较高的增长速度。2012年GDP总额增长到519322亿元，财政收入增长到117210亿元。

事实上，在国家经济快速增长、财政实力不断增强的情况下，政府的财政承受能力并不悲观。通过对"新农保"现行的公共投入标准进行测算，我们可以得出政府的财政负担。[①] 现行的试点政策规定，55元的基础养老金中央财政全额补助中西部地区，东部地区中央补助50%。为了测算的方便，我们假定"新农保"制度已经实现了人群全覆盖，即农村60岁以上老人都可以享受基础养老金。这样测算出来的数据应该大于中央实际财政支出。东部地区基础养老金一年的中央补助数额计算公式为：60岁及以上的东部各地农村人口总数×55×12×50%，中西部地区基础养老金一年的中央补助数额计算公式为：60岁及以上的中西部各

① 由于考虑数据的可获得性，此处用2010年数据。由于无法直接获得2010年末60岁以上农村老人数目，我们根据第六次人口普查，中国60岁以上老人占总人口比例是13.26%，因此，我们用这个数据来近似计算农村60岁以上人口数。

地农村人口总数×55×12。从计算结果看出，东部地区中央财政的补助数额为120亿元，中西部地区为535亿元。两者加总得出“新农保”中央财政一年补贴额为655亿元。补助总额除以2010年中央财政收入总额（42488.47亿元），得出“新农保”补贴占中央财政的1.54%。因此，从基础养老金来看，中央财政完全有能力承担，同时可以考虑根据财政收入的增长适当提高基础养老金的补助水平。地方财政补助数额主要分为“补进口”和“补出口”两个部分。其中，基础养老金东部地方政府50%的补贴属于“补出口”，即每人每年330元。对农村居民个人缴费，地方政府每人每年不低于30元的补贴属于“补进口”。为了计算方便，地方财政适当加发的基础养老金、地方政府为农村困难群体代缴的部分养老金，在计算时未予考虑。假定农村60岁以上老人都纳入制度范围，根据国务院2009年32号文件规定，东部地区地方财政的补贴数额计算公式为：东部各地60岁及以上的农村人口总数×55×12×50%+东部各地16~59岁农村人口总数×30。中西部地区地方财政补贴数额计算公式为：中西部16~59岁农村人口总数×30，代入相关数据可以计算出地方财政补助总额。总体来看，就现行政策目前的补助金额地方财政完全有能力承担，但区域负担不均衡。从区域来看，东部发达地区比例最低，仅为0.08%，东部其他地区、中部、西部分别为0.92%、0.88%、0.77%，基本持平。这也说明中央财政对基础养老金的补助采取差别政策有其合理之处，对平衡各地区间的财政负担，促进“新农保”制度健康有序发展起到推动作用。

诚然，随着农村人口老龄化的加速，“农保制度”保障范围会不断增大，同时经济的发展必然带动制度保障水平的不断提高，政府的财政压力会逐渐增大，政府的公共投入可能会面临一些现实的困境。但是随着政府公共财政体系的建立，随着公共投入结构的不断优化，随着农民社会养老保险制度责任分担机制的构建，社会组织支持力量的增强，以“政府财力不足论”来逃避对农民社会养老保险制度的公共投入是不合理的。

二、理论误区二：土地保障替代论

土地保障是指农民依靠土地上的产出来保障基本生活所需的一种保障形式。土地保障功能的发挥是依靠土地效用来实现的。王克强认为，农村集体土地具有六大功能：生活保障功效、就业机会功效、经济收益功效、重获土地减少支出功效、子孙继承权功效、征地补偿功效。[①] 当前学术界对土地保障问题存在一种观点，认为土地作为农民最重要的生产资料和生活资料，其保障功能非常重要。通过创新土地保障形式，强化土地保障功能，可以保障农民的基本利益，甚至可以替代农民的社会保障。该观点认为，土地存在两种保障形式：直接保障形式和间接保障形式。前者指的是通过土地分割，农民分散耕种，土地产出在一定程度上满足农民的基本生活需求；后者指的是在农户持有农地承包权的情况下，通过使用权的流转，盘活农村经济，增加农民收入来保障农民生活需求。土地两种保障形式的有机结合，可以有效地保障农民的基本利益，可以作为农民社会保障制度的替代。

的确，在中国工业化、城镇化快速发展但还不成熟的阶段，农村土地作为农民生存的最后一道防线，对于保障农民基本生活、解决因市场经济波动带来的农民工“回流”问题、维持农村社会稳定发挥了重要的作用。国家也高度重视农村土地在国民经济发展中的战略地位，2003 年《农村土地承包法》将家庭土地承包权的承包期延长为 30 年，以维护土地承包经营权的高度稳定性，其着眼点是农村土地保障对于农村乃至整个社会的重要性。“三农”问题的核心是农民，而基础则是土地，在承认土地保障重要性的同时也不能过分夸大土地的保障功能。“土地保障替代论”无论在理论和实践上都是站不住脚的。

首先，从理论上讲，土地保障不能替代社会保障。土地和社会保障作为重要的民生资源，对于保护及改善人民的生产状况及生活水平起重要作用，是改善民生的重要手段及物质基础。“土地保障替代论”的理论基础是两者具有共同的社会属性，即权利属性，两者的契合点即人权，表现为生存权、发展权及平等权。就生存权而言，两者都可以在一定程度上抵御生存风险，基于土地的生存权保障是一种原始（低级）的保障形式，基于社会保障的生存权保障是一种现代意义（高级）的保障形式，尽管存在区别，但两者都是对生存权的保障。就发展权而言，两者都为人的进一步发展提供资金或服务。土地的价值除了基本生存保障之外，通过土地利用强度及土地用途的改变还可为农民提供进一步发展的物质基础。社会保障则是通过后顾之忧的解除及福利状况的改善来实现人的全面发展。就平等

---

① 王克强. 中国农村集体土地资产化动作与社会保障机制建设研究［M］. 上海：上海财经大学出版社，2005.

权而言，土地保障和社会保障都是基于公民权或成员权产生的，具体表现为土地的平等使用权利及平等参与社会保障的权利。总而言之，权利属性是土地保障与社会保障的契合点，两种保障都对人的生存权、发展权及平等权起促进和维护的作用。尤其在现代农村社会保障不健全的情况下，土地保障与社会保障在很大程度上是“高度统一的”。但是随着经济发展及社会转型，土地与社会保障之间必将出现分离的趋势，而且两者的责任主体不同，土地保障的提供主体是农民自己，依靠自己的劳动与土地的结合来保障生活所需，社会保障的提供主体是国家（政府）或社会组织。政府与土地两者之间不存在替代关系，当政府保障义务供给不足时，土地不应该是其替代者，因为两者之间并不是一种并列关系。土地保障功能的发挥只是我国在特定历史时期政府责任缺位的一种无奈的选择，随着我国经济实力的增强，农民社会保障体系的完善，土地对农民而言将更多地承担一种补充保障的作用，任何鼓吹“土地保障”，过分夸大土地保障的功能，并认为土地可以替代社会保障，不主张国家承担农民社会保障责任的观点都是不正确的。

其次，从实践来看，土地保障无法替代社会保障。正如前文所述，土地保障功能正在弱化甚至衰退。一是由于我国人口数量庞大，人均耕地面积相对较少，存在严重的人多地少的矛盾，加上城市化、工业化的发展，耕地数量减少，失地农民越来越多。城市建设占用耕地、国家产业结构升级、生态退耕以及自然或人为灾难侵吞耕地是造成国家耕地面积减少的四大因素。农民失去土地即失去了土地所具有的生存保障功能，虽然可以获得一笔补偿金，但由于缺乏理性的消费支出安排，往往很短时间内就花完土地补偿金，陷入生活无以为继的状态。而且土地保障功能的发挥是与劳动结合在一起的，土地不会无偿提供生活必需品。当农村居民因年老或疾病等原因丧失劳动能力时，即使拥有土地，他们也难以获取基本生活所需的物品。因此，土地保障面临较大的风险及不确定性，不可能向社会保障一样提供稳定的安全预期。二是政府垄断了农村土地市场。在农地转为非农用地的过程中，地方政府操纵了土地交易的全过程，农民不能参与谈判过程，没有任何讨价还价的余地。国土行政部门代表政府进行征地，地方政府只是告知农民集体被征的耕地数量及补偿标准，却并不和被征地农民进行协商。土地征用后，地方政府与用地单位签订关于土地价格等相关协议。在这一过程中，地方政府占有土地买卖之间巨额的价格差，而农民由于无法参与交易过程，只是获得数额很少的地上附着物及青苗费，而数额较大的土地补偿费及征地安置费则被补给了村集体，导致农民利益遭受极大损害。三是由于农业生产面临自然及市场双重风险，当前从事纯农业生产已经进入入不敷出的状态。农业生产除了要面临像旱灾、涝灾、病虫害等较大的自然灾害以及市场价格走低甚至产品滞销的市场风险，收益较低且不稳定性较高。而且，农药化肥等附加产品的价格却持续走高，以至于出现种粮无利可图、入不敷出的状态，农村也开始出现大量耕地抛荒的现象。四是我国完善的农地流转机制尚未建立，农地流转困难重重，土地小规模经营收益较低。实现农地的合理有序流转是盘活土地市场，增加农民收入，实现农业现代化的重要途径。然而由于我国土地法律制度不健全，农地产权制度不合理，农民只有经营权而无农地所有权，社保制度不健全，农民有较大后顾之忧，户籍制度不健全等制度性障碍的存在，完善的农地流转制度的建立尚需一定时间。郑功成提出不能过高估计土地的生活保障功能，认为农村继续深化改革的趋势是土地相对集中并实现规模经营，因此土地的生活保障功能会持续下降。那种将承包土地作为保障农民基本生活的制度安排甚至用它来替代农村社会保障的想法是一种不切实际的妄想。①

总之，“土地保障替代论”看到了土地保障和社会保障的契合点，即两者都具有保障和维护农村居民生存权、发展权和平等权的作用，看到了在我国农村社会保障制度不健全的情况下土地保障所发挥的重要作用。但是，从理论上讲，“土地保障替代论”没有厘清土地保障和社会保障的责任主体，土地保障的主体是农民自己，社会保障的主体是国家，两者之间不存在替代关系，国家作为农民雇主应该承担的保障责任是土地所不具备的。从实践上讲，随着经济发展及社会变革，土地保障功能正在弱化，而国家在农村构建的社会保障体系正在不断发展，逐步走向完善。因此，土地承担的保障功能必然逐步向社会保障转化，土地将更多地承担其作为生产资料的功能并作为农村社会保障的补充发挥对农民基本生活的保障作用。

① 郑功成. 中国社会保障制度变迁与评估［M］. 北京：中国人民大学出版社，2002：72.

第四章　农民社会养老保险制度公共投入的国际经验及借鉴

第一节　国际上农民社会养老保险制度的比较分析

一、宏观制度层面

1889年，德国俾斯麦政府为了缓和紧张的阶级矛盾，维护社会稳定，通过了《老年和残障社会保险法》，标志着现代社会养老保险制度的建立。1942年，英国制定的战后社会保障计划《贝弗里奇报告》出台，标志着普遍保障的福利国家的诞生。随着经济的发展、国家实力的增强，社会保障制度逐渐从城市扩展到农村。20世纪50年代开始，德国、日本等发达国家相继建立农民社会养老保险制度，而广大的发展中国家由于经济发展水平相对较低，国家财力有限，同时农村人口比重较大，收入水平较低，缺乏缴费能力，因此农民社会养老保险制度发展缓慢。在全球170多个实行养老保险制度的国家及地区中，覆盖到农村地区的仅有70多个国家及地区。[①] 从历史进程来看，无论是发达国家还是发展中国家，社会保障制度基本遵循从城市到农村的发展路径，在国家工业化发展到一定阶段，政府财政实力增强至有能力反哺农村的时候，政府出台一系列的法律法规推动农村社会保障制度的建立和完善，并逐步向国民平等、城乡一体化的方向发

① 黄庆杰. 城乡统筹的农村社会养老保障——制度选择与政府责任［D］. 北京：中国社会科学院研究生院博士学位论文，2009：54.

展。但是由于各国的经济发展状况、政治制度、社会习俗、历史文化等因素的不同，农民社会养老保险制度在制度模式、财务机制、运行机制、监督管理等方面呈现出不同的特点。

杨翠迎将国外农民社会养老保障制度分为三种类型：社会保险模式、储蓄保障模式和社会救助模式。① 社会保险模式是当前农村社会化养老的主流模式，是一些工业化国家在城市养老保险制度基础上发展起来的针对农村的制度。该模式实现形式主要有两种：一是针对农村人口设立专门的制度，如法国和德国等；二是将城市的养老制度延伸至农村，如韩国和日本等。该模式的优点主要有两点：一是建立了个人、雇主、政府等多方养老责任分担机制，促进农民养老保障的社会化。该模式实行养老待遇与个人收入、缴费年限挂钩，强调养老的“个人责任”，同时国家对参保者给予财政补助，承担“兜底”责任，说明养老首先是个人的责任，其次才是国家和社会的责任，责任界定比较明确合理。二是通过增加公共投入，使农民的养老保障水平不断提高，让他们分享国家工业化和城市化发展的成果。该模式的缺点在于：一是现收现付制无法有效应对人口老龄化的冲击。随着人口老龄化程度的不断加深，缴费人口较少，领取人口增多，政府将面临两难选择：要么提高当代人的缴费负担，要么增加政府的财政负担。二是该模式以个人、雇主较高的缴费能力以及政府较强的财政支付能力为基础，因此需要一定的经济发展水平作为保障。储蓄保障模式强调个人生命周期内的消费平滑，强调养老的个人责任，是以个人的储蓄积累为核心的一种养老保险模式，以新加坡和智利最为典型。该模式针对劳动者职业和劳动特点的不同规定不同的参加方式。对所有有工资收入的劳动者强制缴费，而独立劳动者及自雇者（包括纯农民）则可以自愿参加。因此，农村拥有土地的农民可以自愿参保，而农业工人则必须强制参加。该模式下，政府不负担养老保险的缴费责任，但是政府会提供最低养老金及养老金最低投资回报率补贴的承诺。储蓄保障模式的优点包括：一是充分体现个人在养老保障中的作用，政府主要承担制度建设及运营责任。二是政府财政压力较小。该模式缺陷在于：一是不存在收入再分配、互助共济功能，不能实现养老风险的责任共担。二是积累基金容易受通货膨胀影响，市场风险较大，不能为参保者提供稳定的安全预期。社会救助模式主要存在于发展中国家及不发达国

① 杨翠迎. 农村基本养老保险制度理论与政策研究［M］. 杭州：浙江大学出版社，2007：35-40.

家。由于这些国家经济发展水平不高，人民收入水平有限，难以实行缴费型的养老制度，同时农村又面临严重的贫困人口养老问题，因此只能实行救助型的养老金制度。该模式以南非和斯里兰卡为代表，实质上是一种无偿的救助制度，保障水平较低，资金来源于政府的财政投入。该模式的显著优点是在财力有限的情况下最大地扩大社会保障的覆盖面，有效地缓解老年贫困的发生。缺点是不能有效地激发个人的养老责任意识，且保障水平较低，效率不高。

苑梅认为世界各国的农村养老保险制度大致分为专门制度型、统一制度型及统分结合制度型三种类型。① 专门制度型是根据农业生产的特点，针对农场主及农业经营者而专门建立的制度，而农业雇佣者则被纳入雇员养老保险制度中。该制度以德国和法国最为典型，德国农民养老保险制度的参保对象是农场主、农场主配偶及共同劳作的家属；资金来源包括农场主缴费及联邦政府财政补贴；缴费方式则不论农场主农场规模大小均缴纳一份相同数额的保费；养老金给付条件则规定符合最低 15 年的缴纳年限。法国农民养老保险制度的参保对象是农业人口，包括领薪人员和非领薪人员；资金来源包括农业人口缴费、政府财政补贴、税收补贴以及调剂补偿金等；农业社会互助金中，来自体制外的资金占比较高，达到 75%左右，其中国家财政支持约占 50%；在养老金给付上则是根据参保对象缴纳保险金的不同而享受不同的待遇。统一制度型是指不分地域、不分产业、不分行业、不分职业，只要是本国公民（有时也包括部分外国居民）都享受同等的社会保障待遇和社会保障地位。实行统一制度型养老保险制度的国家较多，代表国家有美国、新加坡、英国、澳大利亚、韩国等。美国的养老保障制度面向全体国民，账户模式包括“三支柱”：第一支柱是政府强制性，由雇主和雇员共同缴纳社会保障税；第二支柱由政府出资，分为文职雇员和军职雇员两种；第三支柱为个人自愿参加的储蓄保险。养老金给付采取月平均工资指数化的方式，分为三个档次：第一档次是基数 370 美元以下，按照 90%的比例发放；第二档次是基数在 371~2230 美元之间，按照 32%的比例发放；第三档次是基数在 2230 美元以上的，按照 15%的比例发放。基金采取集中管理的方式，全部进入社会保障及医疗保险信托基金，由基金委员会进行直接的经营运作。② 新加坡的养老保障制度也是

① 苑梅. 我国农村社会养老保险制度研究［D］. 沈阳：东北财经大学博士学位论文，2011：69.

② 中国经济改革研究基金会，中国经济体制改革研究会联合专家组.中国社会养老保险体制改革［M］. 上海：上海远东出版社，2006：205-212.

面向全体国民，采取的是完全积累模式的公积金制度，资金来源于雇员和雇主双方的缴费，政府不承担缴费责任，只是承担让利、让税义务；缴费方式则是根据不同年龄的雇员采取不同的缴费率，年龄越大缴费率越低；基金由中央公积金局统一管理，劳工部负责监督，主要投资于政府债券、工业以及基础设施建设等。统分结合制度型是指既有针对全体国民的养老保险制度，即全体国民享受相同的国民养老金待遇，又有针对农业劳动者的特殊的农民养老保险制度，它是一种分层次的混合型养老保险制度，主要代表性国家有日本、加拿大等。日本统分结合型制度建立的目的是缩小城乡间养老保险差距，保障所有老年人基本生活。其中，农民年金的对象分为两种：当然加入者和任意加入者。前者是指按照国家法律规定，拥有土地超过 0.5 公顷及以上的农业经营者，后者指农田经营规模在 0.3~0.5 公顷或者 0.5 公顷以上的农业经营者的继承人可根据本人意愿自愿选择加入。在资金筹集方面，国民年金来源于国家财政，农民年金则包括被保险人缴费以及政府财政支持，个人型养老保险主要依靠个人缴费；缴费方式采取的是现收现付制，政府每年按所收保费的三倍以上来支付年金，入不敷出部分则依靠国库补助金以及国库负担金来解决。加拿大统分结合型制度的资金筹集包括三部分：一是老年保障金，全部依靠政府财政支出；二是国家养老金计划，由雇主和雇员按照一定的比例共同缴纳；三是私营养老金计划，由雇员自愿参保缴费。

曹信邦从政府责任视角出发，将国外农民社会养老保险模式分为完全政府责任模式、政府个人责任分担模式及个人责任模式三种类型。完全政府责任模式是基于国民身份而不是基于地域、职业、行业等身份来提供社会保障待遇，政府通过财政为全体国民（包括农民）提供养老待遇，满足基本养老需求，保障老年基本生活。以英国、瑞典及加拿大为典型代表，该模式所需资金来源于国家税收，雇员及雇主不需要直接缴费，筹资模式采取现收现付制，个人领取养老金的条件是国民身份及符合法定退休年龄。政府在制度供给、管理实施、财政投入及制度监督等方面履行政府职能，承担完全政府责任。政府个人责任分担模式在建立农民社会养老保险制度的国家较为盛行，强调“自助者公助”，强调养老保险的个人责任，强调养老风险的责任共担，强调权利与义务相结合。该模式坚持个人缴费与财政补贴相结合，个人养老金待遇水平与缴费水平及缴费年限密切相关，主要存在于欧洲及一些经济发达国家，以德国、日本及韩国为代表。个人责任模式相对比较强调个人养老责任，国家不承担财政支持，养老保险资金完全由农民自

已负担，但并非意味着政府没有任何责任。政府主要担负起立法引导、制度设计、监督管理等责任。该模式只有部分亚、非国家实行，以新加坡和智利为典型代表。①

总而言之，学者们从不同的视角对国际上农民社会养老保险制度进行分类，每种分类方法都有自己的分类依据和标准。第一种方法将农民社会养老保障制度分为三种类型：社会保险模式、储蓄保障模式、社会救助模式，忽视了发达国家存在的福利型模式，例如英国、瑞典和加拿大等，显然不够全面。第二种方法将世界各国的农村养老保险制度分为三种类型：专门制度型、统一制度型及统分结合制度型，只是根据城镇养老保险与农村养老保险的相关关系来划分，缺乏对农村养老保障内在特征的深入探讨。第三种方法从政府责任视角出发，将国外农民社会养老保险模式分为完全政府责任模式、政府个人责任分担模式及个人责任模式三种类型，忽视了广泛存在于发展中国家的非缴费型社会救助模式。因此，本研究认为，农民社会养老保险制度模式的划分既要考虑经济发达国家的情况，也要注重发展中国家及一些经济转型国家的情况，而且应该能够反映制度的内在本质特征。综合上述学者的观点，笔者认为可以将农民社会养老保险制度分为福利国家型、社会保险型、储蓄积累型及社会救助型四大类型。

二、微观制度层面

农民社会养老保险制度除了从宏观制度层面进行分类之外，还可以考虑从缴费、待遇给付、财务机制等方面进行详细的分类。

（一）缴费型制度与非缴费型制度

缴费型制度是指农民只有承担了缴费责任才可以获得养老保险待遇，它强调养老的个人责任，主要存在于社会保险型和储蓄积累型的农民养老制度下，如德国、法国、新加坡、智利等。非缴费型制度是指受益人无需缴费，只要符合相关的条件就可以享受养老保险待遇，主要存在于福利国家型及社会救助型的农民养老制度下，资金来源于国家税收或者政府财政支出，如英国、澳大利亚、巴西等。总体来看，部分发展中国家以及英联邦的国家的农民社会养老保险制度都属

① 曹信邦. 新型农村社会养老保险制度构建——基于政府责任的视角［M］. 北京：经济科学出版社，2012：47.

于非缴费型。但是，即使在缴费型制度下，农民的缴费比例也相对较低，只占到基金总额的10%~30%左右，基金大部分来自于政府的公共投入以及其他行业部门的保障资金。

（二）固定缴费型与收入关联型

即使在缴费型的农民社会养老保险制度下，也存在不同的缴费方式，主要包括固定缴费型和收入关联型。固定缴费型是指不论农民收入水平高低，土地经营面积大小，都统一采取相同的养老金缴费金额，如德国、波兰等。收入关联型是指农民养老金的缴费金额与收入水平挂钩，如根据收入水平的固定比例或根据收入水平的不同档次确定不同的缴费数额，基本上遵循收入水平越高，应缴养老金数额越多的原则，如法国、奥地利等。总体来看，由于农业生产的特殊性，农业收入很难进行准确的核算，收入关联型在实施过程中面临较多的难题，缴费基数及替代率很难准确地进行界定。

（三）普遍保障型与收入调查保障型

在非缴费型的农民社会养老保险制度下，存在不同的养老金给付条件，主要包括普遍保障型和收入调查型。普遍保障型是依据公民资格理论，即只要是该国公民就有权享受相关的福利待遇，而不论其家庭条件、收入水平如何，如新西兰、纳米比亚等，该国所有农民都享受农民养老保险金。收入调查保障型是指只有满足一定的个人收入或家庭收入条件的农村居民才能享受全部或部分养老金，在获得养老金之前，农民必须接受个人或家庭收入状况的调查。目前采取这种模式的主要是一些南美洲及非洲的国家，如阿根廷、巴西、南非等。

（四）收入补充型与收入替代型

根据农民社会养老保险制度替代率的高低，即保障水平的不同，可将其分为收入补充型和收入替代型。收入补充型是指养老金不能维持日常基本养老所需，只是作为一种补充收入，要实现“老有所养”，还需其他收入才能保证。例如德国、法国、奥地利、希腊等，这些国家农民养老保险制度的收入替代率明显低于其他行业的职工，只能维持最低生活需求，有的甚至更低，带有社会救助色彩。这些国家的农民养老保险制度都属于收入补充型。收入替代型是指单纯依赖养老金就可以满足老年基本生活所需，而不需其他收入来源。如受到《贝弗里奇报告》影响的北欧国家以及英联邦国家等，如瑞典、芬兰、英国等，养老金保障水平都较高，属于收入替代型。总体来看，基于保障水平的视角，大多数国家的农民养

老保险制度属于收入补充型，而非收入替代型，与城镇的养老保险制度存在一定的差距。

（五）现收现付型与基金积累型

根据农民社会养老保险制度财务机制的不同，可将其分为现收现付型和基金积累型。现收现付型的基本原理是：在人口结构基本稳定的情况下代际之间的收入再分配，它是通过正在工作的一代的缴费来支付退休的老年一代的养老金。该模式通常采取年度预算平衡的方式，根据支出确定收入标准，使得养老保险基金的收支在年度之内基本维持平衡。基金积累型的基本原理是莫迪利亚尼的生命周期理论，个人整个生命周期内的收入再分配，它是通过个人在工作期间的储蓄积累来维持退休之后基本生活所需的制度安排，目的是实现个人整个生命周期内消费的平滑。当前，现收现付模式是世界上大多数国家农民社会养老保险制度采取的模式，原因主要有两个方面：一是从世界范围来看，农民社会养老保险制度的构建一般都晚于城镇，因此大多数国家和地区的农村制度安排在很大程度上模仿了城镇的现收现付制度；二是农民的收入水平相对较低而且很不稳定，因此农民缴费在农民社会养老保险制度的资金来源中所占的比例较小，政府的公共投入是制度顺畅运行的重要保证。在世界银行大力倡导多层次的养老保障制度影响下，农民社会养老保险制度出现了新的改革趋向，即在第一层次现收现付的基础上发展补充性的第二层次的基金积累制。

总而言之，无论是缴费型制度还是非缴费型制度，政府的财政投入都是制度得以建立并保持健康发展的必要条件，政府应该为农民社会养老保险体系的完善承担相应的财政责任。社会保险型和储蓄积累型的农民养老制度都属于缴费型，而福利国家型和社会救助型的农民养老制度则属于非缴费型。在缴费型制度下，固定缴费型和收入关联型并无优劣之别，固定缴费型实施成本较低，但统一的缴费标准无法满足差异化的养老需求；收入关联型虽体现缴费与收入关联的原则，但面临农民收入较难准确核算的困境。在非缴费型的农民社会养老保险制度下，待遇发放既可以采取普遍保障型，也可以采取收入调查保障型。两者的实施理念不同，前者是基于公民资格理论，后者则是基于国家财政实力做出的选择，鉴于收入调查较高的实施成本，对发展中国家来讲，普遍保障型是成本较低的选择。总体来看，无论发展中国家还是发达国家，农民养老保险的保障水平都应该坚持适度原则，因为过高的保障水平会加重政府的财政负担，最终威胁到制度实施的可持续性，而较低的保障水平则不能起到应有的保障基本生活需求的制度目标。因此，农民社会养老保险制度应该定位于收入补充型而非收入替代型。现收现付型养老保险制度体现代际之间的收入再分配，而基金积累制则体现个人生命周期内的收入再分配。目前世界各国的农民养老保险制度以现收现付型为主，主要原因是农民社会养老保险制度对政府财政的依赖性较高，而农民缴费水平所占比例相对较小。

三、发达国家的“三支柱”模式及发展中国家的“非缴费”模式

（一）发达国家农民养老保障的“三支柱”模式

发达国家的养老保障体系主要包括三大部分：即第一支柱的公共年金、第二支柱的农民年金以及第三支柱的个人储蓄计划。① 公共年金制度最初只覆盖城市职工，第二次世界大战后随着英国《贝弗里奇报告》普遍保障思想的扩展，发达国家的公共年金制度逐渐涵盖了农业雇佣劳动者以及农业种植园主。20 世纪 70 年代，随着城市职业年金制度的建立及城乡社会保障差距的不断拉大，很多先进的工业化国家为农民建立了专门的职业年金，即农民年金制度，例如日本（1971）、丹麦（1977）、美国（1990）、加拿大（1991）等。个人储蓄计划作为公共年金和农民年金制度的补充，得到许多国家政府的支持，成为农民养老保障的第三支柱。

1. 第一支柱：国民年金或公共年金

在历史的发展进程中，发达国家的公共年金制度逐渐形成了两种模式：均一给付的普遍保障型和收入关联的责任共担型。普遍保障型以英国、英联邦国家以及北欧国家为代表，该模式依据公民资格理论，即只要是该国公民就有权享受相关的福利待遇，有权享受政府提供的均一水平的养老金。该模式不需要进行个人生活状况的调查，养老金的领取与个人的收入状况无关，无论老年人是否有稳定的职业及收入，无论其退休前收入水平高低，只要符合一定的年龄及居住期限条件，就可享受均一水平的养老保障金，以维持老年基本生活所需。以政府税收作为基础的国民养老金，公民基本上不需要缴纳养老保险税（费）。该模式具有明显的收入再分配功能，体现了社会保障的公平理念，不足之处是忽略了个人应该承担的养老责任，在人口老龄化不断加速的情况下，可能会给政府带来巨大的财

① 林义. 农村社会保障的国际比较及启示研究［M］. 北京：中国劳动社会保障出版社，2006：23.

政压力。收入关联型以德国、法国、日本、美国等为代表，它强调社会保险的责任共担，强调缴费水平与工资收入、待遇水平挂钩。首先，养老保险费三方负担，由雇员、雇主及政府共同缴费。在农村，农业雇佣劳动者的缴费与城市职工相同，由个人和雇主按比例共同负担，农场主则由自己承担保险缴费，国家予以财政支持。其次，个人工作期间收入水平越高，缴费时间越长，退休时领取的养老金水平就越高。但总体来看，收入关联型的公共年金制度替代率总体水平偏低，“二战”前基本维持在20%左右，“二战”后有所提高，基本保持在40%。由于在缴费与给付之间特定计算技术的运用（例如收入越高，缴费比例越高等），该模式具有代际之间、代内不同群体之间的收入再分配功能。该模式的不足之处是对收入水平较低、对工作时间较短的群体帮助较小。因此，实行收入关联型公共年金制度的国家老年贫困的发生率相对较高。

2. 第二支柱：农民年金

农民年金作为农民社会养老保障体系的第二支柱，是为了弥补公共年金保障水平的不足，提高农民养老保障水平，逐步缩小城乡差距。该制度的保障对象是农场经营者以及农业雇佣劳动者，是与职业年金相对应的一种制度，但是它的运作方式与职业年金有较大的差距。职业年金一般以单个企业为单位建立，企业和职工共同分担缴费责任，是企业吸引优秀员工的一项重要措施，企业负担缴费水平一般超过一半以上。政府一般只提供税收优惠措施而不直接给予财政补贴。在农村，农场经营者作为自我雇佣者，没有雇主分担缴费责任，而且农民的收入水平相对较低而且不太稳定，容易受到自然灾害以及市场农产品价格波动的影响。因此，如果完全由农民自己承担缴费责任则可能面临一定的经济困难，缴费水平不会太高。因此，发达国家的农民年金制度通常由政府承担一定的财政补贴责任，体现政府作为农民雇主的角色，这对于农民养老保障水平的提高，对于老年基本生活需求的满足起到重要的作用。随着先进工业化国家人口老龄化的日益加剧及减轻政府养老负担压力的需求，农民年金制度越来越受到政府和社会的关注。在具体运作方式上，既包括待遇确定型的DB模式，也包括缴费确定型的DC模式。待遇确定型即“以支定收模式”，以日本较为典型。该模式首先根据老年基本生活所需确定适当的养老金支付标准，然后根据支付标准确定合适的缴费水平。日本的农民年金采取的是年度预算平衡的现收现付制度，政府财政在其中发挥了重要作用。每年的农民年金支付额基本上是当年向农民所收保费的三倍以上，不足部分主要来自政府的财政收入。由此可见，在日本的农民养老保险制度中，政府财政发挥着非常重要的作用。缴费确定型即“以收定支模式”，以加拿大较为典型。该模式在精算分析的基础上确定一个适当的相对稳定的缴费率，缴费部分进入个人账户储蓄积累并进行适当的投资运营。农民达到退休年龄时，以其账户积累额作为养老金发放的依据。养老金领取方式较为灵活，可一次性领取，也可以按年或者按月领取。加拿大的农民年金账户分为两个部分：基金 1 和基金 2。其中，基金 1 为参保者缴费，基金 2 则为政府补贴，包括联邦以及省政府补助以及存款利息。政府补贴按照农民缴费数目实行等额补贴，联邦和省政府各负担 50%。

3. 第三支柱：个人储蓄

个人储蓄作为养老保障体系的第三支柱，是指农民个人或者家庭将整个生命周期内的收入进行纵向的平衡，通过储蓄或者购买商业保险的方式为退休后的老年生活做准备。个人储蓄计划作为农民养老保障体系的第三支柱，是对第一支柱的公共年金以及第二支柱的农民年金的补充。发达国家由于经济发展水平较高，农民总体收入水平相对较高，在满足当前的基本生活所需之后仍有部分结余，因此个人储蓄计划得以顺利实施。政府对该计划一般采取鼓励的态度，部分国家甚至通过免征个人所得税的方式予以支持。例如美国政府 1981 年规定，对于没有企业年金的城市雇员以及农村的农民群体的养老储蓄给予免税的政策优惠。除银行外，美国的保险公司也推出优惠计划，例如“固定保证利率账户”，该计划规定个人将钱存入固定利率账户中，在积累期间可以免征所得税，该计划的回报率高于银行定期存款。而且该计划的支付方式非常灵活，可以一次性给付、分期给付、终身给付等。农业相互救济协会作为日本民间的一个协会，它举办的人身共济保险作为一种风险共担的保障机制，与农民的个人储蓄保险一样具有保障老年基本生活的功能。该共济保险得到政府的大力支持，不以盈利为目的，因此与商业保险有着本质的区别。该农业相互救济协会的人身共济业务包括养老共济、终身供给、儿童共济等。在管理形式上，农业相互救济协会采取三级风险分散管理机制，全国共济联合会、县级共济联合会、基层农协三级组织合理分工，分级负责，各司其职。20 世纪 90 年代，日本的农协组织发展到 4000 多个，平均每户保障金达到 3688 万日元。它有效弥补了国民年金以及农民年金的不足，对于农民老年保障水平的提高，生活水平的改善起到了积极的作用。

（二）发展中国家农民养老保障的“非缴费”模式

1. 基本概况

非缴费型养老金指的是以税收融资的养老金。目前发展中国家的普遍趋势是优先发展政府主导的非缴费型养老金制度。这是因为除了公共管理上的成本收益优势之外，非缴费型养老金计划在缩小城乡收入差距、缓解贫困问题以及提高整体社会福利水平方面的作用非常明显；而且即使对于经济实力相对较弱的发展中国家来讲，非缴费型养老金计划在财政方面也是可行的。威尔莫尔（Willmore）曾指出，如果按 GDP 来衡量，该计划向老年人的收入转移占 GDP 的比例并不高，例如毛里求斯为 2.0%，纳米比亚为 0.7%，博茨瓦纳为 0.4%。[①] 而且非缴费型制度更适应当前世界各国的现实情况，全世界约有一半以上的人被排除在强制缴费型社会保险制度之外，在低收入水平的国家和地区，例如南亚和非洲撒哈拉沙漠地区，90%以上的人口被排除在正式的社会保险制度之外，在中等收入水平的发展中国家则有 20%~60%的人口被排除在制度之外。据估计，目前全世界仅有 20%的人口享受到了充分的社会保障。因此，非缴费型养老金制度对于扩展农民养老保险制度的覆盖面，缓解发展中国家普遍存在的农村贫困问题具有较大的作用。非缴费型养老金制度包括收入测试型和普遍保障型两种模式，前者在阿根廷、巴西、印度、南非等国家实行，后者在毛里求斯、纳米比亚、巴拿马、玻利维亚等国家实行。世界银行 1994 年曾指出普遍保障型养老金可以促进消除贫困目标的实现，政治上可以获得广泛的支持；它可以不考虑人们的财富、收入、工作年限，交易成本较低，管理比较简单；对于雇员工资收入等基本信息不健全、金融机构不发达的发展中国家比较适用，可以有效避免收入测试对工作以及储蓄产生的负面影响。1995 年，阿马蒂亚·森通过研究指出收入测试型模式可能存在的弊端，主要包括管理成本较高、信息扭曲、激励错位、受益人被歧视、保障功能失效等社会问题。当然，普遍保障型制度模式在人口老龄化的社会大背景下可能存在财政压力过大的问题，目前世界各国的发展实践表明，普遍保障型模式如果有较好的税收政策相配合，同时适当提高养老金的领取年龄，可以在政府财政可以承受的范围内提高老年人的保障水平。新西兰实行的将普遍保障养老金和其他收入合并，最后按累进税率征收个人所得税的方式收到了较好的效果，成为普

① 张敬一，赵新亚. 农村养老保障政策研究［M］.上海：上海交通大学出版社，2007：66-67.

遍保障型养老金既实现保障目标又减少政府财政压力的典型范例。

2. 基本评价

目前，非缴费型养老金制度成为发展中国家优先发展的制度模式。原因可能有以下几个方面：其一，它有助于降低发展中国家，尤其是低收入国家的贫困率。例如非缴费型养老金模式促使巴西、智利、阿根廷、哥斯达黎加的赤贫率分别下降了 95.5%、69.0%、67.1%和 21.4%，贫困率分别下降了 29.2%、18.7%、30.8%和 24.3%。而且该模式对于家庭集体贫困的降低具有明显作用。在发展中国家，农村老年人生活在几代同堂的家庭，他们劳动能力的减弱及身体状况的弱化会对家庭其他成员产生影响。非缴费型养老金的发放对于老年人经济状况的改善，基本生活的维持，乃至家庭长期贫困的降低具有明显作用。其二，它有助于提高老年人在家庭中的地位。布曼（Burman）通过 1996 年对南非的研究表明，家庭对于老年人养老金的依赖至少可以确保他们的住所、适量的食物、有比较孝顺的孩子或者处于一个比较好的位置去维护自己的权利。年青一代经济状况的恶化通常是其减少对老年人赡养的最主要原因，因此非缴费型养老金收益可以改善老年人在家庭中的状况，最起码能增加家庭适当照顾老年人的诱因，以保证此项养老金现金流的继续。其三，它有助于提高农民及其他非正规就业部门人员的养老保障水平，扩大养老保障制度的覆盖面。2000 年，南非、毛里求斯、纳米比亚、博茨瓦纳等国养老金领取者获得的养老金收入分别占到该国人均 GDP 的 32%、17%、16%、9%。而且高龄老人获得的养老金水平更高，在纳米比亚，90 岁至 99 岁的老年人获得的养老金占到该国人均 GDP 的 66%，百岁以上老人的养老金甚至达到 74%。[①] 由于非缴费型养老保障制度的推行，2000 年南非养老保障的覆盖面达到 88%，而毛里求斯、纳米比亚等国甚至实现了 100%的全覆盖。其四，它有助于刺激农村地区经济的发展。西方学者在对巴西、南非等地区农村养老金领取者的调查中发现，50%的领取者将这笔钱用于投资农业生产。养老金作为现金流注入农村地区，在改善老年人生活质量的同时，多余资金使得家庭类型的小企业相继建立，促进农村地区经济活动的快速发展。总而言之，非缴费型养老保障制度的建立和发展，降低了发展中国家的贫困率，改善了老年人口的生活

---

① Willmore, L.. Universal Pensions in Low Income Countries. Initiative for Policy Dialogue, Pensions and Social Insurance Section, Discussion Paper No. IPD-01-05, 2004.

状况，促进了地区经济的发展，提高了整个社会的福利水平。目前也得到一些国家和国际组织（如世界银行、联合国、国际劳工组织等）的提倡和重视。

第二节　一些国家农民社会养老保险制度中公共投入的表现

一、德国

（一）基本情况

德国位于欧洲中部，总人口约 8200 万人，国土面积为 35.7 万平方公里。德国经济高度发达，2011 年国内生产总值仅次于美国、中国和日本，居世界第四位，欧洲第一位。德国不仅工业发展水平较高，而且也是一个农业强国。农业以家庭经营方式为主，全国大约有 25 万个左右的农业企业，农业劳动力在总人口中的比例大约为 2%左右。[①] 20 世纪 70 年代基本实现了农业现代化，借助现代工业设备、现代科学技术及现代管理方式的运用，建立起了优质高效的农业生产体系。

德国是现代社会保险制度的诞生地，也是世界上最早建立农村社会保障制度的国家之一。1886 年，德国政府颁布《关于农业企业中被雇佣人员工伤事故保险帝国法》，标志农村社会保障制度的开端。该法的保障对象是农业企业中的雇员，而不包括农场主（农民）。[②] 1957 年，《农民老年援助法》的颁布，标志着农场主（农民）开始被纳入正式的国家社会保障体系之中。该法将农民社会养老保险作为一种强制性的制度安排，规定所有农场主（农民）必须参加。1995 年《农业社会改革法》颁布，对老年社会保障进行改革，将制度名称由“农民老年援助”改

① 福建省农村社保模式及其方案研究课题组.农村社会养老保险制度创新［M］. 北京：经济管理出版社，2004：40.

② 针对养老保障，国外的农场主（农民）与农业工人是不同的。农场主（农民）由于拥有私有土地及农业生产资料，面临的养老风险较农业工人相对较小。农业工人与其他行业的雇员一样，被列入一般性的雇员养老保险制度中。国际上，农场主（农民）进入社会性养老保障的时间一般晚于农业雇佣工人。

为“农民养老保险”，这意味着制度的理念发生转变，农民养老问题由社会救助领域转向社会保险领域。该法还规定农民养老保险可以与其他养老保险制度实现衔接转换，随着投保人身份的转变，养老金可以按照一定的计算公式进行折算转移。而且该法提高了养老金的领取额度，1957 年已婚农民养老金领取额为 60 马克，1996 年已婚农民最高领取额度可以达到 1226 马克。[①] 至此，德国基本形成了系统的养老保险体系，它是按照职业和工种进行划分的，根据不同群体的养老需求建立不同的养老保险制度。该体系由两大部分和六大子系统构成，德国的养老保险体系如图 4–1 所示。

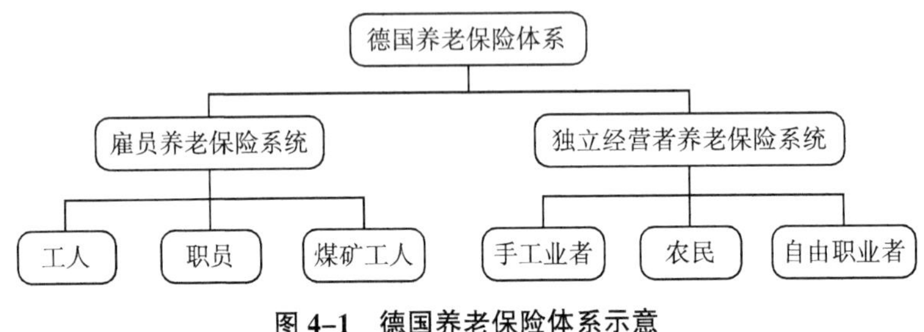

图 4–1　德国养老保险体系示意

农民社会养老保险是其中独立的一个子系统，根据农业劳动者的职业特征提供相应的养老保障。从保障对象来看，包括农场主以及共同劳作的配偶和家属。农场主指农业企业主，包括葡萄酒、蔬菜、水果、园林及渔业的企业主；配偶指具有相同经营权的妻子或丈夫，企业主及配偶缴纳相同数额的保费；家属指共同劳作的家庭成员及其配偶，包括三代内的血亲、两代内的姻亲、被企业主或配偶视作家庭成员的保姆。农民养老保险的待遇包括老年年金（年龄达到 65 岁）、丧失劳动能力年金、劳动能力受伤害时的企业援助及家庭援助、被保险人死亡时的遗属年金及困难补贴等。待遇给付方面，基本养老金以现金给付为主，且规定了获得养老金的资格条件。一是年龄方面，法律规定 65 岁以后退休的可以领取全额养老金，否则领取的养老金要打折扣。62 岁到 65 岁之间的退休者，每提前一个月退休养老金打折 0.3%，60 岁到 62 岁之间的退休者，每提前一个月退休养老金打折 0.23%，60 岁之前退休的，每提前一个月退休养老金打折 0.2%。[②] 二是必

① 蔡霞. 新型农村社会养老保险理论与政策研究［D］. 武汉：武汉大学博士学位论文，2011.
② 刘迪平. 中国新型农村社会养老保险长效供给研究［D］. 苏州：苏州大学博士学位论文，2012.

须满 15 年的最低缴费年限，如果丧失劳动能力，领取丧失劳动能力养老金的最低缴费年限是 5 年。三是必须转让农业企业，可以通过继承、出售、长期出租等方式脱离农业劳动，成为农业退休者。德国的农民社会养老保险由联邦及各州的经办机构管理，目前德国有 13 家农民社会养老保险机构及一个全国性的总联合会，即农民养老保险机构总联合会（GLA）。13 家机构及总联合会都是具有自治特征的公认法人组织，接受国家的监督，两者的自治机构是理事会及会员代表大会。

总之，德国的农民社会养老保险制度具有保险范围广、保障项目全的特点，几乎所有的农业人口都被纳入制度之内，农业人口与城市人口享受的养老保险没有太大差别，而且制度的管理相对比较完善，并且有相关的法律予以保障。此外，德国的农民社会养老保险制度有政府财政的大力支持。

（二）公共投入

从资金来源来看，德国农民社会养老保险制度实行现收现付模式，体现代际之间养老责任，由年轻的正在劳作的农民供养年老的退休农民。农民社会养老保险制度的资金主要来源于两个方面：农民缴费及政府的财政补贴，其中德国政府的财政补贴占较大比重。杨翠迎提出德国联邦政府财政对农民养老保险制度的财政补贴约占总保费的 70%，而个人缴费则仅占 30%左右。[①] 由于较大的政府补贴力度，使得农村居民可以分享到国家城市化及工业化的成果，提高了农民的养老保障水平。如 1957 年制度建立时，已婚的养老金领取者每月可得 60 马克，1980 年这一数字达到了每月 432.7 马克，1990 年为每月 625.9 马克，而 2001 年已婚者的领取标准已经达到 929.28 马克。[②] 个人缴纳的保费数额由政府通过法律确定，且每个农民只允许缴纳一份保险费。农场主不论经营农场数量多少、农场规模大小、农场效益好坏，养老保险的缴费数额都是相同的。农场主的配偶与农场主缴纳相同数额的保险费，共同劳作的家属如果没有依法或者根据申请被免除养老保险缴费义务，也需要缴纳养老保险费，缴费数额是农场主的一半，且由农场主负担。2002 年，每个农村家庭企业缴纳的养老费约为每月 400 欧元，而每月领取的养老金则达到 900 欧元，全国农民社会养老保险的养老金支付总额约为 15 亿

① 杨翠迎. 农村基本养老保险制度理论与政策研究［M］. 杭州：浙江大学出版社，2007：36.

② 郑春荣. 德国农村养老保险体制分析［J］. 德国研究，2002（4）：37-41.

欧元，其中来自政府公共投入的资金约为10亿欧元，占支付总额的2/3，而农民缴纳养老保险费总额仅为5亿欧元左右。①德国农民社会养老保险制度的发展历史表明，如果没有政府的公共投入，农民社会养老保险制度是无法运作的。

二、日本

（一）基本情况

日本位于欧亚大陆东侧，总人口约1.3亿人，国土面积为37.78万平方公里。日本经济高度发达，2011年国内生产总值仅次于美国、中国，居世界第三位。日本耕地面积大约为504万公顷，占国土面积的13.5%。20世纪50年代，随着城市化及工业化的发展，日本大量的农村劳动力涌入城市，农业人口占比急剧下降。为了解决农村劳动力的社会保险需求，自1958年起，日本政府逐步将社会保险的对象扩展至从事农、林、牧、渔业的劳动者。

在日本，农民社会养老保险实行统分结合的双层结构年金制，不仅建立专门的农民社会养老保险，而且国民年金制度也将农民纳入其中。该制度始于20世纪50年代末期，1961年《国民年金法》的实施，将广大农民及个体经营者纳入社会养老保险制度之中，从而使日本进入“全民皆保险”时代。1970年颁布的《农业劳动者年金基金法》以及1991年颁布的《国民年金基金法》，使得农民社会养老保险制度不断趋于完善。该制度包括两大层次：一是强制性的全体国民必须参加的国民年金，二是作为国民年金补充的国民年金基金、农业劳动者年金及共济年金。首先，作为基础层次的国民年金的参保对象包括三类：第一类为年龄在20岁至60岁的农民、个体经营者等；第二类是厚生养老金的参保人，每月按工资收入的13.58%缴纳养老保险费，实行雇主和个人平均分担原则；第三类是厚生养老金的参保人抚养的配偶（年龄在20~60岁）。领取国民年金的资格条件是年龄达到65岁以上并且参保年限达到25年以上的参保人。其次，1970年颁布的《农业劳动者年金基金法》规定农业劳动者年金的参保对象是除厚生年金、共济年金的参保者及配偶外的拥有国民年金参保资格的农业劳动者及后继者，拥有土地50平方米以上的农业劳动者是法律规定的参保对象，其后继者可以自愿决

① 福建省农村社保模式及其方案研究课题组. 农村社会养老保险制度创新［M］. 北京：经济管理出版社，2004：42.

定是否参保。参加农业劳动者年金的年龄条件是 20~55 岁，且必须是国民年金的参保者。该法颁布的目的是鼓励年老的农业劳动者转移土地经营权，离开土地，以实现土地规模经营及农业劳动者的年轻化，农民因年老（65 岁）或者进入城市生活而转移土地经营权后，在国民年金的基础上可以继续领取农业劳动者年金，作为国民年金的补充，以提高对老年生活的保障水平。1991 年颁布的《国民年金基金法》的目的是缩小第一类参保者即农民、个体经营者等与其他养老保险参保者的养老金差距，向他们提供更高水平的养老金。参保对象年龄要求是 20~60 岁，每月缴纳“附加保险费”。该法规定加入“农民养老金基金”以及被免除缴纳基础养老金的参保者不能加入国民年金基金制度。日本的共济年金参加者包括国家公务员、地方公务员、私立学校教职员工以及农、林、牧、渔业职员等，而共济年金是各个专业的年金的统称。其中，公务员共济年金所占比重较大，而农、林、牧、渔业职员的共济组合年金所占比例较小。

总之，日本的农民社会养老保险制度实行的是统分结合的双层结构，既包括基础层次的国民年金，又包括第二层次的国民年金基金、农业劳动者年金及共济年金，可以较好地满足不同层次农民的差异化养老需求。立法先行是制度健康发展的重要前提，并根据经济社会形势的变化不断地对政策进行调整，其中养老金政策在很大程度上与农业政策紧密结合在一起。从第二次世界大战后初期为了实现城市化、工业化，为了鼓励劳动力离开农村进入城市，国家推动“离农政策”并且制定了相关的“离农政策”及相关的补偿金；到 20 世纪 90 年代，日本农业人口急剧下降，年轻人纷纷进入城市谋生而不愿留在农村，农村人口老龄化严重，政府又开始鼓励农民待在农村，推行“返农政策”并取消权益转让金。由此可见，日本的养老金政策在农业政策调整中发挥了重要作用，政府将农民社会养老保险作为农业政策的一部分。此外，政府公共投入在日本农民社会养老保险制度中发挥了重要作用。

（二）公共投入

日本政府对农民社会养老保险制度的公共投入主要体现在国民年金这一部分。国民年金是所有老年人均有权分享的基础养老金，资金来源包括政府财政支持及参保人的缴费，政府承担年金给付的财政兜底责任。该制度实行现收现付制度，采取的是年度预算平衡的方式。其中每年需要支付的国民年金总额的 2/3 来自参保人缴费，由政府财政负担的保费支出占 1/3。[①] 国民年金中个人缴费则是根据三类参保对象实行分类缴费。其中第一类即农民、个体经营者等实行按月定额缴费的办法，对于生活困难的低收入者经过审批后可以免除个人缴费部分，但养老金水平有所降低，退休后免缴期间的养老金水平降为原来的 1/3。农业劳动者年金包括经营转让年金以及农业者老龄年金两部分。其中，经营转让年金的领取条件是年龄达到 60 岁，缴纳养老保险费已经满 20 年，并且在 60 岁至 65 岁之间，实际转让了农业用地的经营权；农业者老龄年金的领取条件是年龄达到 65 岁，缴纳养老保险费已经满 20 年。政府为了鼓励土地经营权的转移，促进农业劳动者的年轻化以及土地规模经营，规定经营转让年金的一半支出由国库提供，而且自 1991 年开始转让年金数额又有追加；政府财政对老龄年金部分也有一定程度的公共投入。[②] 日本政府对农民社会养老保险制度的公共投入自 2004 年开始逐步提高，政府通过征税的方式增加财政收入，通过年金课税制度改革提高了国民年金在农民社会养老保险制度中的负担比重。到 2009 年，政府财政负担基础养老金的比例从 1/3 逐渐上升至 1/2。[③]

三、法国

（一）基本情况

法国位于欧洲大陆西部，总人口约 6110 万人，国土面积为 55 万平方公里。法国经济高度发达，2011 年国内生产总值仅次于美国、中国、日本和德国，居世界第五位，欧洲第二位。法国的土地面积约为 82500 万亩，农业用地占 61%，其中 96%的农业用地归家庭所有，农业劳动力占总劳动力的 4%左右。

19 世纪末 20 世纪初，随着工业化的发展，工人阶级队伍的壮大，工人阶级的养老、医疗、失业及工伤等一系列的社会问题变得日益突出。为了缓和紧张的阶级矛盾，巩固资本主义社会秩序，法国政府先后颁布了有关工伤保险、失业保险的法案，并于 1910 年开始建立养老保险制度。法国目前的养老保险制度是

---

① 曹信邦. 新型农村社会养老保险制度构建——基于政府责任的视角［M］. 北京：经济科学出版社，2012：53.

② 张敬一，赵新亚. 农村养老保障政策研究［M］. 上海：上海交通大学出版社，2007：65.

③ 李长远，杨建飞. 论政府在农村社会养老保险制度中的财政责任［J］. 华中农业大学学报（社会科学版），2008（5）：10-14.

1945年开始建立的，包括四个子系统：即农业保险制度、普通保险制度、特殊保险制度、非工薪收入者和非农业职业保险制度等。因此，法国当前的养老保险制度呈现典型的“碎片化”特征，具有“行业保险”的属性。[①] 1952年，为了保障农业劳动者的养老权益，使他们在年老丧失劳动能力时获得必要的经济支持以及社会援助，以维持老年基本生活所需，同时为了促进土地经营权由年老一代向年青一代的顺畅转移，提高现代科技在农业中的运用，提高农业经营管理水平及国际竞争力，法国政府开始建立农村养老保险制度。该制度的参保对象包括两类：一是农民及其家属，即自己拥有农业土地的农业经营者或农场主，这类参保人员占总参保对象的38%；二是农业工薪人员，即农业工人和为农业服务的其他行业职员，这类参保人员占总参保对象的62%。第一类参保对象的社会保险制度称为“农业非工薪人员保险制度”，是法国社会保险体系中的专门制度；第二类针对农业工薪人员的社会保险和国家的公共养老保险制度比较类似。待遇给付方面，全额养老金的给付条件包括年满60岁退休且缴纳养老保险费满150个季度或者缴费时间未满150个季度但65岁退休。2003年，制度对领取条件进行了部分调整，将领取全额养老金的缴费时间延长至160个季度。领取养老金的最低标准为每月不低于514欧元，最高标准为每月不高于1139欧元。参保人年满60岁可以申请按月支付养老保险金，但是应该按照规定缴纳各种个人所得税、疾病保险税及其他社会保障税。经办管理方面，法国的农村社会养老保险制度由农村社会互助会负责。它是一个受政府机构委托承担社会公共服务的民营组织，通过自下而上的选取方式逐层产生互助会的管理委员会，并经委员会任命本级机构的常设负责人。该互助会包括1个中央基金会、78个行业或者跨行业的基金会、130个地方办事机构。目前负责农村社会互助会、基金会管理的是被选举出来的2000名行政人员、农民和农业工人代表；负责农村社会保险服务的是18000名雇员；负责互助会、基金会联络的是76000名地方代表。

法国农村社会养老保险制度将农业劳动者划分为农业非工薪人员和农业工薪人员两类，针对他们的不同特点建立差别化的制度，并成立专门的管理机构“农村社会互助会”经办负责。尽管法国农业人口在总人口中占比较低，但农村社会

---

① 黄庆杰. 城乡统筹的农村社会养老保障——制度选择与政府责任［D］. 北京：中国社会科学院研究生院博士学位论文，2009：60.

养老保险制度却是法国社会保险的第二大分支，说明政府对农业生产以及农民利益的高度重视，政府财政对农民社会保险给予了极大的支持。国家将农民社会保险制度作为促进农业发展、实施以工补农、保护农民养老权益、进行收入再分配、缩小城乡收入差距的重要社会政策。

（二）公共投入

针对两类不同的参保对象，法国农村社会养老保险制度的资金来源也有所不同。按照法律规定，农民及其家庭成员必须参加养老保险、医疗保险、工伤保险等各种保险。经费按照“农民社会保险预算附则”规定，此项预算每年需经过法国议会表决通过后执行。保险费分为两个部分：“人均保险费”和“比例保险费”。其中，“人均保险费”按照人头来确定，“比例保险费”按照农场主“纳税登记收入”来确定。农场主或农业企业主需要交纳“人均保险费”和“比例保险费”，而其配偶以及共同劳作的家庭成员只需要交纳“人均保险费”。从经费来源来看，农业非工薪人员保险预算的资金来源主要分为五个部分：农民自己缴纳的保费占 28%，农产品附加税占 22%，全国辅助基金占 12%，国家补贴支出占 8%，其他公共保险部分转移支付占 30%。农业工薪人员的养老保险费遵循雇员和雇主共同分担原则，由雇主按照一定比例从工资中代扣，然后转交到当地农村社会养老保险的经办机构。按照雇员人数多少缴费时间有所不同，雇工 10 人以下每季度缴纳一次，10 人及以上则实行按月缴纳。近 20 年来雇员缴纳的比例不断上升，雇主缴纳的比例在下降。目前的总费率为工资的 14.74%，其中，雇员缴纳 6.55%，雇主缴纳 8.2%。缴费工资上限为每月 2279 欧元，这也是法国补充养老保险的起点。[①] 从总体上来看，法国“农业社会互助基金”来自外部的资金占总基金额的 75%左右，政府财政支持部分接近 50%。法国政府对农村社会养老保险制度的公共投入超过 60%，基础养老金替代率接近 50%。[②]

① 福建省农村社保模式及其方案研究课题组. 农村社会养老保险制度创新［M］. 北京：经济管理出版社，2004：44.

② 华黎. 新型农村社会养老保险制度中政府财政支持研究［D］. 武汉：华中科技大学博士学位论文，2011.

四、加拿大

（一）基本情况

加拿大位于北美洲北部，总人口约3490万人，国土面积约998.47万平方公里。加拿大是世界上最大的经济体之一，2012年GDP总量居世界第9位，也是世界上拥有较高生活品质的国家之一。作为世界上农业机械化水平最高的国家之一，加拿大2003年农业、林业、渔业总产值达229.38亿加元，占GDP总值的2.26%。国家从事农业的人口约为33.95万人，占全国就业总人口的2.16%。加拿大的渔业较为发达，约有75%的渔产品用于出口，是世界上最大的渔产品出口国。

加拿大的农民社会养老保险制度实行的是统分结合的混合体制，既将农民纳入一般的普遍性国民年金制度之中，又建立专门的农民社会养老保险制度。该制度由三部分组成：国民年金制度、农民年金制度以及“收入保证计划”。作为英联邦成员之一，由于受到英国《贝弗里奇报告》的影响，加拿大的社会保障坚持普遍保障的思想，建立了由政府主导的覆盖全民（包括农民）的国民年金制度。该制度的典型特点有三：其一，保障范围广泛。符合条件的所有老年人均可获得由政府提供的均一水平的养老保障金，以满足老年最低的基本生活需求。该制度的实施范围不仅包括本国城市和农村的所有国民，而且还涵盖在本国居住一定期限的外国公民。制度规定，领取基本老龄年金的条件是：年满18岁以后在加拿大居住超过10年，并且至今仍在加拿大居住的65岁以上的老年人，或者虽然目前不在加拿大居住，但自年满18岁以后曾在加拿大居住超过20年的65岁以上的老年人。其二，国民年金给付均等化。国民年金的给付水平与个人的收入水平、职业类型无关，只要满足一定的退休年龄及居住年限条件，就可以领取均一水平的国民养老金。其三，资金来源于政府公共投入。加拿大的国民年金制度不需要雇员和雇主缴费，资金主要来源于通过税收形成的财政收入，实际上体现的是代际之间养老责任的分担，由正在工作的一代年轻人承担达到年老的退休一代的养老金。国民年金制度实行年度预算平衡的现收现付制，可以免受通货膨胀的影响，但是在人口老龄化不断加剧的情况下，为了避免财政赤字的出现，国家将在提高当代人的税收负担和降低老年人的保障水平之间进行两难选择。加拿大的国民年金制度是福利保障型的典型代表，该制度过分强调公平、强调政府责任，导致个人责任的退后甚至缺失。为了应对制度运行中出现的问题，加拿大政府于

1996 年进行改革，对国民年金的领取条件进行调整，除了年龄及居住年限的规定外，还将老年夫妇二人的收入水平作为考虑因素。[①] 为了提高农民的养老保障水平，缩小城乡收入差距，加拿大政府在国民年金之外还建立了专门的农民年金制度，作为农民老年收入的补充来源。1990 年，加拿大联邦政府颁布《农民收入保护法》，并根据该法建立“净收入稳定计划”即农民年金计划。该计划的目标是在国民年金提供最低收入水平的基础上为退休农民提供稳定的持续收入水平，保证基本养老所需。农民年金制度实行基金积累的个人账户制度，资金来源包括农民个人缴费以及政府财政补贴，农民按照收入水平的固定比例进行缴费，农民缴费及政府补贴全部或部分进入农民的个人账户，并由专门的国家管理委员会进行管理和监督。农民达到退休年龄后，个人账户的积累额可以一次性领取，也可以分期领取（按年或者按月）。农民年金制度坚持非强制原则，符合条件的农民及其配偶均可自愿参加。制度参加者也可以自愿选择退出，但需要申请并经过审批后方可提取个人账户储存额，但所提取的养老金需要交纳所得税。在国民年金及农民年金之外，加拿大的农民养老保障还有最后一道防线，即收入保证计划。这是一种基于生活状况调查的社会救助制度，主要保障对象是农村收入水平较低或者没有收入的贫困者，资金来源主要是政府财政以及民间慈善组织捐赠等。林义对加拿大的农村社会养老保险制度进行考察，认为在无其他任何收入来源的情况下，仅靠“国民年金”以及“收入保证计划”，加拿大的农村老人最高每月可以获得 839.27 加元。在拥有免费健康护理及其他社会服务的情况下，政府提供的 839.27 加元可以完全满足农村老人的基本生活需求。[②]

（二）公共投入

加拿大作为福利国家的典型代表，其农民社会养老保险制度体现了鲜明的福利特性。第一支柱的国民年金计划作为一个纯福利项目，重视公平原则，覆盖范围包括所有城市及农村的居民，给全体国民均等的福利待遇。资金来源完全依靠政府财政支出，体现其普遍保障的思想。该计划较好地解决了农村的老年贫困问题，满足了最低的养老所需。第二支柱的农民年金制度的建立较好地弥补了第一支柱国民年金制度的不足，提供稳定的养老收入来源。参保对象包括农场主以及

---

① 徐文芳. 国外农村养老保障实践及对我国的启示［J］. 社会保障研究，2010（2）：8-15.
② 林义. 农村社会保障的国际比较及启示研究［M］. 北京：中国劳动社会保障出版社，2006：30-31.

农业雇佣劳动者，采取个人账户的储蓄积累制，其中个人账户由两部分组成：基金 1 和基金 2。基金 1 是个人缴费部分，基金 2 是联邦及省政府财政补贴资金，体现政府对农民养老的财政支持。针对贫困农民的具有社会救助性质的“收入保证计划”资金主要来自政府投入以及慈善捐款等。总体来看，加拿大的农民社会养老制度较好地体现了政府的财政责任，国民年金及收入保证计划完全依靠财政支持，农民不需任何缴费，在作为补充的农民年金计划中，政府也给予一定程度的财政补贴。

五、巴西

（一）基本情况

巴西即巴西联邦共和国，位于南美洲东部，总人口约 1.92 亿人，国土面积约 851.49 万平方公里。作为拉丁美洲最大的国家，巴西总人口数居世界第 5 位，国土面积居世界第 5 位。作为金砖国家之一，2012 年 GDP 总量居世界第 8 位。巴西农牧业较为发达，是世界上蔗糖、烟草、大豆、咖啡、鸡肉、牛肉等的主要生产国。巴西素有“咖啡王国”之称，是世界上咖啡的第一大生产国和出口国。全国范围可耕地面积约 4 亿公顷，被誉为“21 世纪的世界粮仓”。从 20 世纪 70 年代开始，巴西依托自身的农业优势，大力开展绿色能源研发，从甘蔗、大豆等农作物中提炼燃料，成为世界上绿色能源发展的典范。巴西消费的燃料中大约有 46%是乙醇等可再生能源，大大高于全球 13%的平均水平。

作为南美洲最大的发展中国家，巴西的农民社会养老保险制度采取的是“非缴费”方式，包括农民年金计划以及社会救助计划。“非缴费”方式是目前各发展中国家正在优先发展的方案，该方式考虑到了发展中国家农民收入不稳定且收入水平较难衡量的现状，采取每月固定缴费模式难度较大，因此通过税收融资的方式筹集养老金，对符合条件的老年群体进行养老金给付，有助于缓解目前发展中国家存在的较大面积贫困问题，这种养老金被称为“非缴费”养老金。从世界范围来看，只有一部分人在正式经济部门就业并享受缴费型社会保险制度带来的福利，而一部分在非正规部门就业人口并不能享受以缴费为基础的社会保障或者以税收为基础的社会福利。农民作为非正规就业人口的一部分，为国家的工业化做出了巨大的贡献，因此政府以财政支出的方式对他们的老年生活提供一定的经济援助有一定的合理之处。巴西的老年年金计划开始于 20 世纪 70 年代，1988 年新的社会保障法对其进行了一些调整。规定由社会保障制度为农村家庭提供一定的经济保障，农村地区取得养老金的条件是从事一定年限的农业生产活动，而非一定年限的缴费记录，因此被称为“非缴费”方案。该方式首创将农村的农产品卖到城市时，由初次购买者将购买价格的2.1%缴纳社会保险费，实际上是“工业反哺农业”的思路，是对以前长时期农业发展支援工业发展的补偿，在农业逐渐衰落的今天，该方式是实现巴西当前工农业均衡发展的一种制度创新。农民养老金的给付条件是年满65周岁的老年、残疾、鳏寡人口，给付水平与法定最低工资水平相等。资金来源主要包括财政支持以及农产品初次购买者的社会保险缴费等。除了统一的老年年金之外，巴西农民还可享受社会救助年金。该计划开始于1996年，以收入调查为基础，调查对象是农村以及城镇的67岁及以上的老年人口，还包括丧失生活及工作能力的残疾人，当被调查对象的家庭收入低于最低收入的25%时可以获得社会救助年金。社会救助年金体现政府对困难群体的救助责任，资金完全来源于政府财政。自1996年到2001年，巴西的社会救助计划发展迅速，救助人数年均增长达到26%。2000年，该计划的救助金支出占整个社会救助支出的3/4，因此对于提高保障水平、降低老年贫困率，缩小城乡差距、促进经济发展起到积极的作用。[①] 目前，社会保障制度对巴西的老年人口覆盖率已经达到较高水平，其中老年年金覆盖了大约700万人口，社会救助年金覆盖了大约210万人口，[②] 这对于缓解老年贫困，缩小城乡差距起到积极的作用。

（二）公共投入

巴西老年年金计划以及社会救助计划的顺利实施，主要得益于政府较大的公共投入。其中，老年年金计划的资金来源主要是两部分：一部分是社会保险费，即农产品卖到城市时初次购买者缴纳的购买价格的2.1%的保险费，而此项收入仅占到农村养老金支出的10%；另一部分的90%的养老金支付来源于政府的财政收入。社会救助计划的资金主要来源于政府财政，其运作管理由专门的社会保障机构负责。由此可见，由于发展中国家经济发展水平相对较低，农民收入不高且稳定性较差，实施固定缴费型养老金计划面临一系列的难题。因此，巴西实施了“非缴费”的农民养老金计划，作为以城带乡、以工带农的制度尝试。制度实施

---

① Schwarzer, H., & Querino, A. C.. Non-contributory Pensions in Brazil: The Impact on Poverty Reduction [R]. International Labour Office, 2002.

② 张敬一，赵新亚.农村养老保障政策研究 [M]. 上海：上海交通大学出版社，2007：70-71.

20余年来，收到了较好的成效，对于缩小城乡差距，缓解农民老年贫困问题收到了较好的成效，但同时也面临政府公共投入的一些问题。该制度的资金来源主要依靠政府财政投入，因此，如何确定合理的公共投入的度成为一个关键问题。投入过大会加重政府的财政负担，过少则不利于老年贫困的缓解以及农民老年生活的改善。同时还应该考虑扩大资金来源，多渠道筹集养老保障资金，以减轻政府的财政压力。

第三节 典型国家农民社会养老保险制度公共投入的经验总结

一、结合国情寻找适合本国的农民社会养老保险制度模式

根据不同的分类方法，农民社会养老保险制度被分为不同的类型。例如宏观制度层面可以划分为社会保险型、福利国家型、储蓄积累型、社会救助型等；微观制度层面可以划分为缴费型与非缴费型、普遍保障型与收入测试型等。也有学者将发达国家的农民社会养老保险制度界定为"三支柱模式"，将发展中国家分为缴费型和非缴费型两种，其中以非缴费型为主。总体来看，发达国家的养老金领取者多多少少都要缴纳一部分养老保险费，而在发展中国家，由于农民收入水平较低且稳定性较差，通常被作为政府救济的对象，而这种差别也在一定程度上体现出养老模式变迁的历史规律。作为以化解生存危机为目的的非缴费型养老保障制度可以看作社会保障的第一阶段，以保障基本生活需求为目的的社会养老保险制度可以看作第二阶段，以提高生活水平为目的的社会福利可以看作制度发展的第三阶段。前者是无偿的社会救济，后者则与缴费相联系，体现权利与义务的挂钩。所以，发达国家的社会保障资金中个人要承担缴费义务，一般为25%~35%，企业承担35%~45%，政府财政负担25%~35%，较好地体现了个人、企业、政府三方责任共担的机制，有利于增强公民的自我保障意识，减轻国家的财政负担；发展中国家的以化解生存危机为目的的社会保障制度只能是来自政府的公共投入，它是国家促进经济发展，促进社会和谐的一项社会政策，在消除贫

困，促进农业经济发展中发挥重要作用。中国作为一个处于经济转型阶段的发展中国家，在养老保险制度的选择时既要充分重视国际经验、国际发展规律，又不能离开本国国情盲目地简单模仿国外模式。从世界范围来看，无论是发达国家的“三支柱模式”还是发展中国家的非缴费模式或缴费模式，农民的养老保险制度大都处于发展完善之中，远远没有城镇养老保险制度那么成熟和完善。因此，中国在对自身的农民养老保险制度选择时，既要分析制度发展的一般性原理，充分了解国际经验，又不能禁锢于传统的西方模式，而应该结合本国的国情，结合本国的经济发展阶段、政治体制、文化背景、社会习俗等，逐步探索出一条适合本国国情的，既符合当前又能适应未来发展的农民社会养老保险制度。

二、农民社会养老保险制度的建设离不开政府的公共投入

西方学者 Winkler 通过对欧盟国家农民养老金财政状况的研究发现，没有任何一个国家的农村社会保障机构可以仅仅依靠农民缴费就可以充足地支付养老金，都需要政府的公共投入以及其他渠道的筹资。例如德国的资金来源包括农民缴费及政府的财政补贴，其中德国政府的财政补贴占较大比重。杨翠迎（2007）提出德国联邦政府财政对农民养老保险制度的财政补贴约占总保费的 70%，而个人缴费则仅占 30%左右。日本政府对农民社会养老保险制度的公共投入主要体现在国民年金这一部分，资金来源包括政府财政支持及参保人的缴费，政府承担年金给付的财政兜底责任，由政府财政负担的保费支出占 1/3。在法国，“农业社会互助基金”是农民社会保险的基本形式，该基金中来自外部的资金占总基金额的 75%左右，其中政府财政支持部分接近 50%。法国政府对农村社会养老保险制度的公共投入超过 60%，基础养老金替代率接近 50%。加拿大作为福利国家的典型代表，其农民社会养老保险制度体现了鲜明的福利特性。加拿大的农民社会养老制度较好地体现了政府的财政责任，国民年金及收入保证计划完全依靠财政支持，农民不需任何缴费，作为补充的农民年金计划中，政府也给予一定程度的财政补贴。作为发展中国家非缴费型养老保险制度的巴西，资金也主要来自财政收入，占 90%左右。由此可见，无论发达国家还是发展中国家，农民养老保险制度的建设都离不开政府的公共投入，政府财政对于制度的建立和发展发挥着非常重要的作用。

三、养老保障水平要与生产力水平及国家财政实力相适应

国际经验表明，农民养老保险制度的建设与发展离不开政府的公共投入，而国家的财政支付能力与该国的生产力发展水平密不可分。在一定的生产力发展水平下，国家的财政支付能力是有限度的，因而保障水平的界定应把握合适的标准。较高的保障标准可能加重政府的财政负担，而较低的标准则不利于人民生活质量的改善和社会秩序的稳定。自从现代社会保险制度诞生以来，经济的发展促进保障水平不断提高，部分国家因提供全面而完善的社会保障制度而被称为福利国家。20 世纪 70 年代以来，由于经济发展陷入“滞胀”泥潭，经济停滞与通货膨胀并存，失业率长期居高不下，再加上人口老龄化的冲击，扩张性的福利支出使许多国家的财政预算面临严重失衡，于是很多国家相继对本国的社会保障制度进行改革，一些学者将其称为“福利危机”。由此可见，社会保障作为政府财政支出的一部分，与国家的经济发展水平、财政承受能力密切相关。保障水平过低不利于人民生活水平的改善，不利于社会的稳定发展，而保障水平过高则会对政府财政带来较大压力，甚至面临财政赤字的风险。我国当前处于社会主义初级阶段，工业化、城市化、现代化进程正在不断推进，由于长期受城乡二元发展格局的影响，城乡社会保障之间差距不断拉大。城市已经建立起了相对完善的社会保障体系，而农村社会保障制度无论在覆盖面、保障水平及政府财政支持力度等方面都与城市存在较大的差距。2009 年，新型农村社会养老保险制度的推行，增加了政府对农民养老的财政支持，改善了农村老人的生活状况，但是仍面临养老金的总体待遇水平偏低、政府的财政支持力度稍显不足、各级财政的资金供给边界不明确等问题。因此，我国农民养老保障水平的界定应坚持适度原则，充分考虑国家的经济发展阶段以及财政实力，运用科学的测算方法，并随经济发展不断进行调整，使之既能充分保障农村老年居民的基本生活需求又在国家财政可以承受的范围之内。

四、明确各级政府在农民社会养老保险制度中的财政供给边界

世界各国养老保险制度的发展实践表明，政府的公共投入对于制度的健康发展具有非常重要的作用，各国均通过法律的形式明确政府的财政供给水平。主要包括两个方面的内容：一是财政供给的总体水平，通过法律的形式对农民养老保

险的性质、资金筹集、养老金支付等内容进行严格规定，对政府财政资金的供给水平进行规定；二是各级政府的财政投入比例，虽然在各国的农民社会养老保险制度中联邦政府的财政投入占较大比例，但是对其他各级政府的财政投入也作了明确的法律规定，以保证各级政府履行与其事权相对应的财权。在我国农民社会养老保险制度中，各级政府财政供给的总体水平以及投入比例缺乏明确的法律界定，导致财政责任的分担机制不健全：一是中央财政与地方财政的责任划分不合理；二是地方各级政府财政责任划分缺乏统一的标准；三是市、县级地方政府面临较大的财政硬约束。因此，应加强农民社会养老保险制度的法律法规建设，对制度的公共投入机制进行优化：一是中央政府的财政投入应主要体现在基础养老金的发放以及财政转移支付上。二是地方各级政府（省、市、县）财政责任的承担应该考虑两个问题：首先，地方财政总体投入量的问题，即地方补助养老金的水平；其次，地方各级财政分担结构的问题，即省、市、县三级财政如何分担农民养老保险的财政责任问题。三是通过财政转移支付制度缓解地方各级政府的财政困境。

五、将农民社会养老保险与国家农业政策相结合

亚洲银行对欧盟建立农民养老保险制度的一份研究报告指出：从经济上来看，农民养老金制度减少了农村剩余劳动力，规范了劳动力市场，提高了农业生产力，加速了农业现代化；从政治上来看，改善了农村老年居民的生活质量，提高了农民的社会福利，有利于社会的稳定及融合。事实上，在欧盟以及日本，农民养老保险制度很早就被纳入农业政策范畴，而并非一项单纯的社会政策，从而使得农民养老保险政策可以与国家的土地政策、农业发展政策等相互促进，共同发展。日本政府在鼓励农民离开土地时，国民年金中增加土地权益转让金，而当政府鼓励农民返回农村进行土地耕作时，则取消该土地权益转让金，因此其养老金政策是与国家土地流转政策相联系的。韩国政府为了恢复农业生产，促进农村经济的发展，将从事农业的人口纳入国民年金的范畴。各国的发展实践证明，将农民社会养老保险制度纳入国家农业政策的范畴收到了较好的效果。例如日本养老保险制度的建立过程极大地促进了农地制度的改革。1959 年政府颁布《国民年金法》，解决了农民的基本养老所需，为推进土地流转创造了条件。1970 年，政府颁布《农业劳动者年金基金法》，提高了农村老年人的福利水平，法律规定当不

具备加入农业劳动者年金条件的兼业农民将土地转让给有意扩大经营规模的农家时，向其支付离农金鼓励他们放弃农地，离开农村进入城市，加速土地的集中流转。1991 年，政府制定《国民年金基金法》，对完善农民养老保障制度，加速土地集中，提高农业生产的竞争力产生了积极影响。韩国的城市化水平从 20 世纪 60 年代的 28%提高到 90 年代的 81%，社会保障制度在其中发挥了重要作用，它在一定程度上减轻了进城农民的后顾之忧，推进了国家的工业化、城市化进程。由此可见，在国家工业化的进程中，将农村的农业现代化与土地问题、社会保障问题和城市化问题有机结合起来，将农民社会养老保险纳入国家农业政策的范畴通盘考虑，使其发挥相互促进的作用，对于农村经济的发展、农民生活水平的改善将发挥积极的作用。

六、充分发挥家庭、土地在农民养老保障中的补充作用

家庭养老是我国传统的养老模式，即以家庭为基础，充分发挥家庭成员之间的代际赡养关系，为老年人提供经济支持、服务保障、精神慰藉的养老方式。这种保障来自传统的二代、三代甚至四代同堂的家庭结构。在东亚国家的传统文化里，家不仅是人们生产和生活的场所，更是一种情感的依托，是几代人生命活动的连接点和归属。家庭保障是一种最原始的社会保险形式，例如在越南、泰国、菲律宾等国家，60 岁以上的老人与家庭其他成员共同生活的比率高达 74%、72.5%和 70.6%。家庭成员为老年人养老提供物质和货币支持的比率均高达 85%以上。① 在拉丁美洲地区实施非缴费型养老保险计划的国家，养老金可以在家庭内部转移形成下一代的教育基金或者是生产发展基金。但是随着市场经济的发展，年轻劳动力大量从农村进入城市，再加上家庭结构的不断小型化、核心化，赡养老人的意识逐渐淡薄，家庭保障在一些国家正在逐渐削弱。我们应该充分认识到：一个国家农民社会养老保险制度的建立和发展进程与家庭养老功能的强弱之间存在着密切的关系，家庭养老在很大程度上可以弥补甚至替代社会养老保险的不足，在服务提供、精神慰藉方面发挥社会养老保险所不具备的功能。因此，我们在大力发展社会养老保险的同时，应该充分认识到家庭养老的重要作用，在任何时候都不能弱化家庭保障的积极作用。土地养老是农民将土地作为生存和发展

---

① Forta，L.. Social Insurance for Aging Rural Households：A Comparative Perspective，2001：13.

的基础，辛勤耕作获得生活所需，养老资金也部分依赖土地产出的一种保障方式。世界各国养老保险制度的发展表明，它一般是先发展到城市后发展到农村，在农村则是先发展到产业工人后发展到从事农业种植的纯农民，其中一个重要原因是农民有土地保障。国外由于实行土地私有制，因此农民属于有产阶级，通常可以依靠地产的买卖获取较高的货币收入，以此来购买年金或者通过储蓄的方式实现老年生活的保障，他们的自我养老能力较强，因此政府对他们养老的关注要晚于城市职工和农业产业工人。例如德国 1957 年农业工人的养老保险制度建立，38 年之后农业企业主才被纳入养老保障范畴，而且还必须移交土地和农业企业之后才能获取养老金。中国的农民只有土地的承包经营权而没有所有权，不能进行土地买卖，因此土地的养老保障能力要弱于国外其他国家。在当前城市化的发展导致耕地减少，失地农民越来越多，农业生产经营成本不断上升，农民收益不断减少的情况下，土地的养老保障能力正在不断弱化，因此中国的农民更需要一份社会养老保险来解决自己的老年后顾之忧，同时逐步完善土地流转机制，发挥土地的补充保障作用。在中国，如何将家庭养老、土地养老与社会养老保障制度实现有机结合，实现它们的功能互补，对于解决农民的养老问题具有深远的意义。

第五章　我国农民社会养老保险制度公共投入的分担结构优化

第一节　公共投入责任分担的理论依据——财政联邦主义

财政联邦主义这一概念是西方学者借鉴政治学中的联邦制而创立的一个经济学概念，主要用来分析财政分权。世界上许多国家的政府都由几个层级构成，各级政府都有自己特定的职能，财政职能是其中的一项重要职能，财政关系是中央和地方政府间关系的核心。财政联邦主义强调的是市场经济条件下，各级政府如何划分财权来提高政府管理效率和行政效率，核心是财政分权。所谓财政分权指的是中央政府将一定的税收权利和财政支出权利赋予地方政府，允许其自主决定其预算结构及预算支出规模，目的在于提高地方政府的积极性和主动性，使地方政府拥有一定的自主权进行决策，并积极参与社会管理。

财政联邦主义是建立在政府事权或政府职能基础上的，采用民主方式体现民主精神并由政府法律保证，各级政府都有相对独立的财政收入及财政支出范围，是处理层级政府间财政关系的一种制度设计，是财政分权理论的一种概括。通常来讲，无论是中央政府还是各级地方政府，承担什么样的行政权力（事权）就要有相应的财权与之相适应，以保证政府职能的实现。财政联邦主义与国家政体是单一制还是联邦制没有必然联系，无论单一制还是联邦制国家，只要各级政府间财政职能有明确的分工，地方政府有较大的财政独立性和自主性，这样的财政体制就属于财政联邦主义。具体来讲，它主要包括财政收入权的划分、财政支出责任的分配、中央与地方政府间转移支付制度的确立三方面的内容。将财政联邦主义运用到农民社会养老保险制度中去，中央政府与地方政府间公共投入的责任划分实际上研究的是政府财政资金的供给体制，即中央政府与地方政府、地方政府之间在农民社会养老保险制度运行中财政资金的管理权限划分以及财政资金的供给边界。

根据财政联邦主义的理论基础及其发展，其主要提倡如下理念：第一，各级政府拥有相对独立的财政收入权。就税收而言，由于设立了中央及地方两套税制，因此各级财政都应该拥有自己的主税税种。中央政府行使国税的税权，地方政府应对本级税种拥有调整的权利，应综合考虑税率、税种等因素对资本流动和居民收入的影响，使地方税收负担保持在合理范围之内。除税收外，地方政府财政收入还包括中央政府转移支付资金、公共企业事业盈利收入、地方政府发行债券收入、银行贷款等。第二，各级政府的职责及财政支出范围根据公共产品的受益范围确定。根据公共产品的受益范围确定各级政府的财政支出范围不仅指明公共产品的非排他性及非竞争性，而且为划分不同层级政府的职责以及协调政府间财政关系提供理论依据。西方理论界认为，在政府具有的资源配置、收入分配、稳定经济三大职能中，事关国家全局利益的收入分配、稳定经济职能应该主要由中央政府承担，而地域性较强的资源配置职能应该由地方政府承担更多的责任。第三，在财政联邦制下应保证中央财政的主导地位。中央财政在发挥宏观调控作用的同时，还应该对地方财政进行适度的制约，当然这种制约并非行政性的从属关系，而是为了保障总体目标的较好实现。[①] 例如中央财政在对地方政府进行转移支付的时候应该附加一定的约束条件，从而体现中央财政的意图，较好地达到资源配置的目的。这实际上体现的是市场经济中的间接调控，它可以在一定程度上避免中央政府直接干预地方财政所带来的负面影响。

将财政联邦主义运用到农民社会养老保险制度中研究的核心问题是：农民社会养老保险制度实施过程中所需的政府公共投入如何在中央政府以及地方政府间、不同层级地方政府间进行合理的分担，即如何划分不同层级政府的公共投入责任，确定制度运行过程中不同层级政府的财政资金供给边界。它包含以下几层含义：首先，有一级政府就应该有一级财政，各级政府都应该履行在农民社会养

① 刘银喜. 财政联邦主义视角下的政府间关系［J］. 中国行政管理，2008（1）：119-122.

老保险制度建立和发展过程中不同程度的财政支出责任。不同层级政府财政支出范围的确立应该以职能和事权作为界定依据，并以制度的形式加以确定，只有制度性的规定才能明晰不同政府的财政管理责任和出资责任。其次，不同层级政府间财政支出责任的划分是以职责的差异为根据，而职责的差异又是以农民社会养老保险制度的受益范围为基础。作为一种满足社会公共需要，解决农村居民养老后顾之忧的政府行为，国家应该根据制度的属性以及受益范围对各级政府的事权和财政支出做出合理的、科学的界定。最后，应该建立规范的政府间转移支付制度。这种转移支付制度是中央政府为协调不同地区间农民养老保险财政支出，平衡各地方政府的财政状况而将中央政府的财政收入部分转移到地方政府的一种调节制度。该制度的主要目的是缓解由于农民养老保险制度的实施而造成的地方财政负担轻重不均的状况，增强地方政府财政供给农民养老保险制度的能力，同时使地方政府的公共投入符合中央政府实施农民社会养老保险制度的政策要求。

第二节 公共投入责任主体的构成及基本关系

我国目前有中央、省、市、县、乡五级政府，各级政府拥有不同的事权和财权范围，除中央政府外，其余各级政府都被称为地方政府。在农民社会养老保险制度的公共投入上，各级政府财政责任差异较大，纵向的财政投入关系一直难以理顺。对公共投入责任主体的构成及基本关系进行分析，有助于理顺层级政府间的财政关系。

一、公共投入责任主体的构成

（一）中央财政及其特征

中央财政是指中央政府为了满足社会成员对公共产品及公共服务的需求，通过税收等方式筹集收入，并对国民收入以及社会产品进行有计划的分配活动。它属于中央政府的一级财政，在国家财政中位于指导地位。在现代社会，不同的国家由于其政权组织形式的不同，中央财政的名称各不相同，例如美国称“联邦财政”，前苏联称“联盟财政”，中国称“中央财政”。中央财政的职能主要包括三个方面：一是通过资金的筹集和分配活动促使中央政府职能的履行，二是对国家整个宏观经济的运行进行控制和调节，三是确保中央政府的财政法令和法规得到相关部门的执行。中央财政主要反映四个方面的财政收入分配关系：首先，中央政府与地方政府间的财政分配关系。经济较发达地区的地方财政收入大于支出要向中央上缴部分收入，经济落后地区由于财政收入小于支出需要中央给予财政补助。当地方遭遇特大自然灾害时可以向中央申请财政补助。除此之外，一些跨地区的项目以及重大专项工程需要中央政府出面进行投资和协调。其次，中央政府与中央各部门之间的财政分配关系。新中国成立初期采取的是收支两条线的方式，中央各部门将其收入上缴中央财政，支出则由中央财政拨付。后来为了调动中央各部门增收节支的积极性，改为“收入包干”或者“支出包干”的办法。再次，中央政府与中央企业的财政分配关系。中央政府既以生产资料所有者的身份又以国家事务管理者的身份参与中央企业的分配。最后，中央政府与个人间的分配关系。个人主要通过税收以及接受国家的转移支付等方式与国家发生分配关系。

中央财政的特征主要包括两个方面：首先，收入来源的多元性。1994 年分税制改革后，属于中央财政收入的主要包括四个方面：一是地方财政上缴收入；二是中央地方双重领导但以中央管理为主的企业（民航、外贸等）、中央各部门所属企业的缴款；三是关税，海关代征消费税，增值税，中央企业所得税，外资银行、地方银行及非银行金融企业所得税，铁道、银行总行、保险总公司等集中缴纳的所得税、营业税、城市维护建设费等；四是银行结益的缴款、国债收入及其他收入等。其次，支出指向对象的多样性。中央财政支出包括中央本级支出、对地方税收返还以及转移支付。在保证中央各部门正常运转的基础上，中央财政还负责提供全国性的公共产品以增进国民福利，此外，中央财政还对一些财政贫困地区进行补助，同时救助一些区域性的特大自然灾害并对一些国家跨地区的重大项目等进行投资。

（二）地方财政及其特征

地方财政是地方政府为了满足社会成员对公共产品及公共服务的需求，通过税收等方式筹集收入，并对国民收入以及社会产品进行有计划的分配活动。地方财政是各级地方政府财政的总称，它和中央财政一起共同构成国家的财政体系。地方财政体现的分配关系包括了各级政府之间，地方政府与其所属的企业事业单位之间，地方政府与社会组织、居民之间等。中国地方财政的职能主要包括：第

一，为国家发展筹集财政资金。作为国家财政的基础，地方财政不仅要筹集资金发展地方经济，又要筹集资金上缴中央财政。地方的财政收入除了按照预算安排用作地方财政开支外，其余部分上缴中央财政来进行统一的安排。第二，为地方政府实现其职能提供财力保证。第三，发展地方的科技教育文化等事业，促进人民生活质量的提升。第四，对财政资金的运用进行事前和事后的监督，保证资金的使用效果。第五，编制地方各级的预算以及决算、审查所属单位及部门的预算及决算报表、汇编本地区的总预算决算草案，经审查批准后逐级上报财政部。我国主要包括四级地方财政，即省（自治区、直辖市）、省辖市（自治州、直辖市辖区）、县（自治县、市、旗）、乡（镇）四级。其中，在地方财政体系中位于主导地位的是省级财政，地方财政的支柱是市级财政，地方财政的基础环节是县乡两级财政。

地方财政的“地方性”是其核心特征：一是财政收入来源的“地方性”。地方财政收入除了少量的中央税收返还以及转移支付之外，主要来自于地方本级收入，包括地方所属企业收入以及各项税收收入。各项税收收入主要包括地方企业所得税、个人所得税、土地增值税、营业税、城镇土地使用税等。从实质上来看，地方财政是对社会剩余产品的部分抽取，抽取对象是本地区的居民法人及自然人。二是财政支出用途的“地方性”。地方财政按支出用途可以分为基本建设支出、社会文教科学卫生事业费、其他部门事业费、行政管理费、支援农村生产支出、工业交通等部门的事业费、农林水利气象等部门的事业费、商业部门事业费、科技三项费用等，主要是为了满足本地区的公共需要而生产和提供“地方性”的公共产品及公共服务。地方财政主要用于本地区的经济发展、社会服务等支出，只有极少部分用于政府间的转移支付。三是财政主体的地方性。地方财政是地方政府为了促进本地经济发展，巩固地方政权，发展科技文化卫生等事业，为本地居民提供公共产品和公共服务的各项活动，分为省、市、县、乡四级财政主体。

二、公共投入责任主体间的基本关系

公共投入的责任主体是各级政府，因此，责任主体间的关系实质就是各级政府间的财政关系。

现实中，政府间的财政关系是对立统一的，彼此之间相互制约、相互依赖。

体现在三个方面：第一，政府间资源占有的排他关系。财政资源是各级政府实现其职能需要，为本地区经济和社会发展提供公共产品和公共服务，提高地区竞争力的最重要、用途最广的资源。但是，资源的稀缺属性决定了财政资源的总量也是有限的。对于地方政府而言，除了本地区的财政收入之外，外部财政资源的获取还具有制度的约束性，因此低层级的政府为了获得上级较多的转移支付资金，总是利用各种途径获取资源，以促进本地区经济的快速发展。由于财政资源的重要性和稀缺性，政府间必然围绕这一资源展开激烈的竞争。为了促进本地经济快速发展，各级政府一方面努力提高本地区财政收入，另一方面通过本地投资环境的改善吸引外部优势资源的进入，努力争取上级政府尽可能多的转移支付资金，来促进本地区经济的快速发展。第二，财政绩效考评的竞争关系。地方官员的政绩考核一直是我国政府对官员进行管理的重要手段，也是官员晋升、任免的重要参考依据。在官员的政绩考评体系中，目前的重要趋势是以财政支出效率即财政支出的成本收益之比作为一项重要指标。因此，在地方政府的绩效考评中，各政府间的财政竞争关系就体现得非常明显。第三，财政投入目标指向的一致关系。虽然不同地方政府之间存在财政资源占有的排他关系、财政绩效考评的竞争关系，即存在对立的一面。但是各地方政府又从属于国家这样一个统一体，其最终目标都是推动国家的经济发展、实现人民福利状况的改善，即国家财政具有整体性。无论各级地方政府间如何划分财权和事权，如何分担各级政府间的公共投入责任，如何在不同地区之间平衡国家转移支付资金，其最终目标都是服从于国家整体目标的实现，因此，各级政府财政投入目标指向具有一致关系。

三、农民社会养老保险制度公共投入责任主体间的基本关系

“农保制度”具有准公共产品的属性，它虽不具有完全的非排他性和非竞争性，但是具有较强的正外部性。通过提供稳定的老年生活预期，可以有效地维护社会稳定，拉动居民消费，同时作为收入再分配的重要制度安排，养老保险制度对于提高农民生活水平，缩小城乡收入差距发挥较大作用。准公共产品属性决定它完全由市场提供，容易出现市场失灵，需要政府进行适度的干预，承担一定的资金供给责任。按照财政分权理论，由于市场经济条件下不对称性信息的存在，中央政府很难完全掌握各地区的实际情况来安排公共投入以满足不同地区居民养老需求的差异；相反，地方政府可以根据本地区财政资源的实际状况以及农民养

老的现实需求，从而提高农民社会养老保险制度公共投入的效率。农民社会养老保险制度公共投入责任主体间的基本关系可以界定为以下三个方面：

第一，公共投入的主导与辅助关系。政府对农民社会养老保险制度进行公共投入具有理论依据和现实依据（第三章已经做过详细的论述），中央政府及地方政府可以利用各自的财政收入承担相应的公共投入责任。在公共投入的主导与辅助关系界定上应该考虑以下两方面的因素：首先，中央与地方各级财政的收入与支出占国家财政总体收入与支出的比例。根据《中国统计年鉴》的数据，我们可以看出，从2001年到2012年，中央财政收入占国家财政收入的比例基本维持在49%~55%，而中央财政支出占国家财政总支出的比例则维持在15.1%~30.7%。相比之下，地方财政收入占国家财政总收入的比重维持在45%~50%，而支出则高达70%~80%，2011年更是高达85%左右。这组数据说明地方财政职能的履行在很大程度上依赖中央政府转移支付制度的存在，否则地方财政将会面临严重的收支缺口。而且，地方财政的层级越低，面临的财政收支困境越大，因此对上级财政的依赖性越强。因此，从这方面来看，在农民社会养老保险制度的公共投入方面，中央财政应该居于主导地位，统筹兼顾全国各地农村居民养老保障的基本需求，地方财政则根据本地经济发展水平以及财政承受能力发挥对中央财政的辅助作用。其次，在考虑中央及地方财政宏观方面的财政收支比例之后，还要综合考虑地方经济发展水平差异、财政承受能力差异、农村老年人口占总人口的比重等因素，这样才能既考虑到制度总体的均衡发展，又兼顾地区之间的横向均衡。因此，根据不同地区经济发展水平及财政状况，中央与地方财政之间还存在地方主导、中央辅助以及中央与地方财政均衡支持的情况。例如东部沿海经济发达省份已经具备财政支持农民社会养老保险制度的条件，而中西部经济落后省份则面临较大的财政困境。因此，中央政府应该根据各地区的财政状况及人口状况，在提供统一的基本养老保障的同时，实施有差别的财政专项补助，以保证不同地区农民的养老需求得到满足。省、市、县、乡四级地方政府之间也应按照财权与事权相匹配的原则合理划分各自在农民养老保险制度中的责任，并建立科学规范的地方政府间转移支付制度，以保证制度的顺畅运行以及农民养老需求的满足。

第二，财政政策的指导与实施关系。世界各国社会保障制度的发展历程表明，政府是否完全履行职责以及履行效果如何在制度的建设和发展过程中发挥着非常重要的作用。一般而言，政府在农民社会养老保险制度中应该承担以下主要责任：一是制度安排责任。在从家庭、土地养老等非正规的养老保障形式向社会化的养老保险制度转变过程中，政府应该从公共利益出发，根据国家经济发展所处阶段以及国家财力状况，提供有利于缩小贫富差距、实现收入再分配，并且能够提供稳定的安全预期的养老保障制度框架以及配套措施。二是立法责任。强调政府在农民养老保障中的责任并用法律的形式加以确认是世界各国的通行做法。例如德国 1886 年的《关于农业企业中被雇佣人员工伤事故保险帝国法》、1957 年的《农民老年援助法》、1995 年的《农业社会改革法》等，日本 1961 年实施的《国民年金法》、1970 年的 《农业劳动者年金基金法》以及 1991 年颁布的《国民年金基金法》等，这些法律法规明确了社会保障机构以及参保人的权利和义务，对养老保险的参保范围、缴费标准、待遇享受条件及待遇标准等作了较为明确的规定。三是财政投入责任。农民作为自我雇佣者，没有雇主为其缴费，这与企业职工养老保险不同，政府应为其提供缴费补贴义务，同时制度的建立、运行和发展也需要政府的公共投入。四是管理监督责任。政府应该按照法制化、规范化的原则建立农民社会养老保险制度的管理机构，提高管理效率。同时强化监督机制的建设，对制度目标的落实、制度运行是否规范以及基金的筹集使用情况进行监督和管理。政府责任的履行需要中央政府和地方政府相互配合才能圆满完成。但是我国在农民养老问题上，中央政府的指导意见实质上将责任下放给地方政府，结果导致各级政府的主体责任意识淡化。实际上，作为最具有权威性的中央政府应该承担宏观领导责任，包括立法推动、制度建设、监督管理及对地方政府的指导，地方政府负责具体政策的实施，并根据本地实际情况将制度的实施效果以及改进意见反馈给上级政府。

第三，资金配置的监督与管理关系。《国务院关于开展新型农村社会养老保险试点的指导意见》在 2009 年提出后，各地迅速开始试点。试点初期农保基金统筹层次为县级，以后统筹层次逐步提高；同时规定了弹性原则，部分地区条件如果具备可以直接实行省级管理。统筹层次的提高在增强筹资能力和抗风险能力的同时，也使基金监管的难度增加。首先，提高统筹层次意味着资金的更加集中管理，如果公共权利得不到有效的制约则会发生资金截留、挪用甚至套取中央补助资金的情况。其次，提高统筹层次使得基层政府对资金配置的话语权丧失。基于制度建设的压力可能产生贿赂上级政府的行为或是制度建设的不作为。最后，农民作为制度的参加者和受益者，对制度实施效果的反馈可能由于统筹层次的提高

变得相对困难。因此，基金的运行需要更高级政府的监督，中央政府可以通过立法、建立规章制度等措施加强对基金运行的监督。但是，由于农民社会养老保险制度的准公共产品属性具有较强的区域收益性，因此中央政府对基金的监督加强并不意味着对养老保险基金进行直接干预。地方政府在农民社会养老保险制度的资金供给上具有一定的优越性：一是地方政府更清楚本地区农民的实际养老需求，可以根据区域特点制定适合本地区的制度；二是地方政府可以针对本地区的区域差异性进行资金的转移支付，实现养老保险水平的横向均衡。因此，中央政府和地方政府在农民社会养老保险制度资金配置上应该相互配合，形成管理与监督的关系。

第三节　公共投入责任分担的现状与问题

一、"新农保"增加了政府公共投入

建立完善的农民社会养老保障体系是维持农村社会稳定，促进农村经济发展，构建和谐社会的重要途径。然而由于我国长期存在的城乡二元经济结构以及家庭保障和土地保障的存在，社会化的养老保障在很长一段时间内处于缺位状态。20 世纪 80 年代，我国部分农村经济发展相对较快的地区尝试为农民建立保险制度。1991 年,《县级农村社会养老保险基本方案》颁布，确定以县为单位开展养老保险工作。但是由于政府不承担财政投入责任，集体补助只有在农村经济比较发达地区才得以实现，个人缴费标准偏低等因素的制约最终陷入停滞状态。自 2003 年开始，我国在一些经济发达地区进行新型农村社会养老保险制度的试点，增加了地方政府的公共投入，调动了农民参保积极性。2008 年底，全国参保人数达到了 5595 万人，当年的养老金领取者为 512 万元，共支付 56.8 亿元，平均每人每年领取 101.5 元养老金。[①] 可以看出，养老金领取水平依然偏低，平均每人每月只有 8.5 元，而且制度的覆盖率偏低，仅有 7.76%。由此可见，传统的农保

① 数据来自《2008 年度人力资源和社会保障事业发展统计公报》。

制度只是一种社会保险的形式，较低的保障水平和较低的覆盖面根本无法实现老年生活需求的满足，这就需要中央政府尽快建立一个能够保障广大农村居民最低生活水平的养老保险制度。2009年，《国务院关于开展新型农村社会养老保险试点的指导意见》发布，“新农保”试点开始推行。《指导意见》提出，从2009年开始，我国将逐步建立起“新农保”制度，资金来源包括三个方面，即个人缴费、集体补助与政府补贴相结合。“新农保”制度明确财政的公共投入责任，由中央和地方财政全额支付最低标准基础养老金，地方财政对农民缴费实行补贴。制度的发展目标是：2009年选取全国10%的县作为首批试点，之后在总结经验教训的基础上迅速推进，2020年之前覆盖全国所有的农村适龄人口。明确政府公共投入责任及补贴标准，这是“新农保”的一个重大突破，意味着农民社会养老保险制度从原来的完全依靠个人缴费的“强制储蓄”型发展成为“个人、集体、政府责任共担”的真正意义上的社会保险。

2009年，“新农保”试点确立了“保基本、广覆盖、有弹性、可持续”的十二字基本原则。一是根据农村地区较低的经济发展水平，确定与之相适应的筹资标准和待遇标准；二是坚持权利与义务相对应，保障责任在个人（家庭）、集体、政府三者之间合理分担；三是在政府主导下，通过财政补贴引导广大的农村居民自愿参保；四是在中央政府确定大政方针以及基本原则的条件下，各地方政府根据本地实际情况制定具体办法，对参保居民采取属地管理的方式。①

与传统的“老农保”相比，新型农村社会养老保险制度增加了政府的公共投入责任，具有以下三方面的典型特征：一是制度的公平性增强。这是自1991年农民社会养老保险制度产生以来，政府首次明确对制度的公共投入责任，体现了政府在基本公共服务均等化方面做出的巨大进步。政府公共投入责任的明确改变了“老农保”制度只有政府政策支持而无财政补贴的现象，逐步改变了政府在社会保障制度建设中长期“重城镇、轻农村”的发展理念，向城乡统筹的均衡发展方向转变，体现了我国社会保障制度“公平、正义、共享”的价值理念。二是制度的福利性增强。与传统的“老农保”相比，“新农保”的福利特征非常明显。“老农保”实行的是“个人缴费为主、集体补助为辅、国家提供政策支持”的个人账户储蓄积累制；“新农保”增加了政府的财政支持，尤其是基础养老金方面，

①《国务院关于开展新型农村社会养老保险试点的指导意见》，国发〔2009〕32号。

体现明显的福利特征。制度规定，具有农村户籍的农民可以直接领取每月 55 元的基础养老金的条件是：60 周岁以上；没有参加城镇居民社会养老保险。这是政府对农民在国家城市化、工业化过程中所做出的贡献进行的补偿，是具有普惠性质及国民年金性质的养老金，使“新农保”具有明显的福利特征。三是制度的有效性增强。《国务院关于开展新型农村社会养老保险试点的指导意见》完善了业务管理规章制度、健全了内部控制制度及基金稽核制度，实行收支两条线管理。并且政府各个部门（包括财政、监察、审计部门等）必须按照各自职责实施监督管理，保证基金的安全性，严禁出现挤占挪用基金情况的发生，并且规定了随着经济发展及物价变化对基础养老金进行调整，有效保障了农民社会养老保险制度的稳定性、安全性和有效性。

二、公共投入责任分担的现状

“新农保”与传统农村社会养老保险制度相比，最大特色在于增加了政府财政补贴，充分体现了政府的责任。根据国发〔2009〕32 号文件的内容，新型农村社会养老保险制度的资金来源包括个人缴费、集体补助和政府补贴三部分，体现了三方的责任共担机制。中央财政及地方财政对“新农保”既在养老金待遇给付环节给予财政补贴（即“补出口”），又在农民参保缴费环节给予补贴（即“补进口”）。下面对国家的财政补助政策做具体介绍。

1. 中央财政补助

新型农村社会养老保险制度规定，政府对符合领取条件的参保人全额支付基础养老金，基础养老金标准在试点阶段确定为每年 660 元，即每人每月 55 元。其中，中央财政 100%全额补助中西部地区的基础养老金，东部地区的基础养老金由中央和地方财政各负担 50%。中央财政及地方财政对基础养老金补助主要是“补出口”，即在基础养老金发放环节进行补贴。

2. 地方财政补助

地方财政补助主要包括两个部分，即“补出口”和“补进口”。其中，“补出口”包括：第一，东部地区地方财政对基础养老金的 50%补贴，即每人每年 330 元。第二，地方政府根据本地区经济发展、财政实力、居民收入及居民消费情况，对国家发放的每月 55 元基础养老金进行适当补贴的部分。第三，地方财政对于长期缴费的农村居民适当增加的部分基础养老金。“补进口”包括三个方面：

第一，对于参保的农村居民，地方政府对所有缴费对象每人每年不低于 30 元的财政补贴。第二，对选择较高标准缴费的农村居民，地方政府应通过财政补贴来进行鼓励，实行“多缴多补”原则。第三，地方政府为农村重度残疾人等困难群体代缴部分或全部最低标准基础养老金，此项缴费记入参保人个人账户。

此外，新型农村社会养老保险制度对集体经济补助以及个人缴费也进行了规定。有条件的村集体可以对农民个人缴费进行补助，遵循自愿原则，补助金额进入农民个人账户。全国大部分试点地区的个人缴费标准都设置为 100~500 元的五个档次，经济发达地区的地方政府可参考本地农民人均纯收入情况增设较高的缴费档次，采取多缴多得原则，在切实提高农民参保积极性的同时使制度发挥应有的保障作用。农民个人缴费完全进入个人账户进行储蓄积累。

根据新型农村社会养老保险制度对中央财政以及地方财政补助政策的规定，我们对中央以及地方财政的筹资水平进行分析。

1. 中央财政补贴水平的测算

根据“新农保”政策的相关规定，中央财政 100%全额补助中西部地区的 55 元基础养老金，对东部地区则补助基础养老金的一半，其余一半由地方财政补贴。我们通过查阅相关的统计年鉴，可以大致计算出中央财政对“新农保”的基础养老金总体支出水平。在测算总体补助水平时，我们假定“新农保”对农村地区 60 岁以上的老人实现人口全覆盖。

根据《中国统计年鉴》(2012)，我们可以计算出 2011 年底全国各地区农村人口数。由于我们无法直接获得各地区 60 岁以上的农村人口所占比例，因此根据第六次全国人口普查得出的中国 60 岁以上老人占总人口的比例是 13.26%，因此我们用这个比例近似计算 2011 年底农村 60 岁以上人口数。根据“新农保”文件规定，中央财政对东部地区[①] 的基础养老金补助金额（一年）计算公式为：东部各地区 60 岁及以上的农村人口总数 × 55 × 50% × 12。中央财政对中西部地区的基础养老金补助金额（一年）计算公式为：中西部各地区 60 岁及以上的农村人口总数 × 55 × 12。根据上述计算公式结合统计年鉴数据，我们得出中央财政对

① 根据国家政策规定，目前我国东部地区包括北京、天津、河北、辽宁、上海、江苏、浙江、福建、山东、广东和海南 11 个省级行政区；中部地区包括山西、吉林、黑龙江、安徽、江西、河南、湖北、湖南 8 个省级行政区；西部地区包括四川、重庆、贵州、云南、西藏、陕西、甘肃、青海、宁夏、新疆、广西、内蒙古 12 个省级行政区。

东部各地区公共投入总额为 94.596 亿元，对中西部各地区公共投入总额为 385.403 亿元。中央财政对“新农保”财政补贴总额为东、中、西部补贴之和，为 479.999 亿元。2011 年中央财政收入为 51327.32 亿元，对“新农保”的补贴总额占中央财政收入总额的 0.94%。因此，在现行的“新农保”制度模式下，中央财政完全有能力承担基础养老金的补贴。

2. 地方财政补贴水平的测算

地方财政补助主要包括两个部分，即“补出口”和“补进口”。其中，“补出口”包括东部地区地方财政对基础养老金的 50%补贴，即每人每年 330 元；“补进口”主要包括地方政府对参保的农村居民每人每年 30 元的财政补贴。而其他的部分，如经济发达地区适当增加的部分基础养老金、农村困难群体如重度残疾人等最低标准养老金的代缴部分，由于没有统一的标准，为了计算方便，我们未予考虑。

假定新型农村社会养老保险制度实现了对农村 60 岁以上的老年人全覆盖，根据制度的文件规定，东部各地区地方财政的最低补贴数额计算公式为（一年）：东部各地区 16~59 岁的农村人口数 × 30+东部各地区 60 岁以上的农村人口数 × 55 × 50% × 12。中西部各地区地方财政的最低补贴数额计算公式为（一年）：中西部各地区 16~59 岁的农村人口数 × 30。根据计算公式，结合统计年鉴数据，我们可以计算出全国各地区地方财政对“新农保”制度一年的最低补贴数额。具体测算数值如表 5-1 所示。

表 5-1　地方财政对“新农保”的年补贴数额的测算

	地区	年末 16~59 岁农村人口数（万人）	年末 60 岁及以上的农村人口数（万人）	地方财政对“新农保”的年补贴数额（亿元）	地方财政收入（亿元）	地方财政对“新农保”的年补贴数额占地方财政收入的比重（%）
东部发达地区	东部发达地区合计	557	105	5.14	7891.24	0.07
	北京市	196	37	1.81	3006.28	0.06
	天津市	185	35	1.71	1455.13	0.12
	上海市	176	33	1.62	3429.83	0.05
东部其他地区	东部其他地区合计	20824	2761	134.97	23493.03	0.57
	河北省	2763	522	25.52	1737.77	1.47
	辽宁省	1105	209	10.21	2643.15	0.39
	江苏省	2111	399	19.50	5148.91	0.38

续表

	地区	年末16~59岁农村人口数（万人）	年末60岁及以上的农村人口数（万人）	地方财政对"新农保"的年补贴数额（亿元）	地方财政收入（亿元）	地方财政对"新农保"的年补贴数额占地方财政收入的比重（%）
东部其他地区	浙江省	1445	273	13.34	3150.80	0.42
	福建省	1093	207	10.11	1501.51	0.67
	山东省	3316	627	30.64	3455.93	0.89
	广东省	2468	467	22.82	5514.84	0.41
	海南省	304	58	2.83	340.12	0.83
中部地区	中部地区合计	15755	2978	47.24	10343.81	0.46
	山西省	1268	240	3.80	1213.43	0.31
	吉林省	898	170	2.69	850.10	0.32
	黑龙江省	1170	221	3.51	997.55	0.35
	安徽省	2310	437	6.93	1463.56	0.47
	江西省	1709	323	5.12	1053.43	0.49
	河南省	3913	740	11.73	1721.76	0.68
	湖北省	1946	368	5.84	1526.91	0.38
	湖南省	2540	480	7.62	1517.07	0.50
西部地区	西部地区合计	14484	2738	43.47	10819.03	0.40
	内蒙古	755	143	2.27	1356.67	0.17
	广西	1896	358	5.69	947.72	0.60
	重庆市	921	174	2.76	1488.33	0.19
	四川省	3285	621	9.86	2044.79	0.48
	贵州省	1582	299	4.75	773.08	0.61
	云南省	2053	388	6.16	1111.16	0.55
	西藏	164	31	0.49	54.76	0.89
	陕西省	1384	262	4.15	1500.18	0.28
	甘肃省	1130	214	3.39	450.12	0.75
	青海省	214	40	0.64	151.81	0.42
	宁夏	225	43	0.68	219.98	0.31
	新疆	875	165	2.63	720.43	0.37

注：由于16~59岁农村人口数无法直接获取，我们根据第六次人口普查数据得出15~59岁人口占总人口的比重为70.14%，因此我们以农村总人口数乘以70.14%来近似计算农村参保人口。

从计算数据可以看出，地方财政完全有能力承担现有政策下的财政补助水平，但是存在着明显的地区差额。从区域上来看，地方财政的年补贴数额占地方财政收入的比重差别不大，基本持平，中部地区为0.46%，西部地区为0.40%，东部其他地区为0.57%，东部发达地区略低，为0.07%。这也反映出国家财政补

贴向中西部地区进行倾斜的正确性，对建立起覆盖全国的农村社会养老保险制度起到了较大的推动作用。但是财政 100%全额补助中西部地区的基础养老金，对东部地区仅补助基础养老金的一半也存在一定的不合理之处。一是东部部分地区财政负担相对较重，例如河北省为 1.47%、山东省为 0.89%、海南省为 0.83%等，均高于全国普遍水平。二是未考虑中西部地区较大的区域差异而采取相同的政策，导致财政负担不均。例如负担较重的西藏自治区为 0.89%，甘肃省为 0.75%，河南省为 0.68%，负担较轻的内蒙古自治区为 0.17%，重庆市为 0.19%。因此，农民社会养老保险制度的优化与完善不仅要考虑中央财政补助的公平性，体现制度的普惠性质，也要充分考虑地域差异，地方财政应根据本地经济发展、财政实力、人口结构等因素采取有差别的财政补助政策，使得农民社会养老保险制度既能满足农民的养老需求水平，又在地方财政承受范围之内，真正实现地方财政补助的可持续性。

三、公共投入责任分担存在的问题

1994 年的分税制改革构建了我国市场经济条件下中央财政与地方财政分配关系的基本制度框架，中央、省、市、县各级财政由于职责分工的不同，承担的财政责任也有较大的区别。“新农保”试点中对各级政府财政支出的规定也有区别。国务院颁布的“新农保”指导意见中，也划分了各级政府的公共投入责任，形成了“新农保”的财政责任分担机制（见表 5-2）。就出口补贴来讲，包括三个部分：基础养老金最低标准补贴、基础养老金加发普遍式补贴、基础养老金加发特定式补贴。其中，基础养老金最低标准补贴即每人每月 55 元，中央财政对中西部地区全额补助，东部地区则由中央及地方财政各自分担 50%。制度虽然提出根据经济发展及物价波动进行调整，但缺乏明确的调整办法。基础养老金加发普遍式补贴是考虑经济发展及实际生活水平的需要而进行的补贴，所在地区所有参保人员均可以享受。例如北京市的基础养老金最低标准为 280 元每月，超出最低标准 55 元部分即属于加发的普遍式补贴。基础养老金加发特定式补贴是针对特殊人群（如高龄老人等）。例如内蒙古对 70 岁以上 80 岁以下的农村老龄居民每月加发 10 元基础养老金，对 80 岁以上的农村老龄居民每月加发 20 元基础养老金。就入口补贴来讲，包括四个部分：一般缴费补贴、多缴费补贴、长缴费补贴及困难人员缴费补贴。其中，一般缴费补贴即地方财政对于农民缴费给予每人每年不少于 30 元的补贴。多缴费补贴即地方政府对于选择较高缴费档次的农村居民进行的具有激励性质的财政补贴，“多缴多补”。长缴费补贴即对缴费年限超过最低缴费年限 15 年的农村居民进行财政补助。对农村困难群体（如重度残疾人等）代缴的最低标准养老金属于困难人员缴费补贴。根据上述分析，我们可以看出“新农保”的责任分担机制主要存在以下三方面的问题：

表 5-2 “新农保”的财政责任分担机制

补贴类别	补贴项目	补助对象	补助范围	补助标准	负担主体
出口补贴	基础养老金最低标准补贴	全部 60 岁以上参保人员	东部	各自 50%（每月 27.5 元）	中央财政 地方财政
			中西部	100%（每月 55 元）	中央财政
	基础养老金加发普遍式补贴	全部 60 岁以上参保人员	东、中、西部	地方政府自定	地方政府
	基础养老金加发特定式补贴	全体高龄参保人员	东、中、西部	地方政府自定	地方政府
入口补贴	一般缴费补贴	全部参保人员	东、中、西部	每年≥30 元	地方政府
	多缴费补贴	高缴费人员	东、中、西部	地方政府自定	地方政府
	长缴费补贴	长缴费人员	东、中、西部	地方政府自定	地方政府
	困难人员缴费补贴	困难参保人员	东、中、西部	全部或部分最低标准缴费（每年）+每年≥30 元	地方政府

资料来源：根据王成鑫的《中国新型农村社会养老保险财政负担水平研究》中内容整理而成。

一是中央财政与地方财政的责任划分不合理。主要表现在中央财政对基础养老金的补贴方式不合理。现行的“新农保”实行的是“中西部地区基础养老金由中央财政全额支付，东部地区基础养老金由中央与地方财政各负担 50%”的做法。这种做法实际上考虑到了东西部地区地方财政的差异，实行区别对待原则，但是没有尽到对东部地区农村居民发放基础养老金的责任。作为一种具有普惠性质的养老金，作为一种非缴费型的老年津贴，基础养老金属于典型的纯公共产品，应该由中央财政全额支付。根据前文的测算，中央财政完全有能力支付全体国民的基础养老金。基础养老金不以是否缴费作为领取条件，只要年满 60 岁的农村居民就可以享受，以充分体现公平原则，体现国民待遇，也充分显示中央政府作为农民雇主的责任。

二是地方各级政府财政责任划分缺乏统一的标准。国务院颁布的指导意见划分了中央政府和地方政府的公共投入责任，虽然不够合理，但相对比较明确。但对省级财政以及省级以下财政的责任分担机制未作出任何规定，事实上是授权给

了省级政府。地方政府责任的划分主要涉及两个方面：基础养老金补贴和农民缴费补贴。首先，基础养老金方面，由于中央财政仅负担东部地区基础养老金的50%，其余的50%需要由地方财政承担。因此，东部地区在对基础养老金的补贴方面普遍采取的是由省级财政承担“大头”的做法，但也有例外。例如辽宁作为老工业基地，面临困难较多，但又被划为东部省份，基础养老金中央财政仅承担50%，省级财政支付其余50%基础养老金面临较大困难。于是实行省级、市级、县级财政按照6:2:2的比例由三级分担。在缴费补贴方面，地方财政对“新农保”缴费补贴普遍采取三级财政分担机制，但具体做法差距较大（见表5–3）。由表中数据可以看出，大部分省份都是由省级财政承担较大比重，其中，海南、重庆实行完全由省级财政负担的做法，江西则由省级财政负担80%，湖北、湖南、安徽省级财政负担2/3，吉林、黑龙江、四川、宁夏、陕西等省份省级财政的负担比例也都超过或达到了50%。广东、河北两省实行省、市、县三级财政均匀分担的做法。

表5–3 地方财政对“新农保”缴费补贴的分担情况

序号	地区	省财政	市财政	县财政	序号	地区	省财政	市财政	县财政
1	海南	100%	0	0	8	黑龙江	60%	0	40%
2	重庆	100%	0	0	9	四川	50%	25%	25%
3	江西	80%	0	20%	10	宁夏	50%	市政府确定	
4	湖北	2/3	0	1/3	11	陕西	50%	市政府确定	
5	湖南	2/3	0	1/3	12	广东	1/3	1/3	1/3
6	安徽	2/3	市政府确定		13	河北	1/3	1/3	1/3
7	吉林	60%	0	40%	14	福建	分档	市政府确定	

资料来源：根据各地“新农保”试点政策汇总整理而来。

三是市、县级地方政府面临较大的财政硬约束。从“新农保”试点的具体实施状况来看，全国31个省、自治区、直辖市中明确提出对个人缴费在每人每年30元的基础上增加补助的有10个，占32.26%，而增加补助的资金全部或大部分由省级财政以下的市县级财政承担。每人每年30元的缴费补贴完全由省级财政承担的仅有2个省份，由市县级财政全额出资的有5个省份，其余省份市县两级财政出资比例在20%~80%之间。在这种“上级政府出政策、下级政府出资金”的传统体制影响下，市、县两级地方财政极易受到省级政府制定的统一政策的影响，进而在一定程度上改变财政支出的规模和方向，影响财政的预算平衡。而且，在市、县两级财政责任的划分方面，无论东部地区，还是中西部地区，都倾向于由县级财政承担较大比重的做法。这固然可以督促县级政府履行制度的推广实施的责任，但客观上也加剧了县级政府的财政困境。

第四节　公共投入责任分担机制的优化

一、优化原则

从属性上来讲，“农保制度”是为了满足农村居民的基本生活需求，属于政府提供基本公共服务的范畴，因此应该遵循基本公共服务均等化的供给思路，不同地区之间的保障水平差距不应太大，且所有农村居民共同享有。从中央政府与地方政府的事权划分来看，农民社会养老保险制度应该属于共同事权的范畴，因此中央和地方政府应该共同承担制度的公共投入责任。鉴于目前农民社会养老保险制度存在公共投入责任分担的一些问题，因此在对分担机制进行改进时应该遵循一些基本原则，主要包括公平原则、法律规范原则、受益范围原则、财权事权对应原则、可持续性原则等几个方面。[①]

1. 公平原则

在农民社会养老保险制度的公共投入方面，公平原则主要包含两层含义：一是城乡之间社会养老保险制度公共投入的公平原则。我国社会养老保险制度城乡之间待遇差距较大，机关事业单位工作人员以及城镇职工的养老金领取水平远远高于农村居民，其中一个重要原因是养老金的给付方面存在公共投入的不均等，存在财政的再分配。2010 年的《社会保险法》规定城镇基本养老保险以及农民养老保险都由财政补贴，但是补贴程度差距悬殊。机关事业单位工作人员个人不缴费，养老金给付由财政支付。企业职工养老保险由于基金缺口逐年增大，政府公共投入逐年递增。其中，2011 年参保离退休人员为 6299 万人，各级财政对社会

① 华黎. 新型农村社会养老保险制度中政府财政支持研究［D］. 武汉：华中科技大学博士学位论文，2011：97.

保障基金补贴达到 1954 亿元，每人每月平均可获补贴 258 元，而“新农保”中中央政府对农民基础养老金的补贴为每人每月 55 元，地方财政对农民缴费给予补贴，每人每年不低于 30 元。政府公共投入的城乡不均等将会形成制度新的不公。因此，应该立足于城乡统筹的视角去规划未来农民社会养老保险制度的公共投入。二是中央财政及地方各级财政支出负担的公平。从财政收支视角来看，从 2001 年到 2012 年，中央财政收入占国家财政收入的比例基本维持在 49%~55%，而中央财政支出占国家财政总支出的比例则维持在 15.1%~30.7%。相比之下，地方财政收入占国家财政总收入的比重维持在 45%~50%，而支出则高达 70%~80%，2011 年更是高达 85%左右。在地方各级财政中，省级财政相对比较宽裕，因此在农民社会养老保险制度的公共投入上，中央以及省级财政应该承担相对较大的比例。同时为了保证各地区之间财政负担的相对均衡，中央财政可以加大对困难地区的转移支付力度，以保证农民社会养老保险制度的均衡、健康发展。

2. 法律规范原则

国外的发展经验表明，中央政府以及地方政府的责权关系必须通过法律的形式加以明确。例如德国、匈牙利、印度等国的地方政府法律对地方政府的责任和相应的决策权力都作出了清晰的规定，相关法律规定甚至清晰到公园、图书馆、学校、残疾人教育与福利住房、老年人福利房、道路交通的建设维护等责任应该分属于哪一级政府。[①] 我国法律在地方政府任务的分配方面较为笼统，没有作出明确的规定，只是笼统地要求地方政府执行国民经济和社会发展计划，管理本区域内的科学、教育、经济、文化、卫生、环境保护、司法行政、监察、计划生育等行政工作。在社会保障制度的建设发展过程中，制度建设的指导意见经常是“有条件的地方可以……”“地方财政应该……国家给予政策扶持”等。因此，在农民社会养老保险制度的公共投入方面，一方面，应该通过规范的法律程序对中央政府和地方政府之间、地方各级政府之间的公共投入责任进行界定，同时借助法律的手段解决公共投入方面的各级政府间的法律纠纷，从而保证公共投入责任划分的法制化、规范化。另一方面，将各级政府对农民社会养老保险制度的公共投入列入各级财政预算，而且随经济发展保持稳定的增长机制。财政预算是具有法律

① 赖海榕. 乡村治理的国际比较——德国、匈牙利和印度经验对中国的启示 [J]. 经济社会体制比较，2006 (1)：93-99.

效力的政府年度财政收支计划，将农民社会养老保险制度的公共投入纳入财政预算，可以从法律上保证农民社会养老保险制度未来对财政资金的需求。

3. 受益范围原则

所谓受益范围原则，即根据政府提供的公共产品的受益对象和范围大小来确定财政责任的分配。当受益对象是全国民众且相对均等享受的，由中央财政承担主要责任，当受益范围是地方民众且体现一定区域差异的，则由地方财政承担主要投入责任。根据农民社会养老保险制度的受益对象和范围大小，政府财政责任的分担应该遵循两个原则：一是全国范围的，农村居民平等享有且保障水平相同的体现福利性质的基础养老金应该由中央政府提供。国家基础养老金作为一种普惠性质的养老金，非缴费型的老年津贴，属于典型的纯公共产品，应该由中央财政全额承担，不以是否缴费作为领取基础养老金的条件，只要年满 60 岁的农村居民就可以享受，以实现基础养老金的国民待遇。二是各地政府根据本地区经济发展状况、居民消费水平、老年人口负担比以及财政承受能力，向农村居民提供满足基本生活需求的养老金应该由地方财政承担，以满足本地区农民的养老需求。

4. 财权事权对应原则

在进行“农保制度”公共投入责任分配时，中央政府与地方政府之间应该遵循财权与事权相匹配的原则。目前我国财权与事权的关系主要存在三方面的问题：一是中央政府和地方政府税收收入划分不合理，中央政府将来源稳定、税额大的作为中央税或者共享税，将税源分散、税种小而杂的税种划归地方，导致中央财政收入远远大于地方。而且共享税“一刀切”的比例分成制具有累退效应，未考虑地方收入差距，造成地区间收入差距不断拉大。二是支出责任范围划分不明确，事权下放问题严重，直接导致基层地方政府事务过多，而财力又比较薄弱，地方财政风险加大。三是转移支付制度不完善，主要存在三方面的问题：首先，专项拨款比例偏高；其次，中央对地方的税收返还比例偏大；最后，在测算地方政府财政支出标准时没有考虑地方债务问题。[①] 因此，在农民社会养老保险问题上，要努力克服上述缺陷。在事权上依靠法律来明确责任划分，消除上下级政府讨价还价的情况；在财权上合理调整中央与地方政府的税收关系，保证地方政府的财力，尤其是落后地区县乡财力不足的问题。

---

① 刘家庆，徐继之. 合理划分各级政府间事权与财权问题研究［J］. 财会研究，2007（2）：6-10.

5. 可持续性原则

可持续性原则，即“农保制度”政府公共投入的可持续。不仅制度的缴费水平在农民的承受范围之内，而且刚性增长的养老金在各级政府财政的承受范围之内。具体来讲，老龄化高峰到来之后，随着养老金支付人群的增多，支付标准的提高，要关注中央及地方政府是否有足够的能力应对，是否会对各级财政造成较大压力。目前新型农村社会养老保险制度的财政分担结构不规范，55 元基础养老金由中央财政和地方财政共同承担，而且按绝对数额支付的基础养老金缺乏明确的调整机制，不能灵活地根据经济发展、物价上涨等外部因素进行调整，地方政府对参保人员缴费不低于每人每年 30 元的补助以及其他财政补贴也缺乏明确补贴标准，且大多补贴标准不高，因此财政补贴个人账户对农民参保的激励效果不足。因此，需要对中央和地方财政的分担结构进行改进，具有普惠性质的基础养老金采取统一标准，由中央财政负责，体现平等的国民待遇，地方政府根据本地农民养老的现实需求，结合财政承受能力支付具有补助性质的养老金，建立合理的财政责任分担机制，对于部分地方财政比较困难的地区可通过中央财政转移支付的方式进行解决。在对制度财政供给体制进行改进时必须充分考虑到各级财政的可持续性问题，既要考虑当前各级财政的承受能力，又要考虑国家经济发展状况对财政增收能力的影响，人口老龄化程度加深、养老金刚性增长机制对财政支付能力带来的压力。总之，农民社会养老保险制度公共投入分担机制的改进应促进制度的健康、可持续发展。

二、优化方案

为了促进农民社会养老保险制度的健康有序发展，应该对现行制度在公共投入责任分担方面存在的问题进行解决。笔者认为应该根据公平原则、财权事权对应原则、受益范围原则等清晰界定中央和地方政府的公共投入责任，对不同层级政府的公共投入边界进行界定。

首先，中央政府的财政投入应主要体现在基础养老金的发放以及财政转移支付上。一是基础养老金：作为一种非缴费型的老年津贴，作为一种具有普惠性质的典型的纯公共产品，中央财政应该 100%全额支付，并且采取全国统一标准。因此，应该改变目前实行的“中央财政 100%全额支付中西部地区基础养老金，中央与地方财政各负担一半东部地区基础养老金”的做法，统一实行基础养老金由中央财政全额支付的做法。根据前文的测算，即使全体符合条件的农村居民全部参保，中央财政也有能力支付基础养老金。基础养老金只要年满60岁的农村居民就可以享受，不以是否缴费作为领取条件，以充分体现公平原则，体现国民待遇。在待遇标准上，目前国务院的指导意见提到，基础养老金可以根据经济发展水平以及物价变动情况适当进行提高，但是缺乏明确的操作标准，因此全国各地基本上都以55元作为基础养老金的发放标准。本书认为目前的55元基础养老金固定补偿制缺乏动态的调整机制，应该进行调整。具体而言，基础养老金作为具有普惠性质的国民福利，应该满足农民基本的"生存需求"，以农民"生存需求"的标准作为基础养老金的发放依据。"生存需求"标准的界定不仅要考虑农村居民实际收入和消费水平的变动情况，而且要瞄准农村居民消费结构的变化，切实达到"保障基本生存需求"的目标（"生存需求"的测算方法及标准见第六章）。二是财政对农民社会养老保险制度的转移支付。除了中央政府对基础养老金进行财政投入外，地方各级政府作为农民的直接雇主，也承担着对农民养老金进行补贴的责任。但是由于全国各地区经济发展水平不均衡，财政收支能力差距明显，再加上各地区农业人口占总人口的比例不同，因此财政补贴农民养老保险制度的负担轻重不均。为了促进各地经济的均衡发展，中央财政负有宏观调控职能，运用财政转移支付制度对财政负担较重的地区进行补助，以实现地方政府养老金负担的大致均衡。

其次，地方各级政府（省、市、县）财政责任的承担应该考虑两个问题：第一，地方财政总体投入量的问题，即地方补助养老金的水平。笔者认为农民社会养老保险制度的最终目标是解除农民养老后顾之忧，实现其"生活需求"的满足。因此地方补助养老金的界定除了测算农民"生活需求"标准外，还要测算中央财政发放的基础养老金加上农民个人账户缴费已经实现的保障程度，保障不足部分即是地方财政所应该承担的责任。目前的"新农保"实行的"基础养老金+个人账户"模式使得中央及地方政府财政责任划分不清晰，财政投入水平不合理，因此要在现行的制度模式基础上进行调整，增加地方补助养老金，实行"基础养老金+地方补助养老金+个人账户养老金"的三账户模式。其中，中央政府100%承担基础养老金支出，个人账户养老金实行基于人均收入水平的比例缴费制来取代固定标准缴费制，而地方补助养老金充分体现地方政府作为农民雇主应该承担的责任。在计算出农民总体"生活需求"标准后（第六章会进行相关的测

算)，减去基础养老金的数额及个人账户积累额按领取年份进行平均后的数额，剩余数额即为地方补助养老金的基数值。在综合参考农民参保年限、缴费水平、地方财政承受能力等因素对基数值进行相关的调整后即可测算出不同地区地方补助养老金的大致数额。第二，地方各级财政分担结构的问题，即省、市、县三级财政如何分担农民养老保险的财政责任问题。由于我国不同地区之间经济发展差距较大，不仅各省份之间经济水平差距较大，而且同一个省内部也存在严重的发展不均衡的问题，因此，我们应该根据各个省份内部省、市、县财政实力的对比、养老金的支出数额等因素来确定分担比例的问题。主要分为三种方案：模式一即三级财政均衡补贴的“4–3–3”模式。该模式适用于经济发展比较均衡的省市，典型特点是省、市、县三级财政公共投入比较均衡，共同分担农民的养老责任。模式二即省级财政为主的“6–3–1”模式。该模式适用于经济发展不均衡，城乡发展水平差异较大的省市，即以省级财政投入为主，市级财政投入为辅，县级财政投入次之。例如山东省青岛市下辖的平度市，市（县）级财政较为困难，而农民养老保险所需的财政补贴额度又相对较大，青岛市和山东省的财政相对比较充裕，因此可以考虑以省级财政为主的补贴模式。模式三即县级财政为主的“2–3–5”模式。该模式适用于农村经济发展水平较高的省市，即以县级财政投入为主，市级财政投入为辅，省级财政投入次之的模式。例如山东省烟台市的招远市，市（县）级财政收入比较充裕，可以考虑这种模式。总之，三种模式具有不同的特点，各地可以根据实际情况进行综合考虑选择。

最后，通过财政转移支付制度缓解地方各级政府的财政困境。各级政府财政责任分担机制的构建及顺畅运行离不开政府的转移支付制度。政府转移支付实际上发挥着“负税收”的作用，是农民社会养老保险制度财政资金的重要来源。在市、县级财政由于农民养老保险制度的实施和扩展出现财政支付困境，而短期内财政收入又不可能明显增加时，为了保证制度的顺利发展，财政的转移支付制度就变得特别重要。中央财政应该加大对困难县的帮助和扶持力度，省级财政也应该增加可用于省级以下的财政转移支付资金，加大对财政困难县的转移支付力度。

第六章　我国农民社会养老保险制度公共投入的保障水平优化

第一节　需求视角下农民社会养老保险适度水平测定

一、农民适度保险水平的模型测算

社会保障水平指的是一个国家或者一个地区在某一时期社会公众所享受的社会保障程度的高低。在目前的学术研究中，社会保障制度的准公共产品属性已经基本得到认可，因此，社会保障水平通常采用社会保障给付水平来进行衡量，即社会保障水平＝社会保障支出总额÷国内生产总值。[①] 公民的养老保障水平作为整个社会保障的重要部分，衡量的是公民享受到的老年保障程度的高低。本章借鉴穆怀中教授对社会保障水平的定义并进行部分调整，认为农民社会养老保险水平指的是农村养老金支出总额占国内生产总值的比重。依据柯布—道格拉斯生产函数以及人口学中的人口结构理论，借鉴穆怀中教授关于社会保障水平的定义以及测定模型，我们得出农民养老金适度水平的计算模型：

$$L = \frac{S}{G} = \frac{S}{W} \times \frac{W}{G} = Q \times H \tag{6-1}$$

公式（6-1）中，L 代表农民养老金的适度水平，S 代表农民养老金每年的支出总额，G 代表 GDP，即国内生产总值，W 代表农民每年的收入总额，Q 代表农

① 穆怀中. 社会保障水平适度的含义［J］. 经济研究参考，1997（35）：45.

民养老金每年的支出总额占农民每年的收入总额的比重，即农民养老保险的负担系数，H代表农民每年的收入总额占国内生产总值的比重，即农民劳动生产要素分配系数。

$$Q=\frac{\nu\times P\times w\times \rho}{W} \tag{6-2}$$

公式（6-2）中，ν代表农村60岁及以上老年人口占总人口的比重，即农村的老年负担系数，P代表农村地区总人口，w代表农民年人均纯收入，ρ代表农民养老金的替代率。

由于P×w表示农村地区总人口与农民年人均纯收入的乘积，即农民每年的收入总额W，所以：

$$Q=\nu\times \rho \tag{6-3}$$

进而可以得出：

$$L=\nu\times \rho\times H \tag{6-4}$$

根据公式（6-4），我们可以得出，农民社会养老保险水平的高低主要取决于以下三个要素：农村的老年负担系数ν，农村居民养老金的替代率ρ，农民的劳动生产要素分配系数H。

关于养老保障制度应该实现的适度保障水平，国际劳工组织的研究结果认为，退休人员给付的公共年金数额占劳工薪酬的比例不应该低于40%。贾洪波、温源利用国际贫困线法进行计算，认为退休者领取的基本养老金数额不应该低于当年社会平均工资的50%。[①] 孙博、雍岚基于陕西省的数据，利用扩展线性支出模型研究了社会居民的基本消费支出，模型运行结果显示中国社会养老保险的替代率下限为45%。[②] 在《中国社会保障改革与发展战略》中，郑功成教授认为，农村基本养老金的替代率应该控制在50%左右。因此，本章在界定农民养老金的适度水平时，根据上述研究结论并经过分析，将农民养老金的替代率P设定为50%。

根据柯布—道格拉斯的总量生产函数原理，国际上通常将劳动生产要素分配系数的“度”设定为75%，西方发达国家的劳动生产要素分配系数大多在70%~80%。根据《中国统计年鉴》（2012）中的数据，对我国实际的劳动生产要素分配

① 贾洪波，温源. 基本养老金替代率优化分析［J］. 中国人口科学，2005（1）：81-87.

② 孙博，雍岚. 养老保险替代率警戒线测算模型及实证分析——以陕西省为例［J］. 人口与经济，2008（5）：66-70.

系数及农民劳动生产要素分配系数进行评估，如表 6-1 所示。由数据统计结果可知，我国的劳动生产要素分配系数呈逐年下降趋势，由 1980 年的 0.54 逐步下降到 2011 年的 0.42，这充分说明劳动这一生产要素在国民收入初次分配中的比重呈现逐年下降趋势，而且与国际适度水平之间差距较大。农民劳动生产要素分配系数下降趋势更为明显，由 1980 年的 0.33 逐步下降到 2011 年的 0.10，充分说明农民的劳动成果在国民收入初次分配中所占比例急速下降。根据上述的测算结果，结合中国国情，本章将农民社会养老保险适度水平模型中的农民劳动生产要素分配系数分阶段进行界定，2001~2005 年界定为 0.15，2006~2011 年界定为 0.10。

表 6-1　中国劳动生产要素分配系数（1980~2010 年）

年份	城镇居民家庭人均可支配收入（元）	农村居民家庭人均纯收入（元）	国内生产总值（亿元）	劳动生产要素分配系数	农民劳动生产要素分配系数
1980	477.6	191.3	4545.6	0.54	0.33
1985	739.1	397.6	9016.0	0.56	0.36
1990	1510.2	686.3	18667.8	0.55	0.31
1995	4283.0	1577.7	60793.7	0.47	0.22
2000	6280.0	2253.4	99214.6	0.47	0.18
2005	10493.0	3254.9	184937.4	0.45	0.13
2010	19109.4	5919.0	401202.0	0.42	0.10
2011	21809.8	6977.3	472881.6	0.42	0.10

资料来源：根据《中国统计年鉴》（2012）数据计算而来。

通过对 2001~2006 年《中国人口统计年鉴》和 2007~2012 年《中国人口与就业统计年鉴》的数据进行分析，我们得出农村的老年负担系数，然后根据公式 $L = \nu \times \rho \times H$ 可以计算得出农民养老保险的适度水平（如表 6-2 所示）。依据前文给出的"农保制度"适度水平的计算模型，可以测算出总的支出水平。随后依据《中国统计年鉴》（2012）中的农村总人口数以及农村老年负担系数，我们可以通过计算得出农民的年人均适度养老金，进而计算得出农民的月人均适度养老金水平。通过数据可以看出，在经济发展、GDP 不断增长的背景下，农民养老金的适度水平也在不断增长，由 2001 年的每月 86 元逐渐上升到 2011 年的每月 306 元。

表 6-2 农民社会养老保险适度水平及人均适度养老金（2001~2011 年）

年份	农村老年负担系数	农民养老保险适度水平	国内生产总值（亿元）	农民养老保险总支出（适度水平）（亿元）	年人均适度养老金（元）	月人均适度养老金（元）
2001	0.1160	0.0087	109655.2	953.23	1033	86
2002	0.1196	0.0089	120332.7	1070.96	1144	95
2003	0.1215	0.0091	135822.8	1235.99	1324	110
2004	0.1205	0.0090	159878.3	1438.90	1577	131
2005	0.1394	0.0090	184937.4	1664.44	1655	138
2006	0.1365	0.0068	216314.4	1470.94	1473	123
2007	0.1366	0.0068	265810.3	1807.51	1851	154
2008	0.1382	0.0069	314045.4	2166.91	2227	186
2009	0.1373	0.0069	340902.8	2352.23	2485	207
2010	0.1386	0.0069	401202.0	2768.29	2976	248
2011	0.1385	0.0069	472881.6	3262.88	3670	306

资料来源：根据 2001~2006 年《中国人口统计年鉴》、2007~2012 年《中国人口与就业统计年鉴》以及《中国统计年鉴》（2012）计算得出。

二、实际水平与适度水平的差距

根据农民社会养老保险水平的计算公式，即农民养老保险金支出总额占国内生产总值的比重，我们通过查阅《中国统计年鉴》（2012）、2001~2011 年的《社会保障统计公报》，可以计算出我国农民养老保险的实际水平。通过与表 6-2 数据的对比，我们可以得出农民养老保险的适度水平与实际水平的差距，如表 6-3 所示。

表 6-3 农民社会养老保险实际水平与适度水平的差距

年份	国内生产总值（亿元）	农民养老金支出额（亿元）	农民养老保险实际水平	农民养老保险适度水平	实际水平与适度水平的差距
2001	109655.2	12.0	0.0001	0.0087	0.0086
2002	120332.7	13.3	0.0001	0.0089	0.0088
2003	135822.8	15.0	0.0001	0.0091	0.0090
2004	159878.3	17.5	0.0001	0.0090	0.0089
2005	184937.4	21.0	0.0001	0.0090	0.0089
2006	216314.4	30.0	0.0001	0.0068	0.0067
2007	265810.3	40.0	0.0002	0.0068	0.0066
2008	314045.4	56.8	0.0002	0.0069	0.0067
2009	340902.8	76.0	0.0002	0.0069	0.0067

续表

年份	国内生产总值（亿元）	农民养老金支出额（亿元）	农民养老保险实际水平	农民养老保险适度水平	实际水平与适度水平的差距
2010	401202.0	200.4	0.0005	0.0069	0.0064
2011	472881.6	587.7	0.0012	0.0069	0.0057

资料来源：根据《中国统计年鉴》（2011）以及2001~2010年《社会保障统计公报》计算而来。

由表6-3数据计算结果可以看出，农民社会养老保险的实际保障水平呈现逐步上升趋势，由2001年的0.0001上升至2011年的0.0012，增长超过10倍。特别是2009年新型农村社会养老保险制度增加了政府的公共投入，保障水平上升趋势明显，由2009年的0.0002上升至2010年的0.0005，到2012年则达到了0.0012。自2006年以来，农民社会养老保险的适度水平基本维持在0.0069左右，实际的保障水平与适度水平之间的差距非常大。因此，逐步加大农民养老金的支出总额，提高农民养老保险的实际保障水平，并使它逐渐向适度水平靠近，是农民社会养老保险工作的核心任务。

第二节　供给视角下政府公共投入最优规模界定

一、精算模型下财政最优支出规模分析

目前政府财政支出规模的研究有多个视角，例如：公共选择理论视角、福利经济学视角、政府和市场关系视角、经济增长视角等。本章以内生增长模型为基础，研究政府养老保险财政支出的最优规模。该理论认为政府财政支出规模是经济增长的凹函数，因此存在促进经济增长的最优财政支出规模。政府按照最优财政支出规模安排公共投入，可以最大限度地拉动国民经济的发展。

在不考虑政府财政分类的情况下，假设企业根据柯布—道格拉斯生产函数来组织生产，即：

$$Y = AK^{\alpha}L^{\beta}G^{\gamma} \tag{6-5}$$

其中，Y代表国内生产总值，即GDP，K表示资本存量，L代表劳动力数量，G为政府财政投入量。我们对公式两边同时取自然对数，得出：

$$\ln Y = C + \alpha \ln K + \beta \ln L + \gamma \ln G \tag{6-6}$$

其中，α、β、γ 分别表示资本、劳动以及财政投入的边际产出弹性。根据公式，财政投入的边际弹性 $\gamma = MPG\frac{G}{Y}$，假设财政投入的相对规模为 $F = \frac{G}{Y}$，则 $\gamma = MPG \times F$。由于政府提供公共服务的边际成本为 1，即政府每提供一单位的公共服务就要消耗一单位的公共资源。所以，假设在不存在税收扭曲的情况下，财政投入最优规模的理论条件为：政府投入的边际收益 MPG = 1。当 MPG = 1 时，财政投入的最优规模 F = γ。

根据本研究的需要，我们假设政府提供的公共产品由不同类型的财政投入提供。将政府财政支出分为两大类：即养老保险财政支出 G_1、其他财政支出 G_2。因此，可以将生产函数表述如下：

$$Y = AK^{\alpha} L^{\beta} G_1^{\gamma_1} G_2^{\gamma_2} \tag{6-7}$$

对方程两边同时取自然对数，得到公式如下：

$$\ln Y = C + \alpha \ln K + \beta \ln L + \gamma_1 \ln G_1 + \gamma_2 \ln G_2 \tag{6-8}$$

根据前面的分析，无论是何种类型的政府财政投入，其支出的自然效率条件都应该满足 MPG = 1。在公式（6-8）中，γ_1 表示养老保险财政投入占国内生产总值的最优比重，γ_2 表示其他财政投入占国内生产总值的最优比重。对方程（6-6）与方程（6-8）经过变换，我们可以得到：

$$\gamma \ln G = \gamma_1 \ln G_1 + \gamma_2 \ln G_2 \tag{6-9}$$

公式（6-9）经过变换，两边同时除以 γ：

$$\ln G = \frac{\gamma_1}{\gamma} \ln G_1 + \frac{\gamma_2}{\gamma} \ln G_2 \tag{6-10}$$

根据前面的分析可知，当政府投入的边际收益 MPG = 1 时，财政支出占国内生产总值的最优比重 $\gamma = \frac{G}{Y}$；γ_1 为当政府投入的边际收益 MPG = 1 时，养老保险政府财政支出占国内生产总值的最优比重 $\gamma_1 = \frac{G_1}{Y}$，则 $\frac{\gamma_1}{\gamma} = \frac{G_1}{G}$。$\frac{\gamma_1}{\gamma}$ 为政府支出在政府投入的边际收益 MPG = 1 时，养老保险财政支出占财政支出的最优比重，$\frac{\gamma_2}{\gamma}$ 表示其他政府财政支出占财政总支出的最优比重。

由于 $\gamma_1 + \gamma_2 = \gamma$，我们对方程（6-10）进行变换，可以得到政府对养老保险财政支出的最优规模回归方程为：

$$\ln\frac{G}{G_2}=\frac{\gamma_1}{\gamma}\ln\frac{G_1}{G_2}+\varepsilon_t \tag{6-11}$$

根据方程（6-11）进行回归，可以得到政府养老保险财政支出占财政总支出的最优比重。本研究所使用的数据来源于历年的《中国统计年鉴》、《中国财政年鉴》以及《中国劳动和社会保障年鉴》，如表 6-4 所示。

表 6-4 养老保险财政支出最优规模测算源数据

年 份	ln（G/G_2）	ln（G_1/G_2）	年 份	ln（G/G_2）	ln（G_1/G_2）
1981	0.056280	-2.849147	1996	0.217598	-1.414333
1982	0.061271	-2.761654	1997	0.215603	-1.424579
1983	0.063937	-2.717717	1998	0.213245	-1.436798
1984	0.064404	-2.710197	1999	0.202818	-1.492325
1985	0.075420	-2.546743	2000	0.188805	-1.571155
1986	0.081317	-2.468469	2001	0.177355	-1.639615
1987	0.096501	-2.289565	2002	0.181445	-1.614712
1988	0.117015	-2.086374	2003	0.184299	-1.597633
1989	0.120035	-2.059352	2004	0.173197	-1.665479
1990	0.137524	-1.914407	2005	0.166535	-1.708128
1991	0.148550	-1.831638	2006	0.167289	-1.703225
1992	0.167931	-1.699059	2007	0.164047	-1.724460
1993	0.178602	-1.631966	2008	0.159014	-1.758204
1994	0.198646	-1.515262	2009	0.155487	-1.782440
1995	0.212368	-1.441375	2010	0.155017	-1.785709

资料来源：表中数据根据历年《中国统计年鉴》、《中国财政年鉴》以及《中国劳动和社会保障年鉴》计算而来。

由于本研究采用的数据为时间序列数据，可能存在伪回归的情况。为了防止伪回归的出现，我们首先应该对所使用的数据进行平稳性检验：即检验方程各个变量是否具有单位根。统计软件采用 EViews5.0 进行分析，结果如表 6-5 所示。

表 6-5 变量平稳性检验结果

变量	（C，T，K）	ADF 值	5%临界值	1%临界值	单整阶数
ln（G/G_2）	（001）	-4.74	-1.95	-2.66	2
ln（G_1/G_2）	（001）	-5.72	-1.95	-2.66	2

注：C、T、K 分别表示检验中是否带有常数项、时间趋势项和滞后阶数。

根据检验结果，可以看出两个变量均为二阶单整序列，说明两者之间可能存在协整关系。我们对两个变量进行回归分析，得到 DW 值为 0.174，说明该回归

方程存在自相关现象。因此，我们在方程中加入一阶和二阶自回归项进行重新评估，方程如下：

$$\ln\frac{G}{G_2} = \underset{(27.85)}{0.36} + \underset{(15.63)}{0.1135}\ln\frac{G_1}{G_2} + \left[\underset{(9.86)}{1.52}AR(1) - \underset{(-4.35)}{0.66}AR(2)\right]$$

$R^2 = 0.997$　　DW = 2.25　　（1983~2010 年）　　(6-12)

为了验证该回归方程的有效性，即变量之间是否存在协整关系，我们检验回归方程残差序列的平稳性。检验形式为不含常数项及时间趋势项，滞后阶数为 0，结果得到 ADF 值等于-6.05，1%水平的 ADF 临界值为-2.65。由此可以看出，该回归方程的残差序列是平稳的，变量之间确实存在协整关系，排除伪回归现象。

根据回归方程的结果 $\frac{\gamma_1}{\gamma} = 0.1135$，说明在满足政府财政支出的自然状态下，养老保险财政支出占财政总支出的最优比重为 11.35%。

二、实际水平与最优规模的差距

为了分析政府养老保险财政支出的实际规模和最优规模的差距，我们需要测算我国养老保险财政支出的实际水平。通过查阅 2001~2011 年《社会保障统计公报》以及《中国财政年鉴》，并对相关数据进行计算，我们得到我国养老保险财政支出的实际水平（养老保险财政支出占财政总支出的比重），如表 6-6 所示。

表 6-6　养老保险财政支出实际水平

年份	农村养老金支出总额（亿元）	城镇养老金支出总额（亿元）	养老保险财政支出总额（亿元）	财政总支出（亿元）	养老保险财政支出实际水平
2001	12.0	967.69	979.69	18902.58	5.18
2002	13.3	1306.12	1319.42	22053.15	5.98
2003	15.0	1388.87	1403.87	24649.95	5.70
2004	17.5	1547.88	1565.38	28486.89	5.50
2005	21.0	1742.06	1763.06	33930.28	5.20
2006	30.0	2219.15	2249.15	40422.73	5.56
2007	40.0	2841.9	2881.9	49781.35	5.79
2008	56.8	3443.37	3500.17	62592.66	5.59
2009	76.0	3869.68	3945.68	76299.93	5.17
2010	200.4	4659.05	4859.45	89874.16	5.41

根据表中计算数据可知，我国养老保险政府财政支出的实际水平近十年来基本维持在财政总支出的 5%~6%，约占财政最优支出规模的一半，因此政府养老

保险财政投入力度有待进一步加强。同时，通过农村养老金支出总额与城镇养老金支出总额的对比，我们发现，在城乡人口占总人口的比重以及人口抚养比大致持平的情况下，我国养老保险的财政支出结构严重不合理，存在明显的“重城镇、轻农村”现象。较低的财政投入水平极大地制约了农民养老保障水平的提高，不仅造成我国农民养老保险适度水平与实际水平较大的差距，而且造成城乡差距不断拉大，不利于社会的稳定及和谐社会的构建。

因此，本着建设公共财政、实现城乡基本公共服务均等化的要求，应该逐步加大公共财政对社会养老保险制度的投入力度，同时进一步调整社会养老保险制度公共投入的结构，将公共投入重心逐步向农村倾斜，不断提高农民社会养老保险的保障水平，最终实现老有所养，解除他们的养老后顾之忧。

第三节　供需均衡视角下农民社会养老保险制度的问题剖析

一、农民养老的适度需求水平尚未满足

从前文的分析可以看出，近年来农民养老保险的实际保障水平呈现上升趋势，尤其是从 2009 年新型农村社会养老保险制度实施以来，政府财政增加了对制度的公共投入，保障水平的上升趋势非常明显。但是总体待遇水平仍然偏低，距离农民养老适度需求水平的满足尚有较大差距。现行的农民社会养老保险制度实行“基础养老金+个人账户”的两账户模式，其待遇水平也由这两部分决定。首先，基础养老金水平偏低。2009 年“新农保”试点规定的基础养老金最低标准是每人每月 55 元，即每年 660 元的基础养老金。基础养老金标准的确定当时综合考虑了农民的收入水平、贫困线标准、农村最低生活保障标准、计划生育政策奖励补助等因素，但实际水平低于 2009 年全国农村最低生活保障标准（998 元）。而且，农民收入水平和农村消费水平随着经济的发展也在不断增长，基础养老金虽然规定随着经济发展水平适度提高，但是缺乏动态的制度化调整机制，因此将会越来越不能满足农民的养老需求。徐强、王延中根据农民“生存需求”

的标准测算出2010年农民生存需求的下限是130元每月，即每年需要1560元，[①]这明显高于每月55元的基础养老金标准。部分学者指出，农民拥有土地，可以依靠土地收入来维持基本生活水平，养老金收入只是补充性收入，因此这个标准是可以的。该观点涉及土地产出问题的评估，而且土地只有与劳动相结合才能有所产出。2011年，全国农村居民家庭生产经营的平均收入为3222元，平均每月268.5元，对于丧失劳动能力的农村居民来说这个收入肯定更低。作为具有普惠性质的基础养老金，作为国家对农村老龄群体的福利，应该保障他们即使不参加劳动也可以达到基本生存需求的满足。从制度替代率来看（我们用达到退休年龄的农村居民养老金领取额占农民人均纯收入的比例来表示），2009年“新农保”制度试点时，基础养老金的替代率为13.86%（农民人均纯收入4761元），2010年基础养老金的替代率为11.15%（农民人均纯收入5919元），2011年基础养老金的替代率为9.46%（农民人均纯收入6977元）。由此可以看出，在缺乏动态的制度化调整机制条件下，基础养老金的替代率会随着农民人均纯收入的增长持续走低。因此，应对基础养老金的标准进行科学的测算并建立制度化的调整机制。其次，个人账户缴费标准偏低，导致待遇水平不高。2009年“新农保”试点时，制定100元至500元五个缴费档次供参保农民选择。参照城镇职工养老保险个人账户8%的缴费标准（个人缴费率为税前工资总额的8%），当时100元至500元五档缴费制还是比较符合全国农民的实际缴费能力的。但是存在两方面的问题：一是由于制度的参保缴费激励措施不够，大多数农民选择100元的最低缴费档次，导致将来养老金领取标准较低；二是没有考虑农民收入不断增长的实际情况，个人缴费缺乏动态的弹性机制。因此，应将目前的个人账户固定数额缴费制逐步改为基于农民人均纯收入的比例缴费制。

二、基础养老金缺乏制度化的调整机制

2009年“新农保”试点规定的基础养老金最低标准是每人每月55元，各地可以根据经济发展及物价变动情况适度增加和提高基础养老金水平，但是缺乏具体的调整机制。近年来，随着农村经济快速发展，农民收入及消费水平都明显提高，55元的基础养老金已经很难满足农村老年人口的基本生存需求，因此迫切

---

① 徐强，王延中. 新农保公共财政补助水平的适度性分析［J］. 江西财经大学学报，2012（5）：41-49.

需要建立一种制度化的动态调整机制。基础养老金制度化动态调整机制的建立至少需要回答三个问题：制度建立的目标是什么、制度建立的关键影响因素有哪些、如何去构建制度化的动态调整机制。首先，基础养老金是不以缴费作为领取条件的、具有普惠性质的国民福利。它的最终目标应该是使广大农村居民分享国家经济发展的成果、逐步缩小城乡之间的收入差距，提高农村居民的实际消费能力，最终实现“老有所养”的制度目标。它的近期目标应该是“保基本”，在国家财政可以承受的支出范围内，实现农民基本“生存需求”的满足。总之，作为全国农村居民共同享有的一项福利措施，基础养老金应该突出公平原则，由中央财政来承担，全国实行统一标准。建立基础养老金的动态调整机制，仅仅根据《关于开展新型农村社会养老保险试点工作指导意见》中提出的考虑经济发展水平和物价变动情况是远远不够的，还应该考虑全国各地农民收入增长速度及农民消费支出的增长状况、农民消费支出结构的变化（包括现金支出及实物支出比例的变动）、城镇职工养老金的增长速度等因素。总而言之，既要考虑随着经济发展的提升，实现农民养老需求的养老金水平不断增长的现实，又要考虑逐步缩小城乡养老金领取水平的差距，实现城乡统筹发展的目标。构建基础养老金动态调整机制的核心是关注农民“生存需求”的满足，始终围绕基础养老金适度水平这一主线。所谓适度，即保障水平既不能太高也不能太低。由于社会保障的制度刚性，太高的保障水平会逐步超出政府财政的承受能力，最终面临财政困境，影响养老保险制度的可持续性发展；太低的保障水平则起不到制度应有的保障效果，也会使广大农村居民失去参加养老保险的动力和积极性。由于大部分的农村居民拥有承包土地，平时的蔬菜、瓜果、粮食等都可以来自自家土地产出，所以并非所有消费都需要现金支出。因此本章用农民日常生活消费中的现金支出作为基本生存需求的衡量指标，有上限和下限之分。其中下限指的是农民日常现金支出中的衣、食支出部分，上限指的是农民日常现金支出中的衣、食、住支出。因此，基础养老金的适度水平是一个区间范围内的值，它可以根据国家财政承受能力、城乡养老保险待遇差距的大小、农民消费结构的变化等因素灵活地进行调整。

三、“两账户”模式导致责任分担机制不健全

2009 年，新型农民社会养老保险制度增加了政府财政补贴，充分体现出政府责任。根据指导意见的内容，“新农保”资金来源包括个人缴费部分、集体补

助部分及政府财政补贴部分，其中政府补贴又包括中央财政补贴和地方财政补贴两部分。账户结构实行“基础养老金+个人账户”的两账户模式。其中，中央和地方财政共同承担基础养老金支出，个人缴费、集体补助及地方政府补贴进入个人账户。“新农保”的两账户模式导致财政责任分担机制不健全，主要体现在三个方面：一是中央财政与地方财政的责任划分不合理，主要表现在中央财政对基础养老金的补贴方式不合理。现行的“新农保”实行的是“中西部地区基础养老金由中央财政全额支付，东部地区基础养老金由中央与地方财政各负担 50%”的做法。这种做法实际上考虑到了东西部地区地方财政的差异，实行区别对待原则，但是没有尽到对东部地区农村居民发放基础养老金的责任。作为一种具有普惠性质的养老金，作为一种非缴费型的老年津贴，基础养老金属于典型的纯公共产品，应该由中央财政全额支付。二是地方各级政府财政责任划分缺乏统一的标准。国务院颁布的《关于开展新型农村社会养老保险试点的指导意见》中对中央和地方政府的财政责任做了划分，虽然不够合理，但相对比较明确。但是对省级财政以及省级以下财政的责任分担机制未作出任何规定，事实上是授权给了省级政府。地方政府责任的划分主要涉及两个方面：基础养老金补贴和农民缴费补贴。由于没有具体的财政责任分担机制，导致全国各地的做法差异巨大。例如在地方财政对“新农保”缴费补贴方面，海南、重庆实行完全由省级财政负担的做法，江西则由省级财政负担 80%，县级财政负担 20%，广东、河北两省实行省、市、县三级财政均匀分担的做法。三是市、县级地方政府面临较大的财政硬约束。在目前“上级政府出政策、下级政府出资金”的传统体制影响下，市、县两级地方财政极易受到省级政府制定的统一政策的影响，进而在一定程度上改变财政支出的规模和方向，影响财政的预算平衡。而且，在市县两级财政责任的划分方面，无论东部地区，还是中西部地区，都倾向于由县级财政承担较大比重的做法。这固然可以督促县级政府履行制度的推广实施的责任，但客观上也加剧了县级政府的财政困境。

四、政府公共投入的力度尚需加强

从前文的分析中可以看出，一方面，农民社会养老保险制度的实际保障水平仍然偏低，距离适度的养老保障水平仍有较大的差距。另一方面，从政府的财政投入来看，我国社会养老保险制度公共投入的实际水平近十年来基本维持在 5%~

6%，约占最优财政支出规模的一半左右，因此社会养老保险制度公共投入力度有待进一步加强。同时，通过城镇养老金支出与农村养老金支出的数据对比可以明显发现，在当前我国城乡人口比重以及人口抚养比大致持平的情况下，社会养老保险制度的城乡公共投入结构严重不平衡，极大地制约了农村地区养老保障水平的提高，造成农民社会养老保险制度实际水平与适度水平之间存在较大的差距。因此，本着建设公共财政、实现城乡基本公共服务均等化的要求，应该逐步加大公共财政对社会养老保险制度的投入力度，同时进一步调整社会养老保险制度公共投入的结构，将公共投入重心逐步向农村倾斜，不断提高农民社会养老保险的保障水平，最终实现老有所养，解除他们的养老后顾之忧。此外，根据第五章第三节的计算，无论是中央财政还是地方财政，现行新型农村社会养老保险制度的财政负担水平都在可以承受的范围之内。而且各级政府实际的财政负担水平要比测算的数值要低，因为文中是将农村 60 岁以上老年人口全部纳入测算范围。但在现实中，我国的“新农保”制度尚未实现对适龄人口的全覆盖，并未实现应保尽保、应参尽参的人群全覆盖。因此，各级政府对农民社会养老保险制度建设和发展的资金空间还是有的。从财政负担结构来看，应该逐步改变由各级财政共同负担一个补贴项目的情况，应该根据财权与事权对应原则，考虑各级财政的实际承受能力，同时根据农民社会养老保险制度的功能定位，从提高制度的统筹层次并实现跨地区转移接续的要求，逐步实现政府各级财政独立承担一个补贴项目的目标。在有资金空间的情况下，应该合理界定农民社会养老保险制度的保障水平。农民社会养老保险制度建设的总体目标是实现老龄群体基本生活需求的满足，并逐步缩小城乡养老保障的差距，缩小城乡收入水平的差距。但是由于各地经济发展水平差距较大，经济发达地区的物价水平相对较高，农村居民的日常消费支出相对较多，实现老年生活需求的养老金水平也要相对高于经济不发达地区。因此，在基础养老金全国统一的情况下，地方财政补助水平应该有所差距，即地方补助养老金可以根据当地经济发展水平、农民消费水平高低及消费结构的差距，在财政可以允许的范围内合理确定补助水平。最后，在提高政府公共投入力度的同时应该考虑各级财政合理的分担比例，避免基层财政尤其是县级财政负担过重的情况。

五、缺乏制度化的财政长效供给机制

“新农保”与“老农保”相比的最大优势在于增加了政府的公共投入，不仅体现了政府在农民养老中的责任，而且也是制度得以快速发展的重要原因。无论是2009年“新农保”试点的起步期，2012年制度全覆盖的发展期，还是以后实现农村适龄人口全覆盖的可持续发展期，都需要政府财政给予保证，需要构建制度化的、法制化的政府财政长效供给机制。因此，需要建立“新农保”资金的财政预算制度。政府财政预算是具有法律效力的基本年度收支计划，规定了政府在法定的财政年度内财政收入及财政支出的项目、内容和应该达到的指标以及各指标的平衡状况。政府各级预算编制完成之后，需要经过立法机关审查通过并予以公布，从而成为具有法律效力的文件，各级政府必须贯彻执行。农民社会养老保险制度的公共投入机制要想贯彻长久，必须要政府的财政预算作为保障。通过建立法制化的财政预算制度，可以按照农民社会养老保险制度的收入和支出项目、内容来安排支出，并保证农民养老的资金需求，而且可以在专项补贴资金的管理和分配中保证财政转移支付的及时性以及财政监督的有效性。当前，新型农村社会养老保险制度的财政预算制度是不规范的，法制化、制度化的财政资金供给机制是缺失的。现行“新农保”制度的资金来源包括个人缴费、集体补助以及政府财政补贴。其中政府财政补贴主要用于三个方面：一是基础养老金的支出，二是个人账户的缴费补贴部分，三是长寿的养老金领取者在人均预期寿命（60岁之后领取139个月，即71.58岁）之后的个人账户领取部分。目前“新农保”制度建设和发展所需资金都是通过财政直接拨款的方式来解决，当前的财政拨款是根据当年“新农保”制度试点的推行状况来实行，而事先并未将这部分财政拨款纳入政府财政预算，因此具有很强的政策性和随意性。例如，2009年“新农保”试点推行，当年中央财政拨款9.5亿元用于制度的建设，2010年中央财政拨付“新农保”建设专项资金53亿元，2011年中央财政补助达到了123亿元。随着“新农保”制度的进一步推广和发展，中央财政补助资金将进一步增加，然而目前的“新农保”制度建设资金只是在政府公共预算中列支，并不能有效地反映“新农保”制度财政收支活动以及资金结余情况，也不能很好地接受立法机关的全方位监督。政府的财政支出是农民社会养老保险体系发展和健全的重要推手，政府财政补贴的资金来源只能是国家的税收收入，而预算制度是其根本的制度保障。只有通过政府财政预算制度来安排“新农保”制度的财政收入及财政支出，才能从制度上、法律上保障“新农保”所需资金的可持续性，保障制度的健康、合理及有序的发展。

第四节　农民社会养老保险制度公共投入的优化方案

一、公共投入优化的多维视角

（一）农民养老金适度需求水平视角

农民社会养老保险保障水平的界定在整个制度的建立和发展中居于核心位置，适度的保障水平既可以保证农民老年基本生活需求的满足，解除养老后顾之忧，又要使政府财政负担处于合理的承受范围之内，保证制度的健康运行和可持续发展。当前“新农保”实行“基础养老金+个人账户”模式，该模式没有充分考虑到基础养老金是否能够满足农村居民的最低“生存需求”，个人账户的缴费方式是否适应农民收入水平日益增长的现实，两账户的总体保障水平能否实现农民“生活需求”的满足。因此，现行“新农保”制度的保障水平对改善老年农村居民的生活状况能起多大作用，今后应该设定一个多高的保障水平以及如何随着经济发展水平对保障水平进行动态调整是一个值得深入研究的问题。学术界对农民养老适度水平的研究基本上包括两个方面：宏观层面的研究和微观层面的研究。从宏观层面来看，养老保障水平指的是一个国家或地区某一时期内社会公众享受养老待遇的高低，它通常用养老保障给付水平来衡量，即养老保障支出总额占国内生产总值的比重。适度的养老保障水平应该在满足基本养老需求的同时促进国民经济的健康快速发展。从微观层面来看，养老保障水平将目标转向单一的农村居民个体来考察，即在当前的经济发展水平、物价水平、农民收入水平和消费结构下，养老金的支出水平能否实现农民生活需求的满足。它应该是一个区间的概念，包括上限和下限。根据国家统计数据库的分类，农村居民日常的消费支出主要包括：衣着、居住、食品、交通及通信、家庭设备及服务、医疗保健、文教娱乐用品和服务、其他商品和服务。其中，支出比重最大的是食品。微观视

角的养老保障水平与养老金替代率之间有着密切的联系。国际劳工组织的研究结果认为，退休人员给付的公共年金数额占劳工薪酬的比例不应该低于40%。贾洪波、温源利用国际贫困线法进行计算，认为退休者领取的基本养老金数额不应该低于当年社会平均工资的50%。[①] 孙博、雍岚基于陕西省的数据，利用扩展线性支出模型对社会居民的基本消费支出进行分析，得出中国社会养老保险的替代率下限为45%。[②] 在《中国社会保障改革与发展战略》这本书中，郑功成教授认为，农村基本养老金的替代率应该控制在50%左右。

（二）政府财政合理承受范围的视角

基于保障水平的视角，农民社会养老保险制度的公共投入水平应该适度，既不能过高也不能过低。过低的保障水平不利于农民养老需求的满足，不利于缓解农村的贫困现状，不利于缩小城乡收入的差距；过高的保障水平由于福利刚性的影响则会逐步加大政府的财政负担，最终造成财政赤字，影响宏观经济的健康有序发展。因此，政府财政的合理承受范围是界定农民社会养老保险适度水平的重要考虑因素。通过城镇养老金支出与农村养老金支出的数据对比可以明显发现，在当前我国城乡人口比重以及人口抚养比大致持平的情况下，社会养老保险制度的城乡公共投入结构严重不平衡，极大地制约了农村地区养老保障水平的提高，造成农民社会养老保险制度实际水平与适度水平之间较大的差距。因此，本着建设公共财政、实现城乡基本公共服务均等化的要求，应该逐步加大公共财政对社会养老保险制度的投入力度，同时进一步调整社会养老保险制度公共投入的结构，将公共投入重心逐步向农村倾斜，不断提高农民社会养老保险的保障水平，最终实现老有所养，解除他们的养老后顾之忧。最后，在提高农民养老保险公共投入水平的同时，要充分考虑我国未来经济发展的总体态势，各级财政收入水平的变化、农民消费水平及消费结构的变化以及人口老龄化的发展趋势，避免未来因财政投入水平过快增长而影响国家经济的健康发展。

（三）农民养老待遇逐步均等化视角

实现农民养老待遇的逐步均等化是建立和完善农民社会养老保险制度，建设社会主义新农村的重要内容，是实现全体农民老有所养，公平享受养老权利的重

① 贾洪波，温源. 基本养老金替代率优化分析［J］. 中国人口科学，2005（1）：81-87.

② 孙博，雍岚. 养老保险替代率警戒线测算模型及实证分析——以陕西省为例［J］. 人口与经济，2008（5）：66-70.

要体现。农民养老待遇的均等化指的是我国东中西部地区农民的养老待遇标准相对一致或者接近，即与满足基本生存需求到体面享受老年基本生活的养老金替代率基本一致或者比较接近。然而，由于我国各地区之间经济发展水平差异较大，地方财政对农民养老的财政支持能力差距明显，因此导致了农民养老保险较大的地区差距。例如 2013 年，全国农民的基础养老金基本上为每人每月 55 元，而北京城乡居民的基础养老金则增至每人每月 390 元。较大的待遇差距不符合基础养老金的普惠性质，不符合国民待遇的公平原则。一般而言，经济较发达地区农民养老金的领取水平相对较高，而较高的养老金领取水平又可以刺激居民消费，带动地方经济的发展，经济欠发达地区的养老金支出水平相对较低，不利于带动地方经济的发展。因此需要合理处理地区之间农民养老待遇水平差距较大的状况。如果处理不当，则可能会出现“经济发展水平较快地区养老保险支出较大，而较大的财政支出差距进一步拉大地区之间收入差距”的恶性循环。要逐步实现农民养老待遇的均等化，除了依靠全体农民平等享受的、具有普惠性质的、体现国民身份的基础养老金外，还要加大政府间的转移支付力度。政府转移支付实际上发挥着“负税收”的作用，是农民社会养老保险制度财政资金的重要来源。在市、县级财政因为农民养老保险制度的实施和扩展而出现财政支付困境，而短期内财政收入又不可能明显增加时，为了保证制度的顺利发展，财政的转移支付制度就变得特别重要。中央财政应该加大对困难县的帮助和扶持力度，省级财政也应该增加可用于省级以下的财政转移支付资金，加大对财政困难县的转移支付力度。总而言之，实现农民养老待遇的逐步均等化，不仅可以进一步优化中央财政与地方财政的关系，而且可以进一步缩小不同区域之间的养老金差距和贫富差距，对于社会主义和谐社会的构建将起到积极的作用。

（四）构建“三账户”模式的视角

我国目前的“新农保”实行“基础养老金+个人账户”模式，增加了政府的财政支持，在取得一定建设成效的同时也暴露出较多的弊端：养老金总体水平偏低，基础养老金缺乏制度化的动态调整机制，个人账户的激励效果不足，政府财政支持力度有待继续加强，层级政府之间公共投入的边界不明确等。因此，在借鉴国际经验的基础上，从农民养老需求和政府财政供给相结合的视角，需构建农民社会养老保险的“三账户”模式，以求使制度得到不断优化和完善。“三账户”模式包括：基础养老金、地方补助养老金和个人账户养老金。首先，它是基于目

前农村社会养老保险供需不均衡的现状，从增强公共投入的视角，创新性地引入地方补助养老金。它并没有改变现存制度的基本架构，因此制度转换的成本较低。其次，农民的养老需求作为一个动态的、不断调整的指标，必然随着经济发展和消费结构的变化向更高的消费水平转变。因此，基础养老金标准的制定应该瞄准生存公平原则，以生存需求的满足作为参考；养老金的总体水平应该以生活需求作为标准，充分考虑农民收入水平、经济发展状况、物价波动情况等因素。最后，“三账户”模式充分体现了三方责任共担机制，即中央政府、地方政府与农民个人责任分担。其中，基础养老金体现普惠性质，中央财政全额支付，不以缴费作为前提条件，只要到达领取年龄就有资格领取；地方补助养老金由地方财政承担，体现作为农民直接雇主的应担责任，困难地区可通过转移支付的方式予以解决；个人账户实行基于农民人均纯收入的比例缴费制，缴费年限越长养老金领取水平越高，充分体现激励特性。构建多支柱、多层次的农民养老保险制度是解决农民养老问题的现实选择，“三账户”模式在追求养老保险制度追求公平、保基本的同时，也体现区域的、个体的差别，比较符合我国的国情和经济发展的实际。

（五）财政责任合理分担的视角

农民社会养老保险制度公共投入的优化，除了要考虑投入水平的合理界定（既能满足农民的养老需求又在政府财政合理的承受范围之内），还要考虑政府财政责任的合理分担。现行的“新农保”制度不仅对中央政府与地方政府间的财政责任划分缺乏清晰明确的标准，而且在地方各级政府公共投入责任划分上更为模糊。前者主要表现在中央财政对基础养老金的补贴方式不合理。现行的“新农保”实行的是“中西部地区基础养老金由中央财政全额支付，东部地区基础养老金由中央与地方财政各负担50%”的做法。这种做法实际上考虑到了东西部地区地方财政的差异，实行区别对待原则，但是没有尽到对东部地区农村居民发放基础养老金的责任。作为一种具有普惠性质的养老金，作为一种非缴费型的老年津贴，基础养老金属于典型的纯公共产品，应该由中央财政全额支付。对于地方政府间的财政责任划分，国务院颁布的《关于开展新型农村社会养老保险试点的指导意见》中对中央和地方政府的财政责任做了划分，虽然不够合理，但相对比较明确。而对省级财政以及省级以下财政的责任分担机制未作出任何规定，事实上是授权给了省级政府，结果导致全国各地的地方财政责任划分差异较大。在市县两级财政责任的划分方面，无论东部地区，还是中西部地区，都倾向于由县级财政承担较大比重的做法。这固然可以督促县级政府履行制度的推广实施的责任，但客观上也加剧了县级政府的财政困境。因此，应该根据公平原则、财权事权对应原则、受益范围原则等清晰界定中央和地方政府的财政支出责任，对各级政府的财政支出边界进行界定。首先，中央政府的财政投入应主要体现在基础养老金的发放以及财政转移支付上。其次，地方各级政府（省、市、县）财政责任的承担应该考虑两个问题：第一，地方财政总体投入量的问题，即地方补助养老金的水平；第二，地方各级财政分担结构的问题，即省、市、县三级财政如何分担农民养老保险的财政责任问题。最后，通过财政转移支付制度缓解地方各级政府的财政困境。总之，合理的财政负担结构对于新型农村社会养老保险制度的优化和完善，对于制度的健康有序发展，将起到非常重要的作用。

二、公共投入优化的方案设计

（一）总体保障水平的界定

现行的新型农村社会养老保险制度实行“基础养老金+个人账户”模式，虽然取得一些成效但仍然存在较大的问题。首先，中央与地方政府之间、地方各级政府之间的财政责任分担机制不完善；其次，总体保障水平偏低，基础养老金缺乏动态调整机制，个人账户 100~500 元的固定标准分档缴费制与农民收入不断增长的现实情况脱节。因此，本章认为应该对现行的制度模式进行部分改进，由“两账户”模式逐步转向“三账户”模式，增加地方补助养老金。“三账户”模式不仅可以相对明晰各级政府之间的公共投入责任，建立中央政府、地方政府、参保个人的三方责任分担机制，而且没有破坏现行“新农保”制度的基本框架，只是对制度进行优化和完善，制度转换的成本较低。制度由现行的“两账户”模式向“三账户”模式转换的框架图，如图 6-1 所示。农民社会养老保险“三账户”模式的主要创新是增加了单独的地方补助养老金，以农民的“生活需求”作为养老保险制度适度水平的标准。

2012 年国家统计数据库的统计资料显示，农民的日常生活消费支出主要包括以下几部分：衣着、食品、居住、交通和通信、家庭设备及服务、医疗保健、文教娱乐、其他商品及服务等。就现阶段我国农民的生活消费支出来看，主要包括衣、食、住三大部分，而农民的基本生存需求则主要体现在衣、食两个方面。

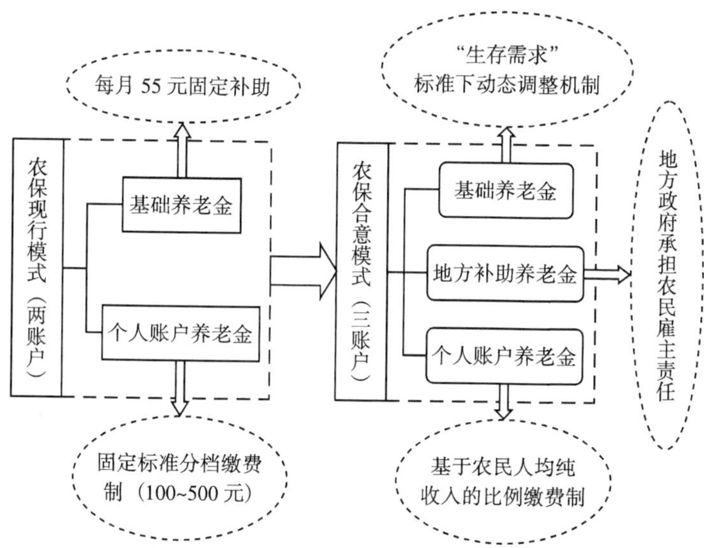

图 6-1 农民社会养老保险现行模式向合意模式转变的框架

因此，衣、食支出可以作为"小口径"的农村居民养老需求，衣、食、住支出可以作为"大口径"的农村居民养老需求。此外，在农村地区，大部分的农民都拥有土地承包经营权，他们平时的收入来源主要是两大部分，即土地经营产出和外出打工所得，农民的日常消费支出也主要来自这两大部分。但是，在农村地区，土地产出中用于农村居民日常消费的部分，如粮食、瓜果、蔬菜等，在大多数情况下并不折算成现金来计算。如果没有土地上的产出，农民就只能靠打工所得的现金来购买日常消费品以维持生活。因此，本章采用农民日常生活消费支出中的现金支出作为基本生存需求的考量指标。

其中，生存需求的下限用农民现金支出中的衣、食支出来衡量，上限用农民现金支出中的衣、食、住支出来衡量；生活需求的下限用农民家庭日常消费支出中的衣、食支出来衡量，上限用农民家庭日常消费支出中的衣、食、住支出来衡量，如表 6-7 所示。

表 6-7 农村居民生存需求、生活需求上下限界定

类　别	下　限	上　限
生存需求	生活消费现金支出中衣、食支出	生活消费现金支出中衣、食、住支出
生活需求	生活消费支出中的衣、食支出	生活消费支出中的衣、食、住支出

根据农民"生活需求"的界定标准，我们利用 2012 年国家统计数据库的资

料对农民“生活需求”的上下限进行计算，如表 6-8 所示。

表 6-8　农民“生活需求”的上下限测定

地　区	“生活需求”下限（元）	“生活需求”上限（元）	地　区	“生活需求”下限（元）	“生活需求”上限（元）
全国平均	2448.6	3410.1	河南	1922.5	2769.4
北京	4456.1	6806.4	湖北	2226.7	3313.6
天津	2987.7	4334	湖南	2603.5	3573.2
河北	1913.8	3004.1	广东	3578.4	4750.7
山西	2131.8	2956.5	广西	1968.8	2987.4
内蒙古	2462.2	3322.4	海南	2277.7	2978.2
辽宁	2562.4	3422.6	重庆	2417.6	2973.4
吉林	2269.6	3221.5	四川	2443.6	3171
黑龙江	2546.2	3370.9	贵州	1832.7	2472
上海	5161.7	6967.6	云南	2093.1	2795.5
江苏	3394.7	4767.3	西藏	1715.9	2043.9
浙江	4432.3	6049.3	陕西	1630.4	2739
安徽	2352.2	3237.4	甘肃	1794.9	2391.5
福建	3427.6	4460.8	青海	2063.9	3154.6
江西	2339.9	3228.7	宁夏	2142.5	3077.7
山东	2506.9	3633.9	新疆	1961.6	2986.9

资料来源：表中数据根据国家统计数据库 2012 年数据计算而来。

根据表中统计数据可以看出，农民的“生活需求”是一个区间值，作为农民社会养老保险制度的养老金计发总额的参考标准，中央及地方政府可以依据经济发展水平、财政实际承受能力，以区间值作为参考标准，不断提高对农民的养老保障水平。农村居民缴纳养老保险费满十五年的，可以根据“生活需求”测算标准总额进行计算；如果缴纳养老保险费不足十五年，则需要对“生活需求”总额按照一定比例标准进行核减；如果缴纳养老保险费超过十五年则按一定比例进行增加，以起到对农民增加缴费年限的激励作用。

（二）基础养老金水平的界定

国家基础养老金作为一种具有普惠性质的养老金，作为一种非缴费型的老年津贴，性质上属于典型的纯公共产品，应该由中央财政全额承担，只要年满 60 岁的农村居民就可以享受，而不应该以是否缴费来作为领取基础养老金的条件，以实现基础养老金的国民待遇。在待遇标准的制定上，虽然新型农村社会养老保险制度试点中提出可以根据经济发展水平以及物价变动情况适当提高基础养老金

补助水平，但是制度实施中缺乏明确的操作标准，全国各试点地区基本上都以每人每月 55 元作为基础养老金的发放标准。本章设想取消现行的每人每月 55 元基础养老金固定补偿机制，转而实行动态的调整机制，具体而言，引入农民“生存需求”的概念并进行理论界定，基础养老金的发放依据参考农民“生存需求”的标准。“生存需求”标准的界定既要考虑农民总体收入水平及消费水平不断增长的实际情况，又要瞄准农村居民消费结构不断变化的情况，使其切实能够达到“保基本”的目标，实现农村居民基本生存需求的满足。

根据上述生存需求标准的理论界定，结合 2012 年国家统计数据库的数据，可以测得农民满足基本生存需求的上下限，如表 6-9 所示。

表 6-9 2010 年农民生存需求区间测算

类 别	下限（元）	上限（元）
生存需求人均年额度	1992	2922
生存需求人均月额度	166	243.5

资料来源：根据国家统计数据库资料整理而来。

由计算结果可以看出，农民生存需求的下限为每人每月 166 元，这个标准要高于目前每人每月 55 元的最低标准。因此，从满足农民养老的“生存需求”角度出发，应该逐步提高中央财政对基础养老金补助标准。

（三）个人账户养老金水平的界定

个人账户设立的主要目的是代际微调，是为了解决由于人口老龄化而带来的社会保险基金收支缺口，通过个人账户基金的积累和投资，弥补社会统筹资金替代率较低的不足。根据现行“新农保”制度试点的规定，将个人账户缴费分为 100 元、200 元、300 元、400 元、500 元五个档次，农民对缴费档次自由选择，地方财政对农民缴费每人每年不少于 30 元的补贴，但现行制度并未明确规定随着个人缴费档次的提高，政府财政补贴相对增加的比例。我们现在假设政府财政补贴的两种情况：一是财政补贴随着农民缴费水平的提高而相应地增长，缴费越多补贴越多，则可能会出现农村较为富裕的农民选择较高的缴费标准，并相应获得较高的政府财政补贴，而贫穷者由于受限于个人较低的收入水平，为了满足当前的消费需求只能选择较低的缴费档次。缴费水平较低，获得政府补贴较少，这就有违社会保障天然追求公平的制度属性，不能充分发挥其收入再分配的功能。二是实行政府财政定额补贴，不论农民选择多高的缴费标准，财政补贴的水平相同，则不能对农民选择较高的缴费水平从而获得较高保障水平形成有效的吸引，从而违背了个人账户的激励特性。此外，现行 100~500 元固定标准的五个缴费档次也不符合社会保险的缴费原则。根据社会保险制度的基本原则，应该采取比例缴费制，即应当以个人收入的一定比例作为缴费标准，达到退休年龄后个人账户养老金的待遇水平与缴费水平挂钩。收入水平越高，缴费数额也越多，个人账户养老金的积累越多，因此形成有效的农民缴费激励机制。基于上述分析，农民社会养老保险制度“三账户”模式中的个人账户应该采取比例缴费制取代固定额度分档缴费制，同时参照城镇职工养老保险的缴费比例，按照上一年度当地农民人均纯收入的 8%作为缴费标准。“新农保”制度的个人账户与城镇职工养老保险个人账户的不同是，农民的个人账户实行现收现付的名义账户制。根据经济增长速度、总体物价水平以及城镇职工工资增长等诸多因素确定适当的记账利率，以达到逐步提高农民养老金水平，缩小城乡社会保障二元“福利差”，解决农民养老后顾之忧的三维制度目标。同时，在我国资本市场尚不成熟的大环境下，名义账户制可以有效降低社会保险基金的运营风险，使之免遭通货膨胀等因素的影响。

个人账户的缴费标准以农民人均纯收入的 8%作为缴费标准，经济特别困难的家庭，地方政府可以给予适当的财政补贴。制度采取现收现付的名义账户制，基金实行省级统筹，省级政府对农民养老问题承担直接责任，制定具体的实施办法和细则，负责农民养老保险基金收支的初步预算和个人账户的记账管理，随着制度的发展，待条件具备时逐步过渡到全国统筹。根据《中国统计年鉴》（2012）的数据，全国各地区农民个人账户的参考缴费标准如表 6-10 所示。

表 6-10 制度“三账户”模式中农民个人账户缴费水平估算

地　区	人均纯收入（元）	个人账户年缴费额（元）	地　区	人均纯收入（元）	个人账户年缴费额（元）
全国平均	6977.3	558	河南	6604	528
北京	14735.7	1179	湖北	6897.9	552
天津	12321.2	986	湖南	6567.1	525
河北	7119.7	570	广东	9371.7	750
山西	5601.4	448	广西	5231.3	419
内蒙古	6641.6	531	海南	6446	516
辽宁	8296.5	664	重庆	6480.4	518
吉林	7510	601	四川	6128.6	490
黑龙江	7590.7	607	贵州	4145.4	332

续表

地　区	人均纯收入（元）	个人账户年缴费额（元）	地　区	人均纯收入（元）	个人账户年缴费额（元）
上海	16053.8	1284	云南	4722	378
江苏	10805	864	西藏	4904.3	392
浙江	13070.7	1046	陕西	5027.9	402
安徽	6232.2	499	甘肃	3909.4	312
福建	8778.6	702	青海	4608.5	369
江西	6891.6	551	宁夏	5410	433
山东	8342.1	667	新疆	5442.2	435

资料来源：根据《中国统计年鉴》（2012）数据计算而来。

根据表中计算数据可以看出，依据农民人均纯收入8%测算的个人账户缴费额，大约1/3的省份数据（31个省、市、自治区中的12个）处于“新农保”100~500元的缴费区间，说明“新农保”缴费区间的设置已经不能适应农民收入水平日益提高的现实。固定档次的缴费制不符合不同省份农民收入的实际情况，尤其是北京、天津、上海、江苏、浙江等经济发达地区。因此，农民社会养老保险制度个人账户应该采取比例缴费制，这不仅可以适合我国不同地区经济发展水平差距较大的现实国情，而且可以更好地满足农村居民的养老需求。

（四）地方补助养老金水平的界定

地方补助养老金作为农民社会养老保险“三账户”模式的新增部分，主要是基于地方政府作为农民雇主的缴费责任和农民基本“生活需求”的满足。首先，农业劳动者在承包地从事农业劳动，从劳动特性来看长期处于自我雇佣的状态，如果没有地方政府作为其雇主承担雇主的养老保险缴费责任，与第二、第三产业劳动者相比（企业作为雇主承担缴费责任），农民社会养老保险便失去其吸引力。而且仅仅依靠中央财政的基础养老金和农民自我缴费，很难满足农民日益增长的养老需求。从全世界建立农民社会养老保险制度的国家来看，国家作为农民的雇主都承担了相应的缴费责任，如德国、日本等。况且我国长期以来存在的工农业产品的价格“剪刀差”已经使农民群体为了国家的工业化、现代化做出了巨大的牺牲和贡献，国家理应为农民养老后顾之忧的解除和养老需求的满足承担相应的财政责任。其次，农民社会养老保险制度的优化和完善主要是为了农村老年居民“生活需求”的满足和财政责任的合理负担，这也正是农民养老保险“三账户”模式期望达到的目标。但这一目标的实现仅靠“新农保”“基础养老金+个人账户养老金”是无法完成的。基础养老金体现中央政府的责任以及生存公平原则，满足农民的“生存需求”，个人账户缴费很好地体现了个人在社会养老保险中的责任，根据农民实际收入水平确定适当的缴费比例。地方政府财政承担“基础养老金+个人账户养老金”的不足部分，即距离农民“生活需求”满足的差距，以体现其作为农民雇主的责任。鉴于我国经济发展存在较大的地域差异、产业结构区域分布存在不平衡，因此，必须综合考虑各个省份的财政承受能力以及农业人口比重，加大中央政府对财政承受能力较弱省份以及农业大省的转移支付力度。

根据前文农民社会养老保险总体保障水平的测算、基础养老金的补助水平和个人账户缴费水平的测算，“三账户”模式中地方补助养老金的计算公式为：地方补助养老金=农民生活需求总额－中央财政发放的基础养老金－个人账户养老金。其中，国家基础养老金暂时以“生存需求”下限为标准，以后随着经济发展水平逐步提高补助水平，由于实行名义账户制，农民个人账户的积累额以事先确定的记账利率进行测算，并根据个人账户的计发系数来计算每月个人账户应发数额。

第七章　我国农民社会养老保险制度公共投入的财政预算优化

财政预算以年度为限，对政府在财政年度内的收入以及支出项目、收入以及支出的具体内容进行规定，并且对财政收支的盈亏状况以及预期达到的社会经济各项指标进行设定，是具有法律效力的政府年度财政收支计划。各级政府的财政预算经立法机关审查后便成为具有法律效力的文件。“新农保”可持续发展的重要因素是增加了政府的财政支持，而政府的财政支持要想具有可持续性，制度化、法制化的财政长效供给机制必不可少，而财政预算则是实现财政供给可持续的基础。目前，“新农保”的财政预算是不规范的，制度化、法制化的财政长效供给机制是缺失的。当前制度建设所需资金是通过政府财政拨款的方式实现的，而这部分资金并没有纳入政府预算，具有很强的政策性和随意性。作为一种缓解农村普遍贫困、缩小城乡收入差距以及解决农民养老所需的制度，公共投入在农民社会养老保险制度中发挥着重要作用。政府公共投入的资金只能来源于一般性的税收收入，政府的财政预算制度可以实现资金的长效供给。只有通过财政预算合理安排农民社会养老保险制度的收支数量及收支结构，才能从法律上保证公共投入的稳定性和持续性。农民社会养老保险制度作为社会保险制度的一部分，不可能单独编制预算体系，而只能依托作为整体的社会保障预算的不断优化。因此本章标题为农民社会养老保险制度的公共投入优化——财政预算，是将农民社会养老保险制度的财政预算置于社会保障财政预算之中进行研究。

第一节　社会保障财政预算的基本含义

一、概念界定

社会保障作为现代社会的“稳定器”和“安全阀”，是指国家依法建立的、具有经济福利性的、社会化的国民生活保障系统。它的责任主体是国家或政府，目的是实现经济社会的稳定协调发展，以政府财政作为基本的经济后盾，资金来源多样性。社会保障预算作为国家财政预算的四大组成部分，是对各项社会保障收入和支出进行管理、监督的重要手段，可以较好地体现社会保障资金的收支活动，它是社会保障制度不断发展和完善的内在要求，是政府公共服务职能的基本体现，也是加强政府宏观管理职能的现实需要和完善我国复式预算制度的重要内容。它主要由社会保障预算收入、社会保障预算支出以及社会保障预算管理体制三部分组成。目前，世界上许多国家都建立了相对完善的社会保障预算制度，依靠政府的政策倾斜和财政扶持，促进了社会保障制度的健康有序发展。社会保障预算能够使政府对社会保障的公共投入具有可持续性、长效性，增强社会保障收支的法律规范，使其更好地发挥收入再分配职能，逐步缩小我国城乡之间、区域之间的收入差距，促进整个社会的协调发展。

二、基本属性

社会保障预算作为政府公共管理的一项重要制度，本质上体现的是一种财政分配关系，具有公平性、强制性以及目标指向性等特征。① 其中，社会保障预算的公平性指的是预算的建立和发展过程中，应该充分考虑到我国经济社会发展的不平衡，考虑到社会保障在城乡之间、地区之间、险种之间等存在的较大差距，因此，社会保障预算应该在缩小收入差距、促进社会公平上有所作为。依靠公共财政的政策倾斜以及转移支付，实现社会成员之间的平等共享以及互助共济。强制

① 赵亚平. 建立社会保障预算的政策思考［J］. 成人高教学刊，2008（4）：18-21.

性指的是社会保障预算经立法机关审查后便成为具有法律效力的文件，是实现制度化、法制化的财政长效供给机制的基础。强制性体现社会保障的制度价值，它既不以个人意志为转移，也不以政府财力不足为借口，切实发挥其收入再分配的职能，在维护社会稳定和促进社会公平上发挥重要作用。目标指向性指的是社会保障预算针对社会保障资金的收入和支出活动，而不涉及政府预算的其他方面。目标指向性凸显社会保障的重要地位，社会保障预算与政府公共预算、国有资本经营预算、政府性基金预算一起构成我国财政预算的四大组成部分。政府必须对社会成员的社会保障负起责任，它已经成为政府职能中不可缺少的有机组成部分。

三、主要内容

社会保障预算主要包括预算收入、预算支出以及制度运行的管理体制三大组成部分。其中，预算收入主要包括五大组成部分，即政府预算补助收入、保险基金收入、专项基金收入、政府转移性收入、基金投资收益等。[①] 政府经常性预算补助体现政府在社会保障制度建设和发展中的财政责任，主要用于社会救助、社会福利支出，是社会保障制度中政府责任的具体体现。专项基金收入主要包括三部分，即居民住房公积金、残疾人就业保障金以及社会福利基金等。转移性收入只是体制内部社会保障资金的流动转移，对社会保障的资金总量不会产生影响，目的是实现中央政府及地方各级政府间社会保障资金的平衡，属于资金在体制内的转移调度和优化配置。为了实现不同时期社会保障支出的平衡，需要建立社会保障基金储备，储备基金如果闲置可能会由于通货膨胀等因素而贬值，因此需要通过基金投资来获取收益。除此之外，社会保障预算收入还包括政府划转的国有资本经营预算、社会捐赠收入以及其他方面的筹措资金等。社会保障预算支出主要包括政府预算补助支出、保险基金支出、专项基金支出、政府转移性支出四大组成部分。其中，社会保障预算支出的主要项目是保险基金支出，涵盖了养老、医疗、失业、工伤、生育保险五大支出部分。社会保障预算管理体制的目的是为了保障整个体系的健康高效运转，包括预算编制、预算执行、预算监督管理三大方面的各个实施主体以及具体的运作流程。

---

① 杨玉霞. 中国政府预算改革及其绩效评价［M］. 北京：北京师范大学出版社，2011.

第二节　我国社会保障财政预算的现状分析

一、我国政府财政预算体系的构成

2009 年 3 月，十一届全国人大二次会议上，温家宝同志的《政府工作报告》中提出要对我国的预算管理体制进行深化改革，目的是实现四大预算（即政府公共预算、政府性基金预算、国有资本经营预算、社会保障预算）的健康运行、相互衔接。同年 8 月，《关于推进财政科学化精细化管理的指导意见》由财政部颁发，提出要实现财政科学化、精细化管理必须构建完善的财政预算体系，并且提出了建设四大预算的基本方向，这标志着我国健全财政预算体系进入实质性阶段。①

政府公共预算，是指政府为了维持国家机器的顺畅运行、向社会成员提供公共产品和公共服务、保护国家不受外敌入侵等目标而通过税收等手段筹集收入并合理安排财政支出等方面的财政收支预算。政府公共预算的完善主要从三个方面入手：一是提高政府公共财政收入的质量。首先按照强化税收的原则，强化财政收入中税收所占份额；其次对政府收费制度进行改革，通过税费收入结构的调整完善，切实增强公共财政体系的科学性。二是改善财政提供公共产品和公共服务的支持力度。按照实现基本公共服务均等化的目标，加大财政支持力度，切实促进人民生活质量的提升。三是在年度预算不断完善的同时，采取有效措施加强中期预算的管理。根据我国经济社会发展的优先次序和政策目标，在对经济发展水平和财政收入趋势进行中期预测的基础上合理确定政府财政中期支出的水平及支出结构，采用滚动方式来编制预算。

国有资本经营预算，是指为了实现对国有资本经营所得利润进行合理有效的分配而产生的财政收入和支出预算。其中，预算收入来自国有资本收益，主要包括国有股利、股息、应交利润、国有产权转让收入、企业清算收入等；预算支出

① 孙继华. 关于建立健全我国政府预算体系的研究［J］. 财会研究，2011（16）：11-13.

则由国家根据经济社会发展的需要来进行合理调整，主要包括资本性支出、费用性支出以及其他支出。国有资本经营预算的完善主要从以下几方面入手：一是建立政府财政部门与其他监管部门良性互动的工作机制。二是对国有资本经营预算收入以及支出的方向及范围进行合理界定。三是将中央部门所属企业、中央管理企业集团等所有符合标准（特殊规定的除外）的都纳入预算试点的范围。

政府性基金预算，是指国家通过出让土地、发行彩票以及向社会征收等方式来取得资金收入，专项支持特定的基础设施建设以及社会事业发展而产生的各项财政收支预算。政府性基金预算的完善主要从以下几方面入手：一是清理规范政府性的基金项目。取消那些已经失去收入来源以及违规建设的政府性基金项目，同时对建立新的政府性基金项目实行严格控制。二是强化政府性基金预算的管理。对政府性基金收支分类科目进行全面修订，以求能够清晰反映出收入的来源以及支出的总量、结构和方向。同时为了促进基金预算的准确性和完整性，应该对所有项目支出明确到详细事项。地方本级政府性基金预算应该按照财政部的基金项目范围以及收支科目来编制，并按照统一的报表格式逐级上报，最后由财政部统一汇总整理。

社会保障预算是筹集社会保障收入、安排社会保障支出的财政计划，是反映一个国家社会保障资金收入和支出的结构、规模，以及资金盈亏状况的计划，它通常由政府制定，直接反映了政府、企业以及个人对社会保障责任的划分范围，是整个社会保障制度得以健康、有序发展的重要基础。由于社会保险制度的重要性，当前应该优先制定社会保险基金预算，遵循依法建立、责任明晰、建立专项资金、严格专款专用以及收支平衡、略有结余的原则。其中，收入预算要综合考虑上年度基金预算的盈亏状况、当年的宏观经济走势、社会保险工作推进状况；支出预算要考虑制度覆盖人群规模变化、当地经济总体状况、受益对象待遇领取的变动情况等。同时还应该明确社会保险主管部门与财政部门的职责分工，切实做到各尽其责、各司其职。

二、我国社会保障财政预算的现状分析

（一）政策层面

复式预算是国家财政预算的一种组织形式，它通常编制两个或两个以上的平衡表，按照不同的经济性质将政府的各项财政收入以及支出通过不同的表格来分

别反映。它的最大特点是根据特定的预算收入来安排特定的预算支出，在预算收入和预算支出之间建立稳定的对应关系。它不仅可以反映财政预算资金的流向和流量，而且可以反映资金的性质以及收支结构，便于改善财政资金的管理，避免性质不同的财政资金相互挤占。目前，复式预算改革在我国已经推行二十余年，国家层面已经形成了三大预算，即政府公共预算、国有资本经营预算、政府性基金预算。社会保障在政府的公共预算中列支，尚未成为单独的一门预算。因此，应该改革当前的复式预算体系，对社会保障预算进行单独编制，以此来建立社会保障财政供给的长效机制。为了优化财政对农民社会养老保险制度的公共投入，应该依托复式预算改革，编制单独的社会保障预算，并加强预算管理，提高财政资金的使用效率。

我国的社会保障财政预算是伴随社会保障制度的建设和发展、政府预算制度的改革与完善不断发展起来的。1991 年 10 月，《国家预算管理条例》颁布，我国的政府预算由长期的单式预算向复式预算转变，复式预算分为建设性预算及经常性预算两部分，其中经常性预算涵盖社会保障收入和支出。但这次转变仅仅是预算形式由单式预算转为复式预算，实质内容并未根本转变，经常性预算资金并未得到保证，常被建设性预算挤占挪用。“社会保障预算”这一词汇第一次在正式文件中出现是 1993 年 11 月。当时《中共中央关于建立社会主义市场经济体制若干问题的建议》在党的十四届三中全会上通过，文件中提到“社会保障预算可以根据社会发展需要建立”。[①] 1994 年《中华人民共和国预算法》明确提出根据复式预算来编制各级政府的预算。1995 年 11 月，《中华人民共和国预算法实施条例》出台，其中第二十条提出：我国的复式预算包括三大部分，即政府公共预算、国有资本经营预算、社会保障预算等，[②] 这标志着我国的社会保障预算正式取得法律地位。1996 年 7月，《国务院关于加强预算外资金管理的决定》（国发〔1996〕29 号）颁布，文件中提出在国家财政建立社会保障预算制度之前，依靠政府信誉建立的社会保障基金先遵循预算外资金的管理制度进行管理，实行“专款专用”、“收支两条线管理”。1999 年 1 月，《社会保险费征缴暂行条例》颁布，该条例明确提出征缴的社会保险费纳入社会保险基金，实行专款专用，任何单位和个人不得

① 闫俊. 社会保险基金预算管理中的政府理财责任［J］. 社会保障研究，2011（1）：26-30.

② 卜海涛. 社保基金进预算　科学管理更规范——财政部社会保障司负责人就社会保险基金预算答记者问［J］. 财会研究，2010（2）：78-80.

挪用。

从以上社会保障财政预算的发展历程来看，真正意义上的社会保障预算并没有建立起来，其根本原因在于我国社会保障制度碎片化严重，建立统一的社会保障预算难度较大。就社会保险制度来讲，由于基金的统筹层次不高、财政投入责任不落实、经办管理机构不统一等因素的制约，全国统一的社会保险基金预算制度也没有建立。因此，我国亟须对分散在各部门的社会保险基金收支活动进行整合，逐步建立起与公共财政框架相适应的、相对独立的社会保险基金预算。2005年3月，十届全国人大三次会议明确提出要研究建立社会保障预算，完善社会保障制度。2007年，劳动部、财政部和社会保障部考虑到社会保障预算体系难以一蹴而就的现实，因此转变了工作思路，提出两步走的战略。第一步建立独立的社会保险基金预算，第二步将社会保险基金预算和社会保障支出合并，并从政府公共财政预算中独立出来。近几年来，对于建立社会保险基金预算，全国人大在预算的审查报告中也提出一系列要求。2007年提出将社会保险基金（基本养老、基本医疗、失业、工伤及生育保险等）纳入预算管理；2008年提出研究编制社会保障预算；2009年明确提出在2010年试编社会保险基金预算；2010年《关于试行社会保险基金预算的意见》颁布，开始在全国范围内编制社会保障基金预算。

（二）实践层面

在理论研究的同时，全国许多省市也在对社会保障预算编制进行探索和创新。到目前为止，全国开始社会保障预算编制工作的有近10个省份，其中比较典型的有：河北、辽宁的“板块式”编制模式，广东、福建等的“社会保障基金”编制模式及湖北省枝江市的“一揽子”社会保障预算编制模式。

（1）“板块式”社会保障预算模式，以河北省、辽宁省为代表。该模式将社会保障预算分成两块：一块反映在一般预算中，包括行政事业单位的离退休费、社会抚恤及社会福利费、住房公积金收入等；另一块是社会保险基金预算，包括养老、医疗、失业、工伤以及生育保险基金等。

（2）“社会保障基金”预算模式，以福建省、广东省为代表。该模式并没有将社会保障收入和支出项目从一般预算立即取消，而是根据预算总额将其中的各项社会保障收入和支出划拨给社会保障基金预算。社会保障基金预算一方面要分配一般预算中划拨来的资金支出，另一方面还要分配财政专户下的社会保险支出。它需要根据社会保险以及其他社会保障项目分两部分计算各自的资金结余情况，最后汇编成专门的社会保障基金预算。

(3)“一揽子” 社会保障预算编制模式以湖北省枝江市为代表。1999 年初，枝江市开始了社会保障预算编制方案的探索，同年 7 月 1 日开始试运行。目前社会保障预算的基本模式由四大部分组成：政府公共预算中社会保障支出预算、社会保障基金预算、社会捐赠的社会保障基金、机关事业单位收支结余。该模式在设计时，将政府公共预算与社会保障预算放在平行的位置进行考虑，对社会保障预算的编制、执行、法律审批等方面都进行了一些有益的探索。

这些省市关于社会保障预算编制的探索及实践取得了一定的成效，为全国社会保障预算的编制提供了有益经验和重要参考。多省的实践也证明了我国社会保障预算的编制和执行不仅理论上行得通，实践上也是切实可行的。

第三节　建立农民社会养老保险财政预算的必要性

一、政府行政法制化建设的必然要求

政府建立社会保障的根本目的是缩小收入差距和促进社会稳定，为全体社会成员提供稳定的生活安全预期，它是政府宏观调控的重要工具。政府依法设立并向全体国民提供社会保障待遇是必须履行的公共管理职能。社会保障预算正是政府公共管理职能的具体体现。它全面反映政府各项社会保障资金的收入和支出项目、规模、结构以及盈亏状况，能够使以前无计划的社会保障收支活动变得有组织有计划。通过这一预算规划，可以更好地监督政府切实履行宪法赋予公民的社会保障权利。它通过社会保障基金的筹集依法向公民提供社会保障待遇，保障他们的基本生活所需；向社会公众清晰全面地反映社会保障各项目的财政收支及社会保障事业发展的情况；对于违反宪法及社会保障的企业法人及自然人依法追究其法律责任。农民社会养老保险制度作为我国社会保障制度的重要组成部分，建立财政预算能够确保农民养老保险的资金收支，有利于资金投资运营的管理及资金使用效益的考核，还有益于我国社会保障预算的完善。农民社会养老保险财政预算的建立，使政府对农民养老保险的公共投入有了法律保障，是政府行政法制

化建设的必然要求。

二、有利于实现公共服务均等化目标

在我国由计划经济向社会主义市场经济转轨的过程中，政府职能逐渐由经济活动的微观领域向经济社会的宏观调控转变，从而逐渐减少政府直接干预。为促进整个经济社会的协调发展，基本公共服务均等化成为政府职能转变的主线，民生问题成为社会建设的重要领域。教育、就业、社会保障并称为民生问题的三大支柱，迫切需要政府加大公共投入和政策倾斜，以促进基本公共服务均等化目标的早日实现。与教育、就业相比，社会保障作为收入再分配的重要制度安排，在缩小社会收入差距，实现公共服务均等化方面的作用更加明显。它不仅在当期具有较大的资金收支活动，而且还有巨额的社会保障积累基金，因此从政府公共服务的角度出发，建立社会保障预算具有较大的现实意义。将农民社会养老保险制度纳入预算管理，可以更好地安排预算资金的收支规模和结构，并建立制度化的增长机制，对保障农村居民基本生活，缩小城乡差距，实现养老保险制度的城乡统筹发展具有重大的意义。它不仅可以推动农村土地承包经营权的流转，盘活农村经济，实现农业的产业化、规模化经营，而且可以解除农民的养老后顾之忧，淡化农民的恋土情结，实现农村劳动力的转移就业，通过进城务工、自主创业等方式增加收入。农民收入的增加，农村经济的发展，有利于缩小城乡差距，逐步实现城乡统筹发展及基本公共服务均等化。

三、有利于复式预算制度的完善

根据公共财政理论，所有公共资金都必须纳入预算管理并接受公民监督。但当前，我国相当一部分社会保障资金并未纳入预算管理，不受预算约束，未接受立法机关监督，不仅降低了社会保障资金的使用效益，而且降低了政府的公信度和权威。我国的财政预算名义上是复式预算，但各项社会保障的收入和支出混杂在其他的经常性预算中，从而使社会保障资金不仅收支不清，而且脱离了政府财政预算的监督管理。因此，既损害了复式预算的功能，又影响了社会保障的健康发展。在政府财政预算体系下，社会保障预算具有公平性、强制性以及目标指向性等特征，其资金用于特定用途的社会公共事业，因此需要对其资金收支规模和结构进行单独的反映，使得全社会对社会保障资金的使用情况有全面的了解。

2010 年《关于试行社会保险基金预算的意见》颁布，意味着社会保障基金预算开始实行，我国的“一揽子”社会保障预算开始进入探索阶段。农保制度财政预算作为社会保障预算的重要组成部分，不仅有利于明晰农民社会养老保险财政资金的收支规模和结构，而且有利于加强资金的管理和监督，促进社会保障预算建立，最后逐步完善我国的复式预算制度。

四、建立制度化的财政长效机制的基础

农民社会养老保险制度财政预算制度建立后，每年的预算和决算都要经过人大的审查及批准，实际执行情况还要接受人大的监督，因此具有较强的法律效力，从而保证农民社会养老保险制度财政公共投入的稳定性，形成制度化的财政长效供给机制。同时，预算制度的建立也提高了农民社会养老保险制度财政收支的透明性，按规定将政府补贴资金编入预算，从而使相关的管理部门做到心中有数，以便统筹安排资金的合理有效使用。根据建立完善的农民社会养老保险预算制度的要求，不仅需要将政府对农保制度的财政补贴从一般预算中转出，纳入农保预算的收入，而且还要将预算外资金也纳入农保制度的预算，这样便可以清晰地看出责任主体的财政责任，明确农民的缴费规模以及政府对制度的财政投入。同时也可以方便地比较城市与农村之间、不同地区之间以及社会保障不同项目之间政府公共投入的差距。总之，农民社会养老保险财政预算制度的建立，一方面可以体现政府对农民养老所承担的财政责任的大小；另一方面切实建立起法制化、制度化的财政长效供给机制，保证农民社会养老保险财政资金使用的公共性和使用效率，促进制度的稳定、健康、有序发展。

五、完善农民社会养老保险制度的要求

使农民社会养老保险制度完善的关键问题之一是合理界定制度的责任主体，特别要明晰制度的出资责任主体。从一定程度上来讲，财政责任的落实是农民社会养老保险制度完善的核心环节。农民社会养老保险制度虽然不具有完全的非排他性和非竞争性，但是它具有较强的正外部性，根据马国贤（2001）的界定，农民社会养老保险制度应该属于准公共产品，政府应该对制度的发展和完善承担一定的财政责任。但是目前政府对农民社会养老保险应该承担的财政责任比较模糊，无论是财政总体保障水平的确定还是财政分担结构的界定都没有一个清晰的

答案。因此，从完善农民社会养老保险制度的角度来看，应该建立规范科学的财政预算，将农民社会养老保险制度的资金收支规模及投资运行活动纳入预算管理，这样有利于明晰资金收支的来龙去脉，掌握资金的收支规模和结构，更加合理科学地安排制度建设和发展。完善的农民社会养老保险预算制度应该包括预算模式的选择、预算标准的界定和法定的资金增长机制，从而在制度上、法律上保证农民养老的资金供给，促进制度的健康发展，真正发挥农民养老保险制度在整个社会养老保险体系中的重要作用。

第四节　建立农民社会养老保险财政预算的基本原则

一、全面性原则

全面性原则，即农民社会养老保险财政预算应该全面反映基金的收支情况，反映基金的收支规模及收支结构。全面性原则主要体现在四个方面：一是政策依据应统一。农民社会养老保险制度的保障范围、保障对象、财政投入标准、个人缴费比例、养老待遇水平等应该制定统一的标准，凸显制度的公平性特征。二是农民社会养老保险收支范围的统一。包括一般性税收收入安排的支出以及社会保险基金的收支项目。应将各类与农民社会养老保险相关的收支都纳入预算范围，包括现行相关部门掌握的资金收支以及基金的投资运营收益等，统一核算，统一管理，提高资金的使用效益。三是编制口径的统一。根据农民社会养老保险基金预算的预算科目和收支项目，根据不同科目之间的衔接和从属关系，不同项目间的平衡和对应关系，准确地编制预算的收支计划。农民社会养老保险的资金收支应以总额的形式列入预算，以便清晰资金的来龙去脉，掌握资金的收支规模和结构，而不能以收支相抵后的净额列入。不论资金的筹集方式和来源渠道是什么，只要是用于农民社会养老保险的资金，资金的收支都应该纳入预算管理，以明晰资金流动的具体情况。四是工作程序的统一。应该对农民社会养老保险财政预算的编制时间、审批流程进行规定，对预算编制的质量和效率进行监督。

二、政策性原则

政策性原则，即农民社会养老保险财政预算应该纳入国家宏观调控体系，以政策的调控目标为制度方向，在财政预算的编制及执行过程中体现国家的收入分配政策以及社会经济政策。应该充分考虑我国当前城乡之间、地区之间社会保障待遇差距较大的实际情况，考虑到社会保障在收入再分配、缩小收入差距上的重要作用。建立农民社会养老保险财政预算的根本目的在于加强对基金收支规模和结构的了解以及对基金投资运营的管理。基金预算不仅要反映基金的收支状况，还要能据此了解农民社会养老保险改革及发展过程中存在的问题，并制定相应的政策法规予以规范。预算编制应体现国家的社会政策目标，提高农民收入水平，增强农民消费能力，拉动农村经济发展，逐步缩小城乡收入差距，政府应该加大对制度的公共投入，从而将国家的收入分配政策和社会经济政策落到实处，推动农民社会养老保险及整个社会保障事业的健康发展，切实发挥出它所具有社会"安全阀"和"减震器"的作用。

三、量入为出原则

量入为出原则，即农民社会养老保险制度应在当年预算收入的约束下安排支出，统筹兼顾，坚持以收定支，略有结余的原则。这也是我国财政预算始终坚持的重要原则，农民社会养老保险财政预算也不例外。"农保"预算收入受到经济发展总体水平、政府财政状况、筹资标准以及社会承受力等多种因素制约，增长稳定性较差，而预算支持又要满足农民的"刚性"增长的需求，在此状况下，预算的收支平衡具有非常重要的意义。否则，不仅制度未来的发展难以为继，而且将打破整个社会的供求平衡状态，破坏正常的经济运行秩序。农民社会养老保险制度是为农村老年居民提供养老基本生活所需的，其支出水平中有一部分在预算编制时难以准确测算，为了不给未来预算支出带来过大压力，在预算编制时应该对收入和支出进行科学的界定和预测，在基金收支大致持平、略有结余的原则上进行编制。此外还要特别考虑可能影响基金支出规模的因素（如预期寿命延长等），在保证资金支付需要的前提下，对部分结余资金进行投资运营，提高资金的投资收益率。总之，农民社会养老保险财政预算需要科学的预算编制，周密的预算执行以及严格的预算监督，坚持量入为出的原则，确保支付需要，努力实现基金的

收支平衡并略有结余。[①]

四、专项预算原则

农民社会养老保险基金作为一种专项资金，具有专门的用途，只能用于农民社会养老保险项目相关的支出。在预算编制时，对资金的各项支出应该严格规范，以确保其专门用途，避免资金挪用、资金浪费等情况的发生。农民社会养老保险的资金管理部门应该为农保资金设立财政专户，建立专项的财务制度，其中包括基金筹集、基金支付、基金结余以及基金监管等方面，以切实增强基金的安全性。由于农民社会养老保险基金具有特定的资金性质，其资金来源和资金用途具有比较固定的对应关系，因此对基金结余部分应采取专户存储的方式并按规定进行投资运营，以保证其保值增值，结余资金严禁用于弥补政府公共预算赤字。

第五节　农民社会养老保险财政预算的优化方案

一、科学确立预算编制的目标和模式

政府建立科学完整的"农保"制度财政预算，不仅有利于保障农民基本养老需求，促进农民养老保险制度的完善，而且有利于促进农村经济发展和实现农村社会进步。农民社会养老保险制度财政预算的总体目标是：在目前政府公共预算的框架下，依托社会保障预算，逐步建立起以政府公共投入、集体经济补助、农民个人缴费为主要资金来源，各项"农保"收支活动以及基金的投资运营都纳入预算管理，资金的投资运营以及收入和支出活动要严格规范，建立起一套各项配套措施齐全的具有中国特色的农保制度财政预算。即选择适合我国国情的预算编制模式，加强预算管理的法制建设，同时优化预算支出结构，增加政府公共投入，制定"法定支出"，确保预算的保障水平，并建立完善的预算监督管理机制。

社会保障预算模式的选择与一个国家的经济体制、政治理念、社会制度、具

① 林兴禧. 建立公共财政下的社会保障基金预算制度［J］. 财会研究，2006（8）：11-12.

体国情以及社会保障制度模式之间有很大的关系。不同国家由于文化背景、经济发展水平等的差异，在社会保障预算编制时的政策取向、预算标准、科目设置、实施方法等方面存在较大的差异。理论上来看，社会保障预算主要有以下三种模式可供选择：专项基金预算、政府公共预算、“一揽子”社会保障预算。

专项基金预算模式：该模式单独编制社会保障基金预算，将与社会保障有关的收支同政府的经常性预算收支分开或者单列，以美国、德国、日本为代表，是通过基金预算来反映社会保障收支的预算模式。专项基金预算模式的特点主要包括：一是资金来源主要是社会保险税，规模较大，对国民经济和政府财政具有较大的影响；二是资金收入和支出的政策调整涉及面广，影响时间较长，需要进行精确的预算；三是由专门的社会保障机构负责基金的收入和支出管理，基金的实际流动都依托国库实现。该模式的优点包括两个方面：[①] 一是预算单独编列，独立于公共预算之外，基金透明度较高，由专门机构负责基金运营，安全性较高，便于实现保值增值。二是专项基金预算与政府公共预算分开，政府参与程度较低，承担责任相对较小。该模式的缺点主要是政府对社会保障的直接调控能力减弱，实现社会政策的灵活性减弱。政府财政预算仅反映基金收支总体规模，对具体收支情况则不能反映，但是作为社会保障制度的兜底者，一旦社会保障基金出现问题，对政府财政而言就构成潜在的威胁。

政府公共预算模式：该模式将社会保障收支直接列入政府经常性预算之中，作为政府经常性收支的内容，政府全面承担社会保障建设和发展的财政责任，通过社会保障税形成的收入直接进入政府经常性税收收入之中，以英国为代表。政府公共预算模式的特点有两点：一是政府不单独设立社会保障预算，而将其收支活动体现在政府经常性预算之中；二是社会保障的收入和支出在政府预算中占据重要比重。2008 年，英国社会保障收入占政府经常性收入的 16.2%，社会保障支出占政府管理支出的 21.1%，如果加上社会保险津贴支出，这一比例则达到 47%，成为英国财政支出中占比最大的项目。[②] 该模式的优点包括三个方面：一是制度的覆盖面广，国民的社会保障待遇水平较高；二是政府直接参与社会保障具体事务的管理，控制力较强；三是由于政府经常性预算采取年度平衡的方式，基

① 刘鹏. 社会保障预算的模式比较与试运行［J］. 时代金融，2013（5）：58-61.
② OECD. Economic Outlook 79 Database，2009.

金抵御物价上升以及通货膨胀的能力较强，不存在保值增值的问题。该模式的不足主要表现为政府财政负担较重。由于政府直接管理社会保障的收入和支出，全包全揽，造成机构人员庞大，行政管理成本较高。社会保障支出受福利刚性的影响将会不断增长，最终会对政府财政带来较大压力，甚至出现财政赤字的风险。

"一揽子"社会保障预算模式：该模式用一张预算表将公共预算中的社会保障收入和支出以及社会保障基金收入和支出全部涵盖。"一揽子"社会保障预算收入包括社会保障基金收入、政府公共预算中的财政补贴收入等。该模式的特点主要包括：一是由社会保障部门统一管理使用社会保障资金，可以实现资金在全国范围的优化统筹；二是社会保障预算全面反映社会保障收入和支出以及国家承担的财政责任，它独立于政府公共预算之外。该模式有三大优点：一是将社会保障资金的收入以及支出规模、资金使用详细情况等全面反映，可以清晰反映一个国家的社会保障建设情况；二是政府统一安排、全面管理社会保障资金，便于实施宏观调控；三是在公共预算收支之外设立社会保障收支，既不会导致政府财政责任的脱离，又可以有效减轻政府承担的社会保障负担。该模式的缺点主要是社会保障预算编制的技术难度较高，牵涉的部门较多，非常容易出现重复编制、管理不到位的情况。

根据我国的实际情况，结合农民社会养老保险制度财政预算的总体目标，"一揽子"社会保障预算模式是比较适合我国的模式。但考虑到我国当前的预算管理实践仍处在单式预算向复制预算过渡的过程之中，社会保障收入以及支出尚未从政府公共预算之中独立，离"一揽子"社会保障预算尚有较大的差距，因此需要采取过渡性的办法。首先建立"社会保障基金预算+政府公共预算"的两板块预算模式，将社会保障方面的公共投入在政府财政中暂时保留。以后伴随复式预算制度的发展完善实现两板块的合二为一，最终编制"一揽子"社会保障预算模式。2010年《关于试行社会保险基金预算的意见》颁布，开始在全国范围内编制社会保障基金预算，我国已经开始由社会保障预算的探索阶段进入实际运作阶段，预算改革开始向前逐步迈进。

二、加强预算管理的法制建设

近年来，我国社会保障财政预算快速发展。总体来看，目前关于社会保障基金预算编制只有原则指导，没有具体的实施细则。社会保障基金预算各地都在试行不同的模式，在编制方案的设计、编制方法的选择、编制程序的制定及编制执行的具体操作上尚未形成统一的规范。目前社会保障基金预算的法律建设滞后，可操作性较差，加强相关的法制建设已经较为迫切。

社会保障预算编制是否具有法律约束效力、是否有利于加强资金的管理和使用，关键在于预算的管理是否规范化、法制化。如果不加强社会保障预算编制的法制建设，就很难对社会保障预算进行严格约束，结果将导致资金的浪费、挪用甚至贪污现象。此时即使社会保障预算模式采取完整的“一揽子”模式，也难以形成规范化、法制化的预算管理机制。因此，必须加强预算管理的法制建设，加紧制定并出台《完善社会保障预算的指导意见》、《社会保障预算管理条例》等法律法规，通过法律法规的建设明晰政府相关部门在资金筹集、支付以及管理方面的职责，规范所有有关社会保障预算的行为，使制度的运行法制化、规范化。

三、优化预算支出结构，增加政府公共投入

“十一五”期间，公共财政收入总额达到30.3万亿元，年均增长率达21.3%。政府财政收入实力的持续增强，为公共投入的增加提供坚实的物质基础，有利于政府进一步增加民生投入，促进基本公共服务均等化。“十一五”期间的五年，民生建设方面的公共投入持续增加，教育投入达4.45万亿元，社会保障与就业投入达3.33万亿元，医疗卫生投入达1.49万亿元，相比“十五”期间分别增长了1.6倍、1.3倍和2.6倍。① 通过对2011年政府财政支出结构的分析，可以看出预算支出结构仍然存在进一步优化的空间（见表7–1）。

由表中数据可以看出，政府财政支出数额排在前四位的是教育、社会保障和就业、一般公共服务、农林水事务，分别占财政总支出的15.1%、10.2%、10.1%和9.1%。其中，一般公共服务支出主要指的是政府机关、人大、政协等行政事业单位的事务开支，其占比达到了10.1%，接近社会保障和就业支出。因此，行政事业单位的事务支出占比偏高，政府日常运转占用了较多的社会资源。社会保障和就业支出作为保障民生、维护社会稳定的重要项目，其占比相对较低，国家应该逐步加大对社会保障建设和发展的公共投入，尤其是支持农村地区社会保障

① 华黎. 新型农村社会养老保险制度中政府财政支持研究［D］. 武汉：华中科技大学博士学位论文，2011.

表 7-1 2011 年政府财政主要支出项目

单位：亿元、%

支出项目	支出数额	所占比重	支出项目	支出数额	所占比重
一般公共服务	10987.78	10.1	交通运输	7497.80	6.9
外交	309.58	0.28	资源勘探电力信息等事务	4011.38	3.7
国防	6027.91	5.5	商业服务业等事务	1421.72	1.3
公共安全	6304.27	5.8	金融监管支出	649.28	0.6
教育	16497.33	15.1	地震灾后恢复重建支出	174.45	0.2
科学技术	3828.02	3.5	国土气象等事务	1521.35	1.4
文化体育与传媒	1893.36	1.7	住房保障支出	3820.69	3.5
社会保障和就业	11109.40	10.2	粮油物资储备管理等事务	1269.57	1.2
医疗卫生	6429.51	5.9	国债付息支出	2384.08	2.2
环境保护	2640.98	2.4	其他支出	2911.24	2.7
城乡社区事务	7620.55	7	合计	109247.8	100
农林水事务	9937.55	9.1			

资料来源：《中国统计年鉴》(2012)。

事业的发展，逐步缩小城乡之间的收入差距，促进农村地区经济发展。总体而言，优化政府财政预算的支出结构，加大政府财政对农民养老的公共投入，应该从以下几方面入手：一是提高政府行政效率，逐步压缩一般公共服务支出。按照“保障供给、厉行节约”的原则，重点解决人员经费增长过快、机构编制过分庞大、经费使用效率较低等问题，提高资金的使用效率。提高行政效率的关键是对政府职能进行界定，遵循市场经济的运行规律，市场能够自行解决的问题政府逐渐减少插手，减少政府事权，纠正财政越位，逐步转变政府职能，由市场经济的管理者变为市场经济的服务者。同时严格监管资金的使用，强化公务用车的规范管理、减少不必要的设备购买和不必要的会议安排，严格公务接待制度、杜绝公款旅游等不正当的行为。二是加大对社会保障的公共投入力度。我国的社会保障制度主要包括社会救助、社会保险以及社会福利制度。虽然近年来财政加大了对社会保障的投入力度，但是与世界上其他国家相比，我国财政用于社会保障的支出比例仍然偏低。除了公共投入总量偏低之外，我国财政投入还存在明显的城乡不均衡的现象，城镇社会保障投入水平较多，农村投入水平明显偏低，而且农村地区有限的政府财政投入也大部分用于社会救济支出，对农村社会保险的财政投入比例较小。因此，从构建社会主义和谐社会，促进城乡统筹发展的视角出发，应该加大社会保障的公共投入力度，特别是农村社会保障的公共投入力度，使社会保障资金在城乡之间均衡配置。三是加大政府财政对农民社会养老保险的支出比重。长期以来，由于受农民有传统的家庭保障以及土地保障，不需要社会养老保险的错误观念的影响，政府对农民养老承担较少的责任。2009 年，“新农保”试点的推行，增加了政府的财政支持，体现了政府对农民养老的财政责任，但是支出比例仍然较低。2009 年，农民养老金支出总额为 76 亿元，城镇养老金支出总额为 3869.68 亿元，城镇支出总额大约是农村支出总额的 51 倍。2010 年，农民养老金支出总额为 200.4 亿元，城镇养老金支出总额为 4659.05 亿元，城镇支出总额大约是农村支出总额的 23 倍。通过两年的数据对比可以看出，虽然政府对农民养老的财政支持力度在不断增强，但是城乡之间的公共投入比例仍然差距悬殊。因此，加大政府财政对农民社会养老保险的支出比重，对于保障农村老人基本生活需求，缩小城乡收入差距都具有积极的意义。

四、制定“法定支出”，确保预算的保障水平

法定支出指的是政府为了保障某项支出的科学性、严谨性而对其财政支出的数量、比例以及增长速度等都明确规定。当前我国的三大法定支出项目分别为教育、支农以及科技支出。《中华人民共和国教育法》第七章第五十五条规定：各级政府应将教育经费支出单独列项，并以不低于财政经常性收入的速度保持增长。《中华人民共和国农业法》第五章第三十八条规定：财政支农资金的增长速度应不低于财政经常性收入的增长速度。《中华人民共和国科技进步法》第四十五条规定：全国的科研经费增长幅度应该不低于财政经常性收入的增长幅度。社会保障和就业支出作为民生建设的重要支出项目，2011 年占政府财政总支出的 10.2%，仅次于教育支出，但是关于社会保障的支出比例以及支出增长速度却没有相关法律法规的规定。2010 年 9 月，《社会保险法》颁布，规定我国的社会保险水平应该与经济发展水平相适应，政府通过税收优惠政策来支持社会保险事业的发展，县级以上人民政府应给予社会保险事业必要的公共投入。虽然规定了政府对社会保险制度承担相应的财政责任，但是对具体的财政投入比例及增长幅度却没有明确规定。

农民社会养老保险制度作为农村社会保障体系的重要组成部分，不仅对于保障农村老年居民基本生活需求，实现老有所养的政策目标具有重要作用，而且对于缓解农村贫困现状，提高农民收入水平，拉动农村消费市场，逐步缩小城乡收

入差距具有重要的影响。农民社会养老保险制度对于统筹城乡经济协调发展，逐步缩小城乡之间、地区之间的收入差距具有重要意义。目前，保证农民社会养老保险制度政府公共投入的稳定性和可持续性，应该制定农民养老保险的法定支出，对财政支出比例以及支出增长幅度进行规定。农民社会养老保险公共投入占国内生产总值的比重应该随着经济发展水平、财政收入水平稳步增长。应该根据财权与事权相对应的原则合理界定中央与地方政府财政责任的边界，同时财政投入应保持不低于财政经常性支出的增长速度。法定支出是特殊形式的专款专用，体现国家对农民社会养老保险的财政倾斜，是对长期以来由于工农业价格“剪刀差”而对国家工业化作出重要贡献的农民群体利益的一种补偿，是工业反哺农业的一种体现，在一定程度上体现政府对于公平、正义、共享的价值理念的追求，体现对农民这一弱势群体老年基本权利的维护。农民社会养老保险的法定支出可以严格约束财政资金的规划和调度，较好地避免资金的侵占、挪用、转移甚至贪污现象的发生。因此，法定支出有利于建立农民社会养老保险制度规范化、法制化的财政长效供给机制，为制度的建设和发展提供稳定可靠的资金来源。

五、建立完善的财政预算管理及监督机制

农民社会养老保险制度的财政预算依托于完善的社会保障财政预算。因此建立完善的“农保”预算管理机制，首先要完善社会保障预算。长期来看，社会保障预算将采用“一揽子”预算模式，将社会保障基金收支以及公共预算中的社会保障收支编制在一张预算表中。目前，社会保障预算尚存在较大的问题。从资金来源来看，我国现行的社会保障制度有两大渠道：社会保险费和税收收入。中国的社会保险费大部分由企事业单位承担，通过保险费支付的方式。国家通过一般税收方式形成的财政收入一部分通过政府公共投入的形式用于社会救济和社会福利支出，以及对社会保险制度的补贴支出。目前就资金收入来看，财政预算并没有对一般税收收入、社会保险费收入及其他收入进行统一的反映。从资金支付来看，政府一般预算安排的三大项包括行政事业单位离退休费、抚恤和社会福利救济费、社会保障补助支出。名义上来看，社会保障支出包括三大类，但实际上具体细目涵盖七大类共 60 多个项目。其中，职工的养老、医疗保险采取统账结合的方式，职工的工伤、生育、失业保险列入财政专户，由社会保险基金进行支付。

就农民社会养老保险制度的财政预算来看，预算收入主要分为三大部分：一

是财政对农民社会养老保险制度的公共投入，体现政府对农民养老所承担的财政责任，资金来源于一般税收收入。其中中央政府主要负责基础养老金的支出，体现所有农村居民平等享受国民福利，机会均等；地方政府根据本地经济发展水平及财政实力负责地方补助养老金支出，体现农民养老待遇的区域差异。二是农民个人缴费收入。目前“新农保”实行 100~500 元的固定标准分档缴费制，已经不太符合我国农村的实际情况，因此可以借鉴城镇职工养老保险制度的经验，采取固定比例缴费制，根据农民人均纯收入的实际情况实行比例缴费制。三是其他收入，主要包括国有股减持划拨、农村集体经济补助、社会慈善捐赠等。预算支出主要包括养老保险费支出、管理费用以及人员经费等。按照资金的收支对等原则，将农民社会养老保险收入专用于养老保险费支出及相关管理费用等支出。

为了保证农民社会养老保险财政预算制度的规范正常运行，除了要加强预算管理的法制建设外，还要建立完善的预算监督机制。农民社会养老保险财政预算监督具体包括五个方面：一是内部监督。这是整个农民社会养老保险财政预算监督的基础环节，也是预算单位财务管理的重要内容。二是行政监督。行政监督涉及的单位较多，主要对包括财政、检察、税务及农民社会养老保险的主管部门等进行的监督，这在整个监督机制中处于主导环节。三是审计监督。政府审计机关要定期或者不定期地对农民社会养老保险制度的财务收支状况进行审计，包括会计凭证以及账簿和报表等，农民社会养老保险的预算单位要自觉接受政府审计部门监督。四是民主监督。民主监督主要是指各级人大对农民社会养老保险财政预算的编制、执行、调整以及决算进行监督。五是社会监督。社会监督包括社会团体、社会中介组织、社会媒体以及民众等对制度财政预算进行的监督。

第八章　城乡统筹背景下农民社会养老保险制度公共投入优化的延展讨论

本章以政府增加对“新农保”公共投入为背景，分析现行的公共投入在投入结构、投入总量及财政预算等方面存在的问题，并构建了农民社会养老保险制度的公共投入优化机制。有的学者不免要问：“农保”的公共投入优化机制对“城居保”是否适用？在当前城乡统筹的背景下，政府已经开始推进“农保”与“城居保”的合并，建立统一的城乡居民基本养老保险制度，并且提出“十二五”末，在全国基本实现“新农保”和“城居保”合并实施。因此，“农保”的公共投入优化机制对城乡居民基本养老保险制度是否适用？需要哪些调整？这些都是需要我们深入讨论的问题。

第一节　城乡统筹背景下“新农保”与“城居保”的合并

一、“新农保”的建立及主要内容

2009 年，国务院颁布《关于开展新型农村社会养老保险试点的指导意见》，即国发〔2009〕32 号文件，“新农保”试点开始推行。该《指导意见》主要内容如表 8-1 所示。

二、“城居保”的建立及主要内容

“城居保”即城镇居民社会养老保险制度。2011 年，国务院颁布《关于开展城镇居民社会养老保险试点的指导意见》，即国发〔2011〕18 号文件，确定自 2011 年 7 月 1 日开始城镇居民社会养老保险制度的试点。该《指导意见》主要内容如表 8-2 所示。

表 8-1 “新农保”指导意见的主要内容

基本原则	保基本、广覆盖、有弹性、可持续
任务目标	2009 年全国 10%的县（市、区、旗），2020 年之前基本实现对农村适龄居民的全覆盖
参保范围	年满 16 周岁（不含在校学生）、未参加城镇职工基本养老保险的农村居民，可以在户籍地自愿参加新农保
基金筹集	个人缴费、集体补助、政府补贴三部分构成
个人账户	建立个人账户，个人缴费、集体补助、地方政府补贴等进入个人账户。按照人民币一年期存款利率计息
养老金待遇	由基础养老金和个人账户养老金组成。基础养老金每人每月 55 元，个人账户养老金等于个人账户储存额除以 139
待遇领取条件	年满 60 周岁、未享受城镇职工基本养老保险待遇的农村有户籍的老年人，可以按月领取养老金
待遇调整	根据经济发展和物价变动等情况适时调整基础养老金的最低标准
基金管理	健全财务会计制度，试点阶段县级管理，以后逐步提高管理层次
基金监督	内部监督、社会监督等
经办管理服务	社会保障信息管理系统，加强经办能力建设等
相关制度衔接	做好与“老农保”衔接，研究与“城职保”等衔接办法
组织领导	国务院、试点地区成立领导小组
实施方案	省（区、市）人民政府制定试点具体办法
宣传工作	做好舆论宣传

表 8-2 “城居保”指导意见的主要内容

基本原则	保基本、广覆盖、有弹性、可持续
任务目标	2011 年 7 月 1 日启动试点，实施范围与“新农保”试点基本一致，2012 年基本实现城镇居民养老保险制度全覆盖
参保范围	年满 16 周岁（不含在校学生）、不符合职工基本养老保险参保条件的城镇非从业居民，可以在户籍地自愿参加城镇居民养老保险
基金筹集	由个人缴费、政府补贴两部分构成。个人缴费设 100~1000 元 10 个缴费档次。政府补贴分中央财政和地方财政两部分
个人账户	建立个人账户，个人缴费、地方政府补贴等进入个人账户。按照人民币一年期存款利率计息
养老金待遇	由基础养老金和个人账户养老金组成。基础养老金每人每月 55 元，个人账户养老金等于个人账户储存额除以 139
待遇领取条件	年满 60 周岁的参保城镇居民，可以按月领取养老金
待遇调整	根据经济发展和物价变动等情况适时调整基础养老金的最低标准
基金管理	健全财务会计制度，试点阶段县级管理，以后逐步提高管理层次

续表

基金监督	内部监督、社会监督等
经办管理服务	社会保障信息管理系统，加强经办能力建设等
相关制度衔接	有条件的地方，“城居保”与“新农保”合并实施，研究与“城职保”等衔接办法
组织领导	国务院、试点地区成立领导小组
实施方案	省（区、市）人民政府制定试点具体办法
宣传工作	做好舆论宣传

三、城乡居民基本养老保险制度的建立及主要内容

2014年2月，国务院颁布《关于建立统一的城乡居民基本养老保险制度的意见》，即国发〔2014〕8号文件，提出在总结“新农保”和“城居保”试点经验的基础上，将两项制度合并实施，在全国范围内建立统一的城乡居民基本养老保险制度。该意见主要内容如表8–3所示。

表8–3 “城乡居民基本养老保险”指导意见的主要内容

指导思想	全覆盖、保基本、有弹性、可持续
任务目标	“十二五”末，在全国基本实现“新农保”和“城居保”制度合并实施，并与职工基本养老保险制度相衔接。2020年前，全面建成公平、统一、规范的城乡居民养老保险制度
参保范围	年满16周岁（不含在校学生），非国家机关和事业单位工作人员及不属于职工基本养老保险制度覆盖范围的城乡居民，可以在户籍地参加城乡居民养老保险
基金筹集	由个人缴费、集体补助、政府补贴三部分构成。个人缴费设100元、200元、300元、400元、500元、600元、700元、800元、900元、1000元、1500元、2000元12个缴费档次。政府补贴分中央财政和地方财政两部分
个人账户	建立个人账户，个人缴费、集体补助、地方政府补贴等进入个人账户。按照国家规定计息
待遇及调整	由基础养老金和个人账户养老金组成。基础养老金每人每月55元，个人账户养老金等于个人账户储存额除以139。根据经济发展和物价变动等情况适时调整基础养老金的最低标准
待遇领取条件	年满60周岁的参保城乡居民，可以按月领取养老金
基金管理运营	逐步推进基金省级管理，按照国家统一规定投资运营，实现保值增值
基金监督	内部监督、社会监督等
经办管理	社会保障信息管理系统，加强经办能力建设等
领导与宣传	加强组织领导和政策宣传

四、小结

从2009年“新农保”试点到2014年城乡居民基本养老保险制度推行，短短5年时间内国务院先后颁布三个文件，在推动“新农保”、“城居保”试点开展基础上将两者合并实施，充分说明政府在解决城乡居民养老问题、保障民生方面的决心和力度，也说明城乡统筹是我国基本养老保险制度的必然趋势。从“新农保”和“城居保”的《指导意见》来看，两者的主要区别是参保对象不同，分别为农村居民和城镇居民，其余核心内容基本一致，这也为两者的合并实施，推动基本养老制度的城乡统筹奠定了基础。从合并后的制度内容来看，城乡居民基本养老保险制度基本沿袭“新农保”的制度设计，参保范围是两者的叠加，对参保人缴费标准进行适度提高，其余部分并没有根本改变，尤其是公共投入机制并没有实质性的改变。因此，本章围绕农民社会养老保险制度设计的公共投入优化机制将在很大程度上适应“新农保”与“城居保”合并后的城乡居民基本养老保险制度。

第二节 “三种制度”公共投入机制的比较研究

本章的核心是探讨“农保”公共投入优化机制及其在城乡统筹背景下的适用性。根据前文的研究，农民社会养老保险制度的公共投入主要从投入结构、投入水平、财政预算三方面进行优化。因此，对“三种制度”（“新农保”、“城居保”、城乡居民养老保险制度）公共投入机制的比较也从这三个方面展开。

一、“三种制度”公共投入机制的相同点

第一，公共投入结构。“三种制度”的公共投入主体都包括中央财政和地方财政，而且投入结构基本一致。从“三种制度”实施的指导意见来看，基金筹集来源基本都包括政府补贴、集体补助、个人缴费。在政府公共投入结构方面基本一致，其中，中央财政100%全额补助中西部地区基础养老金，对东部地区的基础养老金则补助50%。地方政府补助主要包括两个部分，即“补出口”和“补进口”。其中，“补出口”包括：其一，东部地区地方财政对基础养老金的50%补贴。其二，地方政府根据本地区经济发展、财政实力、居民收入及居民消费情况，对国家发放的基础养老金进行适当补贴的部分。其三，地方财政对于长期缴费的农村居民适当增加的部分基础养老金。“补进口”包括三个方面：其一，对于

参保的农村居民，地方政府对所有缴费对象每人每年不低于固定数额的财政补贴。其二，对选择较高标准缴费的农村居民，地方政府应通过财政补贴来进行鼓励，实行“多缴多补”原则。其三，地方政府为重度残疾人等困难群体代缴部分或全部最低标准基础养老金，此项缴费记入参保人个人账户。

第二，公共投入水平。“三种制度”的覆盖范围不同，因此公共投入总体水平差别较大。其中“新农保”参保对象主要是未参加城镇职工基本养老保险的农村居民，人数较多；“城居保”参保对象主要是不符合职工基本养老保险参保条件的城镇非从业居民，人数较少；城乡居民养老保险是“新农保”和“城居保”的合并。根据统计数据显示：截至 2013 年底，全国参加“新农保”和“城居保”的总人数达到 4.98 亿人（其中城镇居民 2399 万人），其中按月领取养老待遇的城乡老年居民达到 1.38 亿人（其中城镇老年居民近 1000 万人）。可以看出，由于制度覆盖人群不同，“三种制度”公共投入的总体水平差距较大。但就每个参保对象而言，无论处于哪种制度覆盖范围之下，政府的公共投入水平基本相同。对每个参保者来讲，政府公共投入主要分为三个方面：一是达到领取年龄的城乡居民每月 55 元的基础养老金，二是地方政府对参保者缴费每年不低于 30 元的补贴，三是对长期缴费者、选择较高缴费标准者、特困群体等的补贴支出。

第三，财政预算制度。“三种制度”都有政府的财政支持，而政府的财政支持如果想具有可持续性，则制度化、法制化的财政长效供给机制必不可少，而财政预算则是实现财政供给可持续的基础。目前，无论“新农保”、“城居保”还是两者合并后的城乡居民基本养老保险制度，三者的财政预算都是不规范的，制度化、法制化的财政长效供给机制都是缺失的。“三种制度”作为社会保险制度的一部分，不可能单独编制预算体系，而都只能依托作为整体的社会保障预算的不断优化。因此，在公共投入的财政预算方面，三者的现状基本相同。制度合并实施后可以从以下几方面进行财政预算的优化：科学确立预算编制的目标和模式、加强预算管理的法制建设、优化预算支出结构，增加政府公共投入、制定“法定支出”，确保预算的保障水平、建立完善的财政预算管理及监督机制等。

二、“三种制度”公共投入机制的不同点

从上述分析可以看出，“三种制度”虽然建立的时间不同，覆盖人群不同，但在公共投入的投入结构、投入水平、财政预算方面基本相同。只是在公共投入

水平方面略有差异。

在个人缴费方面，“新农保”设置了“100元、200元、300元、400元、500元”5档缴费标准，“城居保”设置了“100元、200元、300元、400元、500元、600元、700元、800元、900元、1000元”10档缴费标准，而城乡居民基本养老保险制度在“城居保”10档缴费制的基础上增设了“1500元、2000元”两档，共12档缴费标准。针对缴费标准选择的不同，政府补贴标准不同。其中，“新农保”和“城居保”规定对参保者缴费每年不低于30元的财政补贴，选择较高缴费标准的可适当增加补贴标准，但对具体补贴数额没有明确规定。城乡居民养老保险制度则明确规定，对于选择500元及以上缴费标准的，地方财政补贴标准不应低于每年60元。

三、小结

通过“三种制度”公共投入的比较，可以发现三者之间并没有明显的差异，这在很大程度上减轻了“新农保”和“城居保”合并的难度。另外也说明三者在公共投入上面临的问题基本相同。首先，在投入结构上主要存在三方面的问题：一是中央财政与地方财政的责任划分不合理，主要表现在中央财政对基础养老金的补贴方式不合理；二是地方各级政府财政责任划分缺乏统一的标准；三是市、县级地方政府面临较大的财政硬约束。其次，在投入水平上主要存在两方面的问题：一是城乡居民养老的适度需求水平尚未满足，二是政府公共投入的力度尚需加强。最后，规范的财政预算制度尚未建立。财政预算制度的不健全不仅不利于财政供给的稳定性、可持续性，而且也不利于我国复式预算制度的发展和完善。

由于“三种制度”的公共投入机制基本相同，因此面临的问题基本一致，这也说明本研究前面构建的农民社会养老保险公共投入优化机制在一定程度上对“三种制度”都将适用。城乡统筹是我国养老保险制度的未来走向，城乡居民基本养老保险制度也将很快取代“新农保”和“城居保”，但通过“三种制度”内在运行机理分析可以看出，三者之间并没有实质区别。本研究做选题的时候，“新农保”和“城居保”单独运行，考虑到两者的公共投入机制基本相同，但“新农保”建立较早，覆盖人群较多，因此选择“新农保”来对公共投入的各个方面进行测算，并构建出公共投入的优化机制。2014年，国务院正式颁布《关于建立统一的城乡居民基本养老保险制度的意见》，并且提出“十二五”末，在全

国基本实现“新农保”和“城居保”制度合并实施。因此，下面将对农民社会养老保险制度公共投入优化机制对城乡居民基本养老保险制度的适用性进行探讨。

第三节　城乡统筹背景下“农保”公共投入优化机制的适用性

一、“农保”公共投入优化机制的核心内容

本节以农民社会养老保险制度为例，研究公共投入的优化机制，其核心内容包括三大方面：分担结构、保障水平、财政预算。

第一，公共投入的分担结构。笔者认为应该根据公平原则、财权事权对应原则、受益范围原则等清晰界定中央和地方政府的公共投入责任，并对不同层级政府的公共投入边界进行界定。首先，中央政府的财政投入应主要体现在基础养老金的发放以及财政转移支付上。其次，地方各级政府（省、市、县）财政责任的承担应该考虑两个问题：其一，地方财政总体投入量的问题，即地方补助养老金的水平。其二，地方各级财政分担结构的问题，即省、市、县三级财政如何分担财政责任问题。笔者认为应该根据各个省份内部省、市、县财政实力的对比、养老金的支出数额等因素来合理确定分担比例。最后，通过财政转移支付制度缓解地方各级政府的财政困境。

第二，公共投入的保障水平。笔者认为政府的公共投入水平偏低，尚不能满足农村居民的基本养老需求。应该根据“生存需求”和“生活需求”标准对农民养老需求进行合理界定。同时对现行的“基础养老金＋个人账户”模式进行调整，逐步转向“三账户”模式，增加地方补助养老金。中央财政全额承担基础养老金，只要年满60岁的农村居民就可以享受，而不应该以是否缴费来作为领取基础养老金的条件，以实现基础养老金的国民待遇。地方补助养老金可以更好地体现地方政府的雇主责任，同时也可以根据本地区经济发展水平、财政实力、农民养老实际需求对地方财政补助数额进行灵活调整。

第三，公共投入的财政预算。鉴于社会保障财政预算不健全的现状，从以下

几个方面提出了优化的政策建议。主要包括科学确立预算编制的目标和模式、加强预算管理的法制建设、优化预算支出结构、增加政府公共投入、制定“法定支出”、确保预算的保障水平、建立完善的财政预算管理及监督机制等。

二、“农保”公共投入优化机制的适用性

城乡居民基本养老保险制度是社会保障城乡统筹的重要措施，该制度实质是“新农保”和“城居保”的合并实施。因此，研究城乡居民基本养老保险制度的公共投入优化，其实就是研究“新农保”公共投入优化机制对“城居保”的适用性。由于城乡居民的收入水平不同，养老需求存在差异，因此虽然两者的公共投入机制基本相同，但在具体运作时仍会存在一些差异。

在分担结构和财政预算方面，“新农保”的公共投入优化方案对“城居保”同样适用。一方面，在合理界定中央和地方政府、不同层级地方政府间的公共投入边界方面，两者遵循同样的原则，都需要通过合理的财政转移支付制度缓解地方各级政府的财政困境。另一方面，两者的财政预算制度都不规范，而“新农保”的财政预算优化原则和优化方案对“城居保”同样适用。

两者的差异主要体现在保障水平上。本研究详细测算了中央财政和地方财政对农民社会养老保险制度的公共投入数量，并构建了“三账户”模式来合理地区分中央政府和地方政府的财政责任。城镇居民收入水平略高于农村居民，因此其养老需求水平也偏高。因此，对城镇居民养老需求水平的界定应该根据不同地区的经济发展水平、消费水平、农民收入水平，在实地调研的基础上合理地确定，这也是笔者后续研究的方向。基础养老金水平应该与农民保持统一标准，以体现基础养老金的普惠性质，由于其“保基本”的特性，水平不宜过高，笔者认为可以参照前文农民基础养老金的标准。至于城镇居民的个人缴费水平，笔者认为可以参照农民养老保险制度确定的比例缴费制，即按照收入水平的固定比例缴费，而不是划分为固定的缴费档次，这样更符合城乡居民收入多样性的特点，同时也方便将来与城镇职工基本养老保险制度的衔接。

综上所述，城乡居民基本养老保险制度实质是“新农保”和“城居保”的合并实施，国务院对“三种制度”颁布的指导意见内容基本一致。在我国养老保险制度城乡统筹的背景下，城乡居民基本养老保险制度将很快取代“新农保”和“城居保”。因此研究“农保”公共投入优化机制，并探讨其在城乡统筹背景下对

城乡居民养老保险制度的适用性具有非常重要的理论和现实意义。通过对“三种制度”内在运行逻辑的分析、公共投入机制的比较，本章认为在城乡统筹的大背景下，“农保”公共投入优化机制对合并实施的城乡居民基本养老保险制度具有较好的适用性。

第九章 结论与建议

第一节 本书的主要研究结论

本书研究的核心内容是分析“农保”公共投入在投入结构、投入总量及财政预算等方面存在的问题，构建公共投入的优化机制，并探讨在城乡统筹的背景下“农保”公共投入优化机制的适用性。

具体而言，本书集中探讨并回答以下六方面的问题：第一，政府财政为什么要介入农民社会养老保险制度？即农民社会养老保险制度公共投入的理论依据和现实依据；第二，世界上其他国家对农民社会养老保险制度的公共投入情况如何，有哪些值得我们学习的地方？即农民社会养老保险制度公共投入的国际经验和借鉴；第三，现行农民社会养老保险制度中各级政府财政责任的分担现状及存在的问题，并提出公共投入分担结构的优化方案；第四，现行农民社会养老保险制度中政府公共投入水平的现状及存在的问题，并提出优化公共投入水平的政策建议；第五，现行农民社会养老保险制度中财政预算的现状及存在的问题，并提出具体的优化方案；第六，城乡统筹背景下，“农保”公共投入优化机制对“新农保”和“城居保”合并实施的城乡居民基本养老保险制度的适用性。对上述六方面问题的分析和阐述形成了本书的研究结论。

第一，政府财政介入农民社会养老保险制度是时代发展的产物，具有内在的理论依据和一定的现实基础。公共产品理论、社会公正理论、风险社会理论、福利补偿理论、福利国家理论等是农民社会养老保险制度公共投入的理论基础；应对人口老龄化的现实需要，弥补传统保障方式弱化的重要途径，完善农民社会养老保险制度的关键手段，调整公共投入结构的侧重方向，缩小城乡贫富差距的重要措施等是农民社会养老保险制度公共投入的现实依据。同时，在对农民社会养老保险制度公共投入问题进行研究的过程中，还应该对“政府财力不足论”以及“土地保障替代论”进行充分的反思。我们应该意识到：首先，随着农村人口老龄化的加速，随着农民社会养老保险制度保障范围的扩大、保障水平的提高，政府的财政压力会逐渐增大，政府的公共投入可能会面临一些现实的困境。但是随着政府公共财政体系的建立，随着公共投入结构的不断优化，随着农民社会养老保险制度责任分担机制的构建，社会组织支持力量的增强，以“政府财力不足论”来逃避对农民社会养老保险制度的公共投入是不合理的。其次，“土地保障替代论”看到了土地保障和社会保障的契合点，即两者都具有保障和维护农村居民生存权、发展权和平等权的作用，看到了在我国农村社会保障制度不健全的情况下土地保障所发挥的重要作用。但是，从理论上讲，“土地保障替代论”没有厘清土地保障和社会保障的责任主体，土地保障的主体是农民自己，社会保障的主体是国家，两者之间不存在替代关系，国家作为农民雇主应该承担的保障责任是土地所不具备的。从实践上讲，随着经济发展及社会变革，土地保障功能正在弱化，而国家承担的社会保障正在农村发挥越来越重要的作用，土地保障必然向社会保障转化，土地将更多地承担其作为生产资料的功能并作为农村社会保障的补充发挥对农民基本生活的保障作用。

第二，通过对发达国家“三支柱”模式、发展中国家“非缴费”模式的系统阐述，对德国、日本、法国、加拿大、巴西等国农民社会养老保险制度公共投入的具体分析，本研究认为：①农民社会养老保险制度不应照搬其他国家，应该结合本国国情寻找适合自己的模式。中国在自身的农民养老保险制度选择时，既要分析制度发展的一般性原理，充分了解国际经验，又不能禁锢于传统的西方模式，而应该结合本国的国情，结合本国的经济发展阶段、政治体制、文化背景、社会习俗等，逐步探索出一条适合本国国情的，既符合当前又能适应未来发展的农民社会养老保险制度。②政府的公共投入是农民社会养老保险制度建设和发展的重要保证。对发达国家农民养老金财政状况的研究发现，没有任何一个国家的农村社会保障机构可以仅仅依靠农民缴费就可以充足地支付养老金，都需要政府的公共投入以及其他渠道的筹资。③养老保障水平要与生产力水平及国家财政实力相适应。养老保障作为政府财政支出的一部分，与国家的经济发展水平、财政承受能力密切相关。保障水平过低不利于人民生活水平的改善，不利于社会的稳定发展，而保障水平过高则会对政府财政带来较大压力，甚至面临财政赤字的风险。④应该明确各级政府在农民社会养老保险制度中的财政供给边界，以保证各级政府履行与其事权相对应的财权。⑤将农民社会养老保险纳入国家农业政策的范畴。在国家工业化的进程中，将农村的农业现代化与土地问题、社会保障问题和城市化问题有机结合起来，将农民社会养老保险纳入国家农业政策的范畴通盘考虑，使其发挥相互促进的作用，这对于农村经济的发展、农民生活水平的改善将发挥积极的作用。⑥应充分发挥家庭、土地在农村养老保障中的补充作用。

第三，“新农保”与传统农村社会养老保险制度相比，最大特色在于增加了政府财政补贴，充分体现了政府的责任，资金来源包括个人缴费、集体补助和政府补贴三部分，并初步建立了中央财政和地方财政的责任分担机制。中央财政主要承担中西部地区100%的基础养老金支出、东部地区50%的基础养老金支出。地方财政主要承担东部地区50%的基础养老金支出、农民个人缴费补贴、困难群体缴费补助以及养老金适当加发部分。现行农民社会养老保险制度财政责任分担主要存在三方面的问题：一是中央财政与地方财政的责任划分不合理，主要表现在中央财政对基础养老金的补贴方式不合理；二是地方各级政府财政责任划分缺乏统一的标准；三是市、县级地方政府面临较大的财政硬约束。因此，在对公共投入的分担机制进行改进时，应该遵循一些基本原则，主要包括公平原则、法律规范原则、受益范围原则、财权事权对应原则、可持续性原则等，从以下几个方面入手：一是中央政府的财政投入应主要体现在基础养老金的发放以及财政转移支付上。二是地方各级政府（省、市、县）财政责任的承担应该考虑两个问题：首先，地方财政总体投入量的问题，即地方补助养老金的水平；其次，地方各级财政分担结构的问题，即省、市、县三级财政如何分担农民养老保险的财政责任问题。三是通过财政转移支付制度缓解地方各级政府的财政困境。中央财政应该加大对困难县的帮助和扶持力度，省级财政也应该增加可用于省级以下的财政转移支付资金，加大对财政困难县的转移支付力度。

第四，从需求视角来看，农民社会养老保险的实际保障水平与适度水平之间差距较大。因此，应该逐步加大农民养老金的支出总额，提高农民养老保险的实际保障水平，并使它逐渐向适度水平靠近。从供给视角来看，我国养老保险政府财政供给的实际水平近十年来基本维持在财政总支出的5%~6%之间，约占财政

最优支出规模的一半，因此政府养老保险财政投入力度有待进一步加强。本着建设公共财政、实现城乡基本公共服务均等化的要求，应该逐步加大公共财政对社会养老保险制度的投入力度，同时进一步调整社会养老保险制度公共投入的结构，将公共投入重心逐步向农村倾斜。当前农民社会养老保险制度存在的问题主要包括：一是农民养老的适度需求水平尚未满足，二是基础养老金缺乏制度化的调整机制，三是“两账户”模式导致责任分担机制不健全，四是政府公共投入的力度尚需加强，五是缺乏制度化的财政长效供给机制。因此，公共投入保障水平的优化应该考虑多方面的因素，既要考虑农民养老金适度需求水平、政府财政合理承受范围，又要考虑农民养老待遇逐步均等化、层级政府财政责任合理分担等。基于上述多重考虑，本书在对传统的“两账户”模式进行调整的基础上，增加了地方补助养老金，构建出“三账户”合意模式，初步实现了三方（中央政府、地方政府、农民个人）的财政责任合理分担，并对农民养老待遇总体水平、基础养老金、地方补助养老金、个人账户养老金进行界定和初步测算，使之既能保障农民基本生活需求，又在政府财力合理承受范围之内。

第五，通过对我国社会保障发展历程的分析，本研究认为目前真正意义上的社会保障预算并没有建立起来，我国亟须对分散在各部门的社会保险基金收支活动进行整合，逐步建立起与公共财政框架相适应的、相对独立的社会保险基金预算。到目前为止，全国开始社会保障预算编制工作的有近 10 个省份，这些地方的探索及实践取得了一定的成效，为全国社会保障预算的编制提供有益经验和重要参考。农民社会养老保险财政预算作为社会保障预算的一部分，它的建立和发展是政府行政法制化建设的必然要求，是建立制度化的财政长效机制的基础，有利于完善农民社会养老保险制度，有利于财政供给的稳定性、可持续性，有利于我国复式预算制度的发展和完善。因此，农民社会养老保险制度财政预算的建立和发展应该遵循全面性原则、政策性原则、量入为出原则、专款专用原则等，具体的预算优化方案主要包括：一是科学确立预算编制的目标和模式；二是加强预算管理的法制建设；三是优化预算支出结构，增加政府公共投入；四是制定“法定支出”，确保预算的保障水平；五是建立完善的财政预算管理及监督机制等。

第六，城乡居民基本养老保险制度实质是“新农保”和“城居保”的合并实施，国务院对“三种制度”颁布的指导意见内容基本一致。在我国养老保险制度城乡统筹的背景下，城乡居民基本养老保险制度将很快取代“新农保”和“城居保”。通过对“三种制度”内在运行逻辑的分析、公共投入机制的比较，本研究认为在城乡统筹的大背景下，“农保”公共投入优化机制对合并实施的城乡居民基本养老保险制度具有较好的适用性。

第二节 对进一步研究的建议

本研究集中探讨“农保”的公共投入优化机制及其适用性。但由于资料搜集、知识积累以及个人能力等方面的问题，许多内容还有待进一步的深入研究。

第一，地方各级财政分担结构的问题，即省、市、县三级财政如何分担农民养老保险的财政责任。由于我国经济发展水平不均衡，不仅各省份之间经济发展不平衡，而且同一个省内部也存在严重的发展不均衡的问题，因此，我们应该根据各个省份内部省、市、县财政实力的对比、养老金的支出数额等因素来确定分担比例的问题。研究中提到了三种方案，即三级财政均衡补贴的“4-3-3”模式，省级财政为主的“6-3-1”模式，县级财政为主的“2-3-5”模式。三种模式虽然具有一定的代表性，但都仅限于宏观理论层面的分析，缺乏实际调研案例的支撑，而且现实情况往往要比理论分析复杂得多，牵扯到许多制约因素。因此，下一步研究可选取几个典型地区进行实地调研，对各地区财政实力、农业人口数量、人口老龄化程度、“新农保”实施状况、国家农业政策、本地区农村养老实际情况等因素进行综合考量，通过实际调查数据来对书中提到的三种方案进行修改和完善。

第二，公共财政对农民社会养老保险投入量的界定。书中从农民需求和政府供给两个方面对农民社会养老保险的财政供给进行分析，认为当前财政投入总量偏低，结构不合理，应该进行适当调整。后续研究可通过大规模问卷调研和实地访谈的方式，对不同地区农民的家庭基本情况、实际收入水平、实际养老现状、对养老的心理预期等进行分析，对现行“新农保”的覆盖面、缴费水平、保障水平、实施效果等方面的满意度进行评价，通过实地访谈了解农民对自我养老、家庭养老的内在理解，对政府养老的期待。通过不同地区农村实际生活成本的评估，家庭养老发挥作用的评估，合理界定不同地区政府公共投入的水平。总之，

农民养老保险水平的界定既需要充分的理论分析，又要结合不同地区的实际情况具体分析，后续研究应加强实地调研，以对具体的理论研究成果进行修正和完善。

第三，通过对“农保”、“城居保”、城乡居民基本养老保险制度内在运行逻辑的分析、公共投入机制的比较，本书认为在城乡统筹的大背景下，“农保”公共投入优化机制对合并实施的城乡居民基本养老保险制度具有较好的适用性。但由于数据获取的难度及研究时间的限制，本书并没有对城镇居民养老保险的公共投入进行详细测算，这也是后续研究的方向。

参考文献

中文著作类：

[1] 安增龙. 中国农村社会养老保险制度研究 [M]. 北京：中国农业出版社，2006.

[2] 蔡昉. 中国劳动与社会保障体制改革 30 年研究 [M]. 北京：经济管理出版社，2008.

[3] 曹信邦. 新型农村社会养老保险制度构建：基于政府责任的视角 [M]. 北京：经济科学出版社，2012.

[4] 陈佳贵，王延中. 中国社会保障绿皮书 NO.2 [M]. 北京：社会科学文献出版社，2004.

[5] 陈佳贵，王延中. 中国社会保障绿皮书 NO.4 [M]. 北京：社会科学文献出版社，2010.

[6] 陈建安. 战后日本社会保障制度 [M]. 上海：复旦大学出版社，1996.

[7] 陈功. 我国养老方式研究 [M]. 北京：北京大学出版社，2003：83.

[8] 崔红志. 新型农村社会养老保险制度适应性的实证研究 [M]. 北京：社会科学文献出版社，2011.

[9] 段家喜. 养老保险制度中的政府行为 [M]. 北京：社会科学文献出版社，2007：31.

[10] 丁建定，杨凤娟. 英国社会保障制度的发展 [M]. 北京：中国劳动社会保障出版社，2004.

[11] 丁士军. 经济转型期的中国农村老年人的保障 [M]. 北京：中国财政经济出版社，2005.

[12] 董克用，王燕. 养老保险 [M]. 北京：中国人民大学出版社，2000.

［13］范斌. 福利社会学［M］. 北京：社会科学文献出版社，2006.

［14］福建省农村社保模式及其方案研究课题组. 农村社会养老保险制度创新［M］. 北京：经济管理出版社，2004：40.

［15］何平. 中国农村养老保险制度改革与发展报告：可持续性分析［M］. 北京：中国经济出版社，2011.

［16］和春雷. 当代德国社会保障制度［M］. 北京：法律出版社，2001.

［17］和春雷. 社会保障制度的国际比较［M］. 北京：法律出版社，2001.

［18］华迎放. 新型农村社会养老保险制度建设研究［M］. 北京：中国劳动社会保障出版社，2013.

［19］李翠霞. 农村养老的制度选择与基础［M］. 武汉：华中师范大学出版社，2006.

［20］李绍光. 养老金制度与资本市场［M］. 北京：中国发展出版社，1998.

［21］李珍. 社会保障理论［M］. 北京：中国劳动社会保障出版社，2001.

［22］梁鸿，赵德余. 人口老龄化与中国农村养老保障制度［M］. 上海：上海人民出版社，2008.

［23］林义. 农村社会保障的国际比较及启示研究［M］. 北京：中国劳动社会保障出版社，2006.

［24］林义. 社会保险［M］. 北京：中国金融出版社，1998.

［25］林义. 社会保险制度分析引论［M］. 成都：西南财经大学出版社，1997.

［26］刘昌平，殷宝明，谢婷. 中国新型农村社会养老保险制度研究［M］. 北京：中国社会科学出版社，2010.

［27］刘晓梅. 中国农村社会养老保险理论与实务研究［M］. 北京：科学出版社，2010.

［28］柳清瑞. 中国养老金替代率适度水平研究［M］. 沈阳：辽宁大学出版社，2004.

［29］吕学静. 日本社会保障制度［M］. 北京：经济管理出版社，2000.

［30］吕学静. 现代各国社会保障制度［M］. 北京：中国劳动社会保障出版社，2006.

［31］马国贤. 中国公共支出与预算政策［M］. 上海：上海财经大学出版社，2001.

[32] 米红，杨翠迎. 农村社会养老保障制度基础理论框架研究［M］. 北京：光明日报出版社，2008.

[33] 米红. 农村社会养老保障理论——方法与制度设计［M］. 杭州：浙江大学出版社，2007.

[34] 穆光宗. 家庭养老制度的传统与变革［M］. 北京：华龄出版社，2002.

[35] 穆怀中，柳清瑞. 中国养老保险制度改革关键问题研究［M］. 北京：中国劳动社会保障出版社，2006.

[36] 穆怀中. 中国社会保障适度水平研究［M］. 沈阳：辽宁大学出版社，1998.

[37] 穆怀中. 国际社会保障制度教程［M］. 北京：中国人民大学出版社，2008.

[38] 穆怀中. 国民财富与社会保障收入再分配［M］. 北京：中国劳动社会保障出版社，2003.

[39] 穆怀中. 社会保障国际比较［M］. 北京：中国劳动社会保障出版社，2007.

[40] 潘剑锋. 传统孝道与中国农村养老的价值研究［M］. 长沙：湖南大学出版社，2007.

[41] 任倩，付彩芳. 国外农村养老保险［M］. 北京：中国社会出版社，2006.

[42] 尚长风. 农村养老保险模式和财政“三农”政策研究［M］. 南京：南京大学出版社，2009.

[43] 申曙光. 社会保险学［M］. 广州：中山大学出版社，1998.

[44] 石秀和. 中国农村社会保障问题研究［M］. 北京：人民出版社，2006.

[45] 宋斌文. 当代中国农民的社会保障问题研究［M］. 北京：中国财政经济出版社，2006.

[46] 宋健. 中国农村人口的收入与养老［M］. 北京：中国人民大学出版社，2006.

[47] 宋金文. 日本农村社会保障：养老的社会学研究［M］. 北京：中国社会科学出版社，2007.

[48] 苏保忠. 中国农村养老问题研究［M］. 北京：清华大学出版社，2009.

［49］谭克俭. 农村养老保障体系构建研究［M］. 北京：中国社会出版社，2009.

［50］王克强. 中国农村集体土地资产化动作与社会保障机制建设研究［M］. 上海：上海财经大学出版社，2005.

［51］王延中. 中国的劳动与社会保障问题［M］. 北京：经济管理出版社，2004.

［52］魏加宁. 养老保险与金融市场——中国养老保险发展战略研究［M］. 北京：中国金融出版社，2002.

［53］吴晓东. 中国农村养老的经济分析［M］. 成都：西南财经大学出版社，2005.

［54］杨翠迎. 农村基本养老保险制度理论与政策研究［M］. 杭州：浙江大学出版社，2007：35-40.

［55］杨翠迎. 中国农村社会保障制度研究［M］. 北京：中国农业出版社，2003.

［56］杨复兴. 中国农村养老保障模式创新研究：基于制度文化的分析［M］. 昆明：云南人民出版社，2007.

［57］杨刚. 中国农村养老保障制度研究［M］. 北京：北京师范大学出版社，2011.

［58］杨玉霞. 中国政府预算改革及其绩效评价［M］. 北京：北京师范大学出版社，2011.

［59］苑梅. 我国农村社会养老保险制度研究［M］. 大连：东北财经大学出版社，2011.

［60］张敬一，赵新亚. 农村养老保障政策研究［M］. 上海：上海交通大学出版社，2007.

［61］张岭泉. 农村代际关系与家庭养老［M］. 保定：河北大学出版社，2011.

［62］张思锋，王立剑. 新型农村社会养老保险制度试点研究：基于三省六县的调查［M］. 北京：人民出版社，2011.

［63］郑功成. 社会保障学——理念、制度、实践与思辨［M］. 北京：商务印书馆，2009：211-213.

［64］郑功成. 社会保障学［M］. 北京：商务印书馆，2000.

［65］郑功成. 中国社会保障30年［M］. 北京：人民出版社，2008.

［66］郑功成. 中国社会保障改革与发展战略（养老保险卷）［M］. 北京：人民出版社，2011.

［67］郑功成. 中国社会保障改革与发展战略（总论卷）［M］. 北京：人民出版社，2011.

［68］郑功成. 中国社会保障制度变迁与评估［M］. 北京：中国人民大学出版社，2002.

［69］郑伟. 中国社会养老保险：制度变迁与经济效应［M］. 北京：北京大学出版社，2005.

［70］周弘. 福利的解析——来自欧美的启示［M］. 上海：上海远东出版社，1998.

［71］周弘. 社会保障制度国际比较［M］. 北京：中国劳动社会保障出版社，2010.

［72］周莹. 中国农村养老保障制度的路径选择研究［M］. 上海：上海社会科学院出版社，2009.

［73］中国经济改革研究基金会，中国经济体制改革研究会联合专家组. 中国社会养老保险体制改革［M］. 上海：上海远东出版社，2006：205-212.

中文译作类：

［1］【英】A.C.庇古. 福利经济学（上、下）［M］. 朱泱等译. 北京：商务印书馆，2006.

［2］【美】B.盖伊·彼得斯. 政治科学中的制度理论："新制度主义"［M］. 王向民，段红伟译. 上海：上海人民出版社，2011.

［3］【美】阿瑟·奥肯. 平等与效率［M］. 北京：华夏出版社，1999.

［4］【英】安东尼·哈尔，詹姆斯·梅志里. 发展型社会政策［M］. 罗敏译. 北京：社会科学文献出版社，2006.

［5］【英】安东尼·吉登斯. 第三条道路［M］. 郑戈译. 北京：北京大学出版社2000.

［6］【美】巴林顿·摩尔. 民主和专制的社会起源［M］. 拓夫，张东东等译. 北京：华夏出版社，1987.

［7］【英】保罗·皮尔逊. 拆散福利国家——里根、撒切尔和紧缩政治学［M］. 舒绍福译. 吉林：吉林出版集团有限公司，2007.

［8］【英】保罗·皮尔逊. 福利制度的新政治学［M］. 汪淳波，苗正民译. 北京：商务印书馆，2004.

［9］【英】贝弗里奇编. 贝弗里奇报告：社会保险和相关服务［M］. 劳动和社会保障部社会保险研究所译. 北京：中国劳动社会保障出版社，2004.

［10］【美】彼得·F. 德鲁克. 养老金革命［M］. 刘伟译. 北京：东方出版社，2009.

［11］【美】道格拉斯·诺思. 理解经济变迁过程［M］. 钟正生，邢华译. 北京：中国人民大学出版社，2013.

［12］【美】道格拉斯·诺思. 制度、制度变迁与经济绩效［M］. 杭行译. 上海：上海人民出版社，2008.

［13］【德】弗兰茨—克萨韦尔·考夫曼. 社会福利国家面临的挑战［M］. 王学东译. 北京：商务印书馆，2004.

［14］【英】弗里德里希·哈耶克. 通往奴役之路［M］. 王明毅，冯兴元译. 北京：中国社会科学出版社，1997.

［15］【丹麦】戈斯塔·艾斯平—安德森. 福利资本主义三个世界［M］. 郑秉文译. 北京：法律出版社，2003.

［16］【丹麦】戈斯塔·艾斯平—安德森编. 转型中的福利国家——全球经济中的国家调整［M］. 杨刚译. 北京：商务印书馆，2010.

［17］【日】广井良典，沈洁主编. 中国·日本社会保障制度的比较与借鉴［M］. 北京：中国劳动社会保障出版社，2009.

［18］【西】何塞·路易斯·埃斯克里瓦等. 拉美养老金改革：面临的平衡与挑战［M］. 郑秉文译. 北京：中国劳动社会保障出版社，2012.

［19］【英】卡尔·波兰尼. 大转型：我们时代的政治和经济起源［M］. 冯钢，刘阳译. 杭州：浙江人民出版社，2007.

［20］【德】柯武刚，史漫飞. 制度经济学：社会秩序与公共政策［M］. 韩朝华译. 北京：商务出版社，2008.

［21］【美】科林·吉列恩，约翰·特纳，克利夫·贝雷，丹尼斯·拉图利. 全球养老保障改革与发展［M］. 杨燕绥等译. 北京：中国劳动社会保障出版社，2002.

[22]【加】米什拉. 资本主义社会的福利国家［M］. 郑秉文译. 北京：法律出版社，2003.

[23]【澳】欧文·E.休斯. 公共管理导论［M］. 张成福，王学栋等译. 北京：中国人民大学出版社，2007.

[24]【比】热若尔·罗兰. 转型与经济学［M］. 张帆，潘佐红译. 北京：北京大学出版社，2002.

[25]【美】威廉姆·H.怀特科，罗纳德·C.费德里科. 当代世界的社会福利［M］. 谢俊杰译. 北京：法律出版社，2003.

[26]【美】西达·斯考切波. 国家与社会革命：对法国、俄国和中国的比较分析［M］. 何俊志，王学东译. 上海：上海人民出版社，2007.

[27]【匈】雅诺什·科尔奈. 后社会主义转轨的思索［M］. 肖梦译. 长春：吉林人民出版社，2003.

[28]【美】约翰·罗尔斯. 正义论［M］. 何怀宏等译. 北京：中国社会科学出版社，2001：303.

[29]【美】约翰·B.威廉姆森，费雷德·C.帕姆佩尔. 养老保险比较分析［M］. 马胜杰等译. 北京：法律出版社，2002.

[30]【美】邹至庄.中国经济转型［M］. 北京：中国人民大学出版社，2005.

中文期刊类：

[1] 阿里木江·阿不来提，买买提江·买提尼亚孜，李全胜. 新疆农村社会养老保险精算模型及实证研究［J］. 西北人口，2010（1）：90-94.

[2] 白玉冬. 城镇化进程中失地农民养老保障问题探究［J］. 农业经济，2012（10）：108-109.

[3] 毕红霞，薛兴利. 财政支持农村社保的差异性及其有限责任［J］. 改革，2011（2）：41-48.

[4] 毕红霞，薛兴利. 地区经济差异条件下的农村社会养老保障制度选择［J］. 经济问题探索，2009（9）：123-127.

[5] 包丽萍. 我国社会保障预算的现实定位与未来选择［J］. 地方财政研究，2010（12）：62-67.

[6] 卜海涛. 社保基金进预算　科学管理更规范——财政部社会保障司负责

人就社会保险基金预算答记者问［J］. 财会研究，2010（2）：78-80.

［7］曹文献，文先明. 新型农村社会养老保险的财力保障研究［J］. 经济研究导刊，2009（25）：45-46.

［8］曹信邦，刘晴晴. 农村社会养老保险的政府财政支持能力分析［J］. 中国人口·资源与环境，2011（10）：129-137.

［9］陈娇娥. 论政府在农村社会养老保险制度中的缴费责任［J］. 人口与经济，2006（3）：77-80.

［10］陈荣保，吴静. 地方财政收入的组合预测模型研究［J］. 常州信息职业技术学院学报，2010（6）：27-30.

［11］陈少晖. 农村社会保障：制度缺陷与政府责任［J］. 福建师范大学学报（哲学社会科学版），2004（4）：35-41.

［12］陈淑君. 新型农村社会养老保险的财政支持研究［J］. 学术交流，2009（7）：83-86.

［13］陈涛，艾继平，李欣. 公共财政体制下我国农村养老保险制度研究［J］. 经济研究参考，2010（4）：14-21.

［14］陈志国，王丽丽. 农村社会养老保险的功能定位、发展路径与制度创新［J］. 重庆社会科学，2009（8）：18-24.

［15］陈婷，陈夏婷. 析我国政府对社会保障的财政责任［J］. 经济体制改革，2007（6）：151-153.

［16］崔志坤，朱秀变. 中国近期及中期财政收入预测分析［J］. 经济纵横，2010（11）：112-115.

［17］蔡社文. 关于建立社会保障预算的初步设想［J］. 财政研究，1996（3）：31-36.

［18］丛树海. 社会保障预算化管理的探讨［J］. 当代财经，1999（11）：25-28.

［19］邓大松，薛惠元. 新农保财政补助数额的测算与分析——基于 2008 年的数据［J］. 江西财经大学学报，2010（2）：38-42.

［20］邓大松，薛惠元. 新型农村社会养老保险替代率精算模型及其实证分析［J］. 经济管理，2010（5）：164-171.

［21］杜妍冬. 我国农村社会养老保障研究综述［J］. 人口与经济，2008（4）：

74–79.

[22] 段东平. 公共财政支持农村养老保险的思考[J]. 财会研究，2009（20）：6–9.

[23] 樊小钢，陈薇. 我国农村社会养老保险中政府财政责任探讨[J]. 甘肃行政学院学报，2008（6）：57–63.

[24] 封进，郭瑜. 新型农村养老保险制度的财政支持能力[J]. 重庆社会科学，2011（7）：50–58.

[25] 封进. 公平与效率的交替与协调——中国养老保险制度的再分配效应[J]. 世界经济文汇，2004（1）：24–30.

[26] 付海涛，段玉明. 新时期中国农村养老问题的破解及出路[J]. 农业经济，2013（7）：67–69.

[27] 高培勇. 把脉当前的中国财政走势[J]. 财贸经济，2007（4）：3–9.

[28] 高培勇. 当前经济形势与 2012 年财政政策[J]. 财贸经济，2012（2）：5–11.

[29] 高培勇. 当前中国经济形势与财政政策分析[J]. 中国流通经济，2013（8）：4–12.

[30] 高庆鹏，李沁洋. 城乡统筹进程中的农村养老保险发展[J]. 农村经济，2012（12）：111–113.

[31] 宫晓霞. 发达国家农村社会养老保险制度及其启示[J]. 中央财经大学学报，2006（6）：6–9.

[32] 宫晓霞. 新型农村社会养老保险制度建设中的财政支持研究[J]. 财政研究，2011（8）：35–37.

[33] 贡森. 加快建立农村社会保障制度，实现城乡共赢[J]. 决策咨询通讯，2007（4）：47–53.

[34] 顾永红，刘鑫宏. 养老保险政策框定与收入偏好研究——基于职工提前退休的视角[J]. 人口与经济，2012（3）：84–90.

[35] 郭金丰. 略论农村社会保障筹资模式的转型[J]. 江西农业大学学报（社会科学版），2008（3）：8–12.

[36] 郭喜. 被征地农民养老保障现状分析及政策改进[J]. 中国行政管理，2012（5）：75–78.

[37] 桂馨. 当前我国社会保障预算体系的建立 [J]. 财会研究，1997 (11)：11-12.

[38] 郝二虎，陈小萍. 农村养老保险制度的财政学探讨 [J]. 理论探讨，2008 (3)：87-90.

[39] 何文炯. 农民社会养老保障：老年津贴 + 个人账户 [J]. 学习与探索，2009 (4)：40-42.

[40] 华黎，郑小明. 完善新型农村社会养老保险财政资金供给的思路与对策 [J]. 求实，2010 (10)：89-92.

[41] 华迎放. 农村社会保障制度架构 [J]. 理论参考，2007 (4)：34-35.

[42] 黄晗. 新型农村社会养老保险筹资标准的测算与分析 [J]. 江西财经大学学报，2011 (5)：60-65.

[43] 黄俊辉，李放. 农村养老保障政策的绩效考察——基于 27 个省域的宏观数据 [J]. 人口学刊，2013 (1)：15-21.

[44] 黄贻芳. 论中国养老社会保险的公平与效率 [J]. 经济评论，2002 (4)：63-74.

[45] 黄书亭，周宗顺. 中央政府与地方政府在社会保障中的职责划分 [J]. 经济体制改革，2004 (3)：19-22.

[46] 贾丽萍. 新型农村社会养老保险中农民退休年龄的调整及其可适性研究 [J]. 甘肃行政学院学报，2010 (4)：29-35.

[47] 贾宁，袁建华. 基于精算模型的“新农保”个人账户替代率研究 [J]. 中国人口科学，2010 (3)：95-112.

[48] 贾洪波，温源. 基本养老金替代率优化分析 [J]. 中国人口科学，2005 (1)：81-87.

[49] 金雁. 农村社会保障体系建设中的政府责任探讨——以城乡统筹社会保障建设为视角 [J]. 中共南京市委党校学报，2010 (2)：100-104.

[50] 柯润泉. 公共财政在农村社会养老保险中的作用分析 [J]. 山东省农业管理干部学院学报，2008 (2)：22-25.

[51] 乐章. 他们在担心什么：风险与保障视角中的农民问题 [J]. 农业经济问题（月刊），2006 (2)：26-35.

[52] 乐章. 现行制度安排下农民的社会养老保险参与意向 [J]. 中国人口科

学，2004（5）：40-47.

[53] 赖海榕. 乡村治理的国际比较——德国、匈牙利和印度经验对中国的启示［J］. 经济社会体制比较，2006（1）：93-99.

[54] 李长远，杨建飞. 论政府在农村社会养老保险制度中的财政责任［J］. 华中农业大学学报（社会科学版），2008（5）：10-14.

[55] 李放，崔香芬. 被征地农民养老保障责任共担机制分析［J］. 农村经济，2012（6）：80-84.

[56] 李放. 试论农村社会保障体系建设中的财政支持［J］. 农业现代化研究，2005（1）：70-74.

[57] 李凤飞. 中国财政支出结构优化分析［J］. 经济研究导刊，2009（1）：13-14.

[58] 李阜东. 社保基金预算编制亟待完善［J］. 山东人力资源与社会保障，2012（4）：42-43.

[59] 李琼，姚文龙. 公共财政支持西部新型农村养老保险制度可续性研究［J］. 甘肃社会科学，2013（2）：135-138.

[60] 李琼. 影响西部地区农民参加新型农村养老保险制度意愿的因素分析——对湘西自治州龙潭镇 1280 户农民的实证［J］. 生产力研究，2013（3）：46-48.

[61] 李绍光. 政府在社会保障中的责任［J］. 经济社会体制比较，2002（5）：34-37.

[62] 李文君. 论我国财政对农村社会保障支出的责任［J］. 山东财政学院学报（双月刊），2005（3）：17-21.

[63] 李先德，王士海. 城乡统筹下农村社会保障的资金需求分析［J］. 农业经济问题，2010（10）：60-66.

[64] 李小瑞. 论建立农村社会养老保险制度的可行性［J］. 湖南税务高等专科学校学报，2003（5）：11-14.

[65] 李艳荣. 浙江省新型农保制度中的政府财政补贴及其效应研究［J］. 农业经济问题（月刊），2009（8）：92-99.

[66] 李迎生. 论政府在农村社会保障制度建设中的角色［J］. 社会科学研究，2005（4）：120-125.

[67] 李珍，王海东，王平. 中国农村老年收入保障制度研究［J］. 武汉大学学

报（哲学社会科学版），2010（9）：679-687.

［68］李琴，熊启泉，孙良媛. 利益主体博弈与农村公共品供给的困境［J］. 农业经济问题，2005（4）：34-37.

［69］廖煜娟，潘怀明. 建立多支柱多层次的农村养老保障模式［J］. 理论探讨，2006（6）：36-38.

［70］林兴禧. 建立公共财政下的社会保障基金预算制度［J］. 财会研究，2006（8）：11-12.

［71］林治芬. 国际社会保障预算的分析与借鉴［J］. 中国社会保障，2000（1）：34-35.

［72］林治芬. 中央与地方养老保险责任划分模式设计［J］. 财贸经济，2006（6）：73-77.

［73］刘昌平，谢婷. 基金积累制应用于新型农村社会养老保险制度的可行性研究［J］. 财经理论与实践（双月刊），2009（6）：26-31.

［74］刘昌平，殷宝明. 新型农村社会养老保险财政补贴机制的可行性研究——基于现收现付平衡模式的角度［J］. 江西财经大学学报，2010（3）：35-40.

［75］刘昌平. 建立覆盖城乡居民的养老社会保障体系的战略思考［J］. 西北大学学报（哲学社会科学版），2008（7）：23-28.

［76］刘海燕. 构建农村养老保险的财政制度安排［J］. 农村经济，2006（5）：77-79.

［77］刘家庆，徐继之. 合理划分各级政府间事权与财权问题研究［J］. 财会研究，2007（2）：6-10.

［78］刘美秀. 政府在构建农村社会养老保障制度行为分析［J］. 湖北经济学院学报（人文社会科学版），2008（3）：75-78.

［79］刘鹏. 社会保障预算的模式比较与试运行［J］. 时代金融，2013（5）：58-61.

［80］刘书鹤. 农村社会保障的若干问题［J］. 人口研究，2001（5）：35-42.

［81］刘万. 农村社会养老保险的财政可行性研究［J］. 当代财经，2007（12）：27-32.

［82］刘银喜. 财政联邦主义视角下的政府间关系［J］. 中国行政管理，2008（1）：119-122.

[83] 刘颖，何春玲，赵大全. 成功推行“新农保”需财政可持续性支持 [J]. 中国财政，2010（1）：12–15.

[84] 刘志国，姜浩. 社会保障财政责任的界定 [J]. 北方经贸，2006（2）：14–16.

[85] 龙梦洁. 论农村社会养老保险中的政府财政责任——基于 1999~2003 年全国各省市面板数据的实证分析 [J]. 保险研究，2009（5）：64–68.

[86] 卢海元. 中国农村社会养老保险制度建立条件分析[J]. 经济学家，2003（5）：36–41.

[87] 鲁全. 新型农民社会养老保险制度模式的反思与重构 [J]. 保险研究，2011（5）：18–24.

[88] 陆解芬. 论政府在农村养老社会保险体系建构中的作用 [J]. 理论探讨，2004（3）：56–57.

[89] 吕凯波，卜琏，张俊潇. 政府在新型农村社会养老保险中的最优行为分析——一个财政支持力度的动态均衡模型 [J]. 南京审计学院学报，2009（3）：22–26.

[90] 吕炜. 构建推进社会主义新农村建设的财政保障机制 [J]. 财贸经济，2006（3）：3–9.

[91] 马树才，孙长清. 经济增长与最优财政支出规模研究 [J]. 统计研究，2005（1）：15–20.

[92] 马雁军，孙亚忠. 农村社会基本养老保障的公共产品属性与政府责任 [J]. 经济经纬，2007（6）：111–114.

[93] 马利敏. 农村社会养老保险请缓行 [J]. 探索与争鸣，1999（7）：11–12.

[94] 米红，王鹏. 新农保制度模式与财政投入实证研究 [J]. 中国社会保障，2010（6）：28–30.

[95] 米红，项洁雯. 中国新型农村养老保险制度发展的敏感性分析暨有限财政投入仿真研究 [J]. 社会保障研究，2008（1）：127–144.

[96] 穆怀中. 社会保障水平适度的含义 [J]. 经济研究参考，1997（35）：45.

[97] 穆怀中，沈毅，樊林昕，施阳. 农村养老保险适度水平及对提高社会保障水平分层贡献研究 [J]. 人口研究，2013（3）：56–70.

[98] 穆怀中，沈毅. 中国农民有无土地两序列养老路径及养老水平研究 [J].

中国软科学，2012（12）：78-89.

［99］穆怀中. 养老保险体制改革中的关键经济因素分析［J］. 中国人口科学，2004（4）：44-51.

［100］聂建亮，钟涨宝. 新型农村社会养老保险推进的基层路径——基于嵌入性视角［J］. 华中农业大学学报（社会科学版），2014（1）：103-110.

［101］欧阳仁根. 试论国家在建立农村社会保障制度中的职责［J］. 财贸研究，2002（3）：28-31.

［102］亓昕. 农民养老方式与可行能力研究［J］. 人口研究，2010（1）：75-85.

［103］钱亚仙. 地方政府在农村社会保障中的责任探讨［J］. 中共青岛市委党校（青岛行政学院学报），2008（4）：67-69.

［104］冉维. 关于我国财政社会保障支出的分析［J］. 重庆工商大学学报（社会科学版），2007（8）：45-49.

［105］单晓红. 社保基金预算的方法、路径与机制解析［J］. 中国社会保障，2010（3）：29-30.

［106］邵美侠. 初探我国农村社会养老保险［J］. 人口与经济（增刊），2008（4）：200-201.

［107］邵挺. 养老保险体系从现收现付制向基金制转变的时机到了吗？——基于地方财政能力差异的视角［J］. 财贸经济，2010（11）：71-76.

［108］舒成. 基层财政收支灰色预测模型及应用［J］. 统计与决策，2010（3）：49-50.

［109］苏国丽. 我国农村社会养老保障存在的问题及对策［J］. 东方企业文化，2010（4）：142-144.

［110］申策，John Williamson. 中国农村老年人最低社会养老金制度的必要性、可行性及可能的社会效益［J］. 中国农村经济，2006（8）：50-55.

［111］孙博，雍岚. 养老保险替代率警戒线测算模型及实证分析——以陕西省为例［J］. 人口与经济，2008（5）：66-70.

［112］孙继华. 关于建立健全我国政府预算体系的研究［J］. 财会研究，2011（16）：11-13.

［113］谭克俭，王建华. 农村社会养老保险发展中的几个焦点问题［J］. 南京人口管理干部学院学报，2006（4）：21-24.

[114] 覃双凌. 我国农村社会保障制度改革中的政府责任问题探讨 [J]. 生产力研究，2009（9）：4-7.

[115] 陶勇. 社会保障供给中政府间责权配置研究 [J]. 中央财经大学学报，2007（10）：17-21.

[116] 陶知翔，徐茗臻. 论新农村社会保障的国家责任与国家管理 [J]. 中国市场，2007（11）：98-99.

[117] 汪敏. 农村社会保障中政府责任的反思 [J]. 湖北社会科学，2009（1）：44-50.

[118] 汪柱旺. 农村养老保险：供给主体与制度创新 [J]. 当代财经，2006（10）：37-40.

[119] 王德忠. 提高老年农民养老保障水平的新思路 [J]. 四川师范大学学报（社会科学版），2013（5）：49-54.

[120] 王国军. 现行农村社会养老保险制度的缺陷与改革思路 [J]. 上海社会科学院学术季刊，2000（1）：120-127.

[121] 王朋，徐怀伏. 养老保险中政府行为与市场行为的均衡分析 [J]. 中国医药技术经济与管理，2007（8）：84-89.

[122] 王石生. 关于新型农村养老保险问题的研讨综述 [J]. 经济研究参考，2013（18）：35-44.

[123] 王文素. 政府对农村社会养老保障支持的长效机制探讨 [J]. 地方财政研究，2010（11）：15-21.

[124] 王晓洁，张晋武. 财政保障新型农村养老保险制度实施策略分析——以"全覆盖"目标为视角 [J]. 河北经贸大学学报，2012（6）：58-60.

[125] 王晓洁. 新型农村养老保险制度中财政补贴对农民缴费能力影响分析——基于2010年河北省37个试点县数据的考察 [J]. 财贸经济，2012（11）：29-36.

[126] 王荣山. 论建立社会保障预算 [J]. 财经问题研究，1995（9）：22-26.

[127] 王威威. 财政预算体系下的社会保险基金预算研究 [J]. 财会研究，2012（4）：9-11.

[128] 王一涵. 政府利益博弈对农村社会保障制度供给的制约分析 [J]. 广西农学报，2007（4）：65-68.

[129] 魏和宁. 建立社会保障预算的实践与思考 [J]. 中国财政，1999 (11)：24-25.

[130] 卫松. 新型农村社会养老保险问题研究述评 [J]. 改革与战略，2010 (6)：205-209.

[131] 吴海盛，邓明. 江苏省农民对养老保险选择意愿的实证分析 [J]. 中国人口·资源与环境，2010 (3)：465-468.

[132] 吴海盛. 农村老人生活质量现状及影响因素分析——基于江苏省农户微观数据的分析 [J]. 农业经济问题，2009 (10)：44-50.

[133] 吴永求，冉光和. 农村养老保险制度吸引力及公平性研究 [J]. 经济与管理研究，2012 (10)：51-55.

[134] 席恒. 公共政策制定中的利益均衡——基于合作收益的分析 [J]. 上海行政学院学报，2009 (6)：39-45.

[135] 熊波，林丛. 农村居民养老意愿的影响因素分析——基于武汉市江夏区的实证研究 [J]. 西北人口，2009 (3)：101-105.

[136] 徐广荣，朱法锦. 论政府在建立农村社会养老保险制度中的行政职能作用 [J]. 社会工作研究，1994 (4)：15-17.

[137] 徐强，王延中. 新农保公共财政补助水平的适度性分析 [J]. 江西财经大学学报，2012 (5)：41-49.

[138] 徐文芳. 国外农村养老保障实践及对我国的启示 [J]. 社会保障研究，2010 (2)：8-15.

[139] 徐通. 试论政府在农村养老保险制度中的责任 [J]. 黑河学刊，2008 (3)：132-133.

[140] 肖忠清. 建立我国统一的社会保障预算的具体设想 [J]. 吉林财税，1995 (7)：34-35.

[141] 薛惠元，王翠琴. 新农保财政补助政策地区公平性研究——基于 2008 年数据的实证分析 [J]. 农村经济，2010 (7)：95-99.

[142] 薛惠元，张德明. 新农保基金筹集主体筹资能力分析 [J]. 税务与经济，2010 (2)：32-37.

[143] 薛菁. 公共财政视角下的农村社会保障建设 [J]. 福州党校学报，2007 (1)：29-30.

[144] 闫俊. 社保基金预算收支平衡实现路径 [J]. 人民论坛，2011 (17)：120-121.

[145] 闫俊. 社会保险基金预算管理中的政府理财责任 [J]. 社会保障研究，2011 (1)：26-30.

[146] 阳义南. 农村社会养老保险基金筹资机制改革的若干对策 [J]. 农业经济问题 (月刊)，2005 (1)：40-44.

[147] 杨斌，丁建定. 新型农村社会养老保险个人账户给付月数的测算与分析 [J]. 江西财经大学学报，2012 (6)：52-59.

[148] 杨翠迎，米红.农村社会养老保险：基于有限财政责任理念的制度安排及政策构想 [J]. 西北农林科技大学学报 (社会科学版)，2007 (5)：1-7.

[149] 杨翠迎，孙珏妍. 推行新农保，瞻前顾后很重要 [J]. 中国社会保障，2010 (7)：25-27.

[150] 杨德清，董克用. 普惠制养老金——中国农村养老保障的一种尝试 [J]. 中国行政管理，2008 (3)：54-58.

[151] 杨东乐. 论我国农村社会养老保险的互济性 [J]. 黑河学刊，2005 (11)：116-118.

[152] 杨惠芳. 城乡社会养老保障一体化的实践与探索——以浙江省嘉兴市为例 [J]. 农业经济问题，2008 (5)：83-87.

[153] 杨静静. 现收现付制下农村养老保险制度的财政可行性分析 [J]. 劳动保障世界，2012 (2)：11-16.

[154] 杨立雄. 建立非缴费性的老年津贴——农村养老保障的一个选择性方案 [J]. 中国软科学，2006 (2)：11-21.

[155] 杨方方. 关于中央和地方政府社会保障责任划分的几点看法 [J]. 经济体制改革，2003 (3)：18-20.

[156] 姚从容，李建民. 人口老龄化与经济发展水平：国际比较及其启示 [J]. 人口与发展，2008 (2)：80-87.

[157] 于长革. 政府社会保障支出的社会经济效应及其政策含义 [J]. 广州大学学报 (社会科学版)，2007 (9)：36-41.

[158] 于长永. 农民养老风险、策略与期望的地区差异分析 [J]. 人口学刊，2010 (6)：23-32.

[159] 于凌云，石磊. 农村社会保障及政府承担力的一个基本判断 [J]. 广东金融学院学报，2008 (3)：98-104.

[160] 郁建兴，高翔. 地方政府在农村社会保障体系建设中的作用——以宁波市江北区为例 [J]. 中共宁波市委党校学报，2008 (4)：25-32.

[161] 曾毅. 中国人口老龄化的“二高三大”特征及对策探讨 [J]. 人口与经济，2001 (5)：3-9.

[162] 张朝华，丁士军. “新农保”推广中存在的主要问题——基于广东粤西农户的调查 [J]. 经济纵横，2010 (5)：9-11.

[163] 张明珠. 对“十二五”时期财政体制改革预测与探究 [J]. 山西经济管理干部学院学报，2010 (2)：41-42.

[164] 张瑞书，王云峰. 新型农村社会养老保险适度给付水平研究 [J]. 中国社会科学院研究生院学报，2011 (5)：141-144.

[165] 张万强. 中国财政体制改革的演进逻辑及公共财政框架的构建 [J]. 财经问题研究，2009 (3)：12-15.

[166] 张为民. 我国新型农村社会养老保险经济支持能力研究 [J]. 西北人口，2010 (2)：57-60.

[167] 张正军，刘玮. 社会转型期的农村养老：家庭方式需要支持 [J]. 西北大学学报（哲学社会科学版），2012 (3)：60-67.

[168] 张长飞. 关于建立我国社会保障预算的构想 [J]. 河南财政税务高等专科学校学报，2007 (5)：1-6.

[169] 张红霞，刘健. 关于我国建立社会保障预算的若干思考 [J]. 山东财政学院学报，1996 (1)：38-40.

[170] 张利平. 论社会保障中的政府责任 [J]. 新视野，2005 (2)：35-37.

[171] 赵慧珠. 中国农村社会养老保障的七大难题 [J]. 中共中央党校学报，2008 (4)：90-94.

[172] 赵建国，韩军平. 影响农村养老保险制度需求的因素分析 [J]. 财经问题研究，2007 (8)：66-71.

[173] 赵诤. 我国农村养老保障中的政府角色分析 [J]. 湖南社会科学，2012 (4)：117-119.

[174] 赵亚平. 建立社会保障预算的政策思考 [J]. 成人高教学刊，2008 (4)：

18–21.

［175］郑功成. 中国社会保障改革与未来发展［J］. 中国人民大学学报，2010（5）：2–14.

［176］郑军. 经济增长方式对农村社会保障中财政责任的影响分析［J］. 财会研究，2008（17）：6–10.

［177］郑军. 中国农村养老保障制度中政府责任的理论框架：基于制度文化的视角［J］. 经济理论与经济管理，2012（10）：99–107.

［178］郑春荣. 德国农村养老保险体制分析［J］. 德国研究，2002（4）：37–41.

［179］钟水映，李魁. 计划生育利益导向长效机制及政策体系探讨［J］. 人口研究，2008（2）：91–96.

［180］钟水映，李魁. 人口红利与经济增长关系研究综述［J］. 人口与经济，2009（2）：55–59.

［181］周绍斌. 论农民养老中的政府职能［J］. 人口学刊，2003（1）：34–38.

［182］周莹. 新型农村社会养老保险中基本养老金仿真学精算模型［J］. 上海经济研究，2009（7）：17–21.

［183］周顺明. 试论建立社会保障预算［J］. 湖北财税，1999（12）：6–9.

［184］朱栢铭. 建立我国社会保障预算的构想［J］. 财政研究，1998（2）：45–48.

［185］朱俊生. 推进新农保制度的难点在地方财政［J］. 农村工作通讯，2009（20）：39.

学术论文类：

［1］蔡霞. 新型农村社会养老保险理论与政策研究［D］. 武汉：武汉大学博士学位论文，2011.

［2］高和荣. 风险社会下中国农村合作医疗制度的重建［D］. 长春：吉林大学博士学位论文，2004.

［3］顾永红. 农村养老风险规避与保障方式研究［D］. 长沙：中南财经政法大学博士学位论文，2012.

［4］华黎. 新型农村社会养老保险制度中政府财政支持研究［D］. 武汉：华中科技大学博士学位论文，2011.

[5] 黄庆杰. 城乡统筹的农村社会养老保障——制度选择与政府责任 [D]. 北京：中国社会科学院研究生院博士学位论文，2009.

[6] 刘迪平. 中国新型农村社会养老保险长效供给研究 [D]. 苏州：苏州大学博士学位论文，2012.

[7] 王成鑫. 中国新型农村社会养老保险财政负担水平研究 [D]. 沈阳：辽宁大学博士学位论文，2011.

[8] 苑梅. 我国农村社会养老保险制度研究 [D]. 沈阳：东北财经大学博士学位论文，2011.

[9] 张馥厚. 农村基本养老保险资金供款中的政府责任及其可行性研究——以宁夏为例 [D]. 杭州：浙江大学硕士学位论文，2008.

英文类：

[1] Ammann, M.. Return Guarantees and Portfolio Allocation of Pension Funds [J]. Financial Markets and Portfolio Management, 2003, 17 (3): 277-283.

[2] Bental, B.. The Old Age Security Hypothesis and Optimal Population Growth [J]. Journal of Population Economics, 1989, 1 (4): 285-301.

[3] Blankley, A. I., Cottell, P. G., & Hurtt, D.. An Empirical Examination of Pension Rate Estimates: A Benchmark Approach [J]. Journal of Applied Business Research (JABR), 2010, 26 (2).

[4] Bonnefond, C., & Clément, M.. An Analysis of Income Polarisation in Rural and Urban China [J]. Post-Communist Economies, 2012, 24 (1): 15-37.

[5] Bosmans, K., & Schokkaert, E.. Equality Preference in the Claims Problem: A Questionnaire Study of Cuts in Earnings and Pensions [J]. Social Choice and Welfare, 2009, 33 (4): 533-557.

[6] Bosworth, B.. Economic Consequences of the Great Recession: Evidence from the Panel Study of Income Dynamics [J]. Boston College Center for Retirement Research Working Paper, 2012 (4).

[7] Bovenberg, A. L.. Reforming Social Insurance in the Netherlands [J]. International Tax and Public Finance, 2000, 7 (3): 345-368.

[8] Devinatz, V. G.. Introduction to Therise and Demise of Defined Benefit

Pension Plans [J]. Employee Responsibilities and Rights Journal, 2007, 19 (3): 221-221.

[9] Farid, M., & Cozzarin, B. P.. China's Pension Reform: Challenges and Opportunities [J]. Pensions: An International Journal, 2009, 14 (3): 181-190.

[10] Favreault, M., & Michelmore, K.. How Could We Revitalize Social Security [J]. Washington, DC: Urban Institute, Retrieved June, 15, 2009.

[11] Feldstein, M.. Social Security Pension Reform in China [J]. China Economic Review, 1999, 10 (2): 99-107.

[12] Forta, L.. Social Insurance for Aging Rural Households: A Comparative Perspective, 2001: 13.

[13] Frazier, M. W.. Socialist Insecurity: Pensions and the Politics of Uneven Development in China [J]. Ithaca, NY: Cornell University Press, 2010.

[14] Gough, O., & Sozou, P. D.. Pensions and Retirement Savings: Cluster Analysis of Consumer Behaviour and Attitudes [J]. International Journal of Bank Marketing, 2005, 23 (7): 558-570.

[15] Gouskova, E., Chiteji, N., & Stafford, F.. Pension Participation: Do Parents Transmit Time Preference? [J]. Journal of Family and Economic Issues, 2010, 31 (2): 138-150.

[16] Hu, X., & Ran, R.. Overview of Multiple Calculating Methods for Land Expropriation Compensation Standard—A Case of Arable Land in Nanyang [J]. Henan Province, China. Asian Social Science, 2012, 8 (4): 90.

[17] Impavido, G., Hu, Y. W., & Li, X.. Governance and Fund Management in the Chinese Pension System (EPub) [J]. International Monetary Fund, 2009: 9.

[18] Inagaki, S.. The Effects of Proposals for Basic Pension Reform on the Income Distribution of the Elderly in Japan [J]. The Review of Socionetwork Strategies, 2010, 4 (1): 1-16.

[19] John B., Williamson, Fred C. Pampel. Old-Age Security in Comparative Perspective [M]. 北京：法律出版社，2002.

[20] Jung, C. L., & Walker, A.. The Impact of Neo-liberalism on South Korea's Public Pension: A Political Economy of Pension Reform [J]. Social Policy & Ad-

ministration, 2009, 43 (5): 425-444.

[21] Kang, J. Y., & Lee, J.. A Comparison of the Public Pension Systems of South Korea and Japan from a Historical Perspective Focusing on the Basic Pension Schemes. In a Conference Sponsored by the Association for Public Policy Analysis and Management. National University of Singapore, Singapore, 2009.

[22] Kling, A., Russ, J., & Schmeiser, H.. Analysis of Embedded Options in Individual Pension Schemes in Germany [J]. The Geneva Risk and Insurance Review, 2006, 31 (1): 43-60.

[23] Kruse, A.& Palmer, E.. The New Swedish Pension System ñ Financial Stability and the Central Government Budget. In Urban Institutes International Conference on Social Secuirty Reform, 2006 (24).

[24] Kwon, H. J.. The Reform of the Developmental Welfare State in East Asia [J]. International Journal of Social Welfare, 2009, 18 (s1): S12-S21.

[25] Leisering, L., Gong, S., & Hussain, A.. People's Republic of China: Old-age Pensions for the Rural Areas: From Land Reform to Globalization [R]. Asian Development Bank, 2002.

[26] Leonhardt, D.. Life Expectancy in China Rising Slowly, Despite Economic Surge [N]. New York Times, 2010: 23.

[27] LIU, C. P., & XIE, T.. On the Endowment Insurance Supported by State Financial Subsidies in China's New Rural Communities [J]. Journal of Northeastern University (Social Science), 2009 (5): 12.

[28] Loong, L. H., & Minister, P.. Preparing for an Aging Population—The Singapore Experience [J]. The Journal: AARP International, 2009: 12-17.

[29] Meder, A.. Managing Pension Liability Credit Risk: Maintaining a Total Portfolio Perspective [J]. The Journal of Portfolio Management, 2009, 36 (1): 90-99.

[30] Mehl, P.. A Marathon rather than a Sprint: The Reform of the Farmers' Pension System in Germany and Its Impacts. In Institutions and Sustainability (pp. 61-82). Springer Netherlands, 2009.

[31] Motel-Klingebiel, A.. Quality of Life in Old Age, Inequality and Welfare

State Reform: A Comparison between Norway, Germany, and England. Inquality of Life in Old Age (pp. 85-100). Springer Netherlands, 2007.

[32] Murakami, M., & Tanida, N.. The Flow of Information Through People's Network and Its Effect on Japanese Public Pension System. In Agent-Based Approaches in Economic and Social Complex Systems VI. Springer Japan, 2011: 99-118.

[33] Nielsen, P. H.. Utility Maximization and Risk Minimization in Life and Pension Insurance [J]. Finance and Stochastics, 2006, 10 (1): 75-97.

[34] Orszag, P. R., & Stiglitz, J. E.. Rethinking Pension Reform: Ten Myths About Social Security Systems[J]. New Ideas About Old Age Security, 2001: 17-56.

[35] Robalino, D. A., & Bodor, A.. On the Financial Sustainability of Earnings-related Pension Schemes with "Pay-as-you-go" Financing and the Role of Government-indexed Bonds [J]. Journal of Pension Economics and Finance, 2009, 8 (2): 153-187.

[36] Rutkowska-Podolowska, M.. Healthinsurance of Farmers in Porland [R]. In Economic Science for Rural Development Conference Proceedings (No. 30), 2013, January.

[37] Sanchez-Marcos, V., & Sanchez-Martin, A. R.. Can Social Security be Welfare Improving When There is Demographic Uncertainty?[J]. Journal of Economic Dynamics and Control, 2006, 30 (9): 1615-1646.

[38] Schmidt, S.. China: A Welfare State? The Development of the Welfare Effort in a Multi-dimensional Context [EB/OL]. http: //essay.utwente.n1/61664/, 2012.

[39] Schwarzer, H., & Querino, A. C.. Non-contributory pensions in Brazil: The Impact on Poverty Reduction [J]. International Labour Office, 2002.

[40] Shen, C., & Williamson, J. B.. China's New Rural Pension Scheme: Can It Be Improved? [J]. International Journal of Sociology and Social Policy, 2010, 30 (5/6): 239-250.

[41] Shen, C., & Williamson, J. B.. Does a Universal Non-contributory Pension Scheme Make Sense for Rural China? [J]. Journal of Comparative Social Welfare, 2006, 22 (2): 143-153.

[42] Shi, S. J., & Mok, K. H.. Pension Privatisation in Greater China: Institutional Patterns and Policy Outcomes [J]. International Journal of Social Welfare, 2012, 21 (s1): S30–S45.

[43] Shi, S. J.. The Contesting Quest for Old–age Security: Institutional Politics in China's Pension Reforms [J]. Journal of Asian Public Policy, 2011, 4 (1): 42–60.

[44] Sundén, A.. The Swedish Pension System and the Economic Crisis [J]. Issue in Brief, 2009: 9–25.

[45] Valdés–Prieto, S.. Securitization of Taxes Implicit in PAYG Pensions [J]. Economic Policy, 2005, 20 (42): 215–265.

[46] Wang, L.. Robust Stability Analysis for the New Type Rural Social Endowment Insurance System with Minor Fluctuations in China [J]. Discrete Dynamics in Nature and Society, 2012.

[47] Weller, C. E., & Wenger, J. B.. Prudent Investors: The Asset Allocation of Public Pension Plans [J]. Journal of Pension Economics & Finance, 2009, 8 (4): 501.

[48] Williamson, J. B., Price, M., & Shen, C.. Pension Policy in China, Singapore, and South Korea: An Assessment of the Potential Value of the Notional Defined Contribution Model [J]. Journal of Aging Studies, 2012, 26 (1): 79–89.

[49] Williamson, J. B., Shen, C., & Yang, Y.. Which Pension Model Holds the Most Promise for China: A Funded Defined Contribution Scheme, A Notional Defined Contribution Scheme or a Universal Social Pension? [J]. Benefits, 2009, 17 (2): 101–111.

[50] Willmore, L.. Universal Pensions in Low Income Countries. Initiative for Policy Dialogue, Pensions and Social Insurance Section, Discussion Paper No. IPD–01–05, 2004.

[51] Xiang, T., & Sun, G.. New Rural Old–age Pension Program, Liquidity Constraints and Human Capital Investment [C]. In Management and Service Science (MASS) [A]. 2011 International Conference on, IEEE, 2011 (8): 1–4.

[52] Yang, Y., Williamson, J. B., & Shen, C.. Social Security for China's

Rural Aged: A Proposal Based on a Universal Non-contributory Pension[J]. International Journal of Social Welfare, 2010, 19 (2): 236-245.

[53] Yiping, H., & Kunyu, T.. Causes and Remedies of China's External Imbalances [J]. Macroeconomics Working Papers, 2010: 22-23.

[54] Yoon, H.. South Korea: Balancing Social Welfare in Post-industrial Society [J]. Springer New York, 2009: 333-345.

[55] Zhang, W., & Tang, D.. The New Rural Social Pension Insurance Programme of Baoji City. Help Age International-Asia/P acific, Chiang Mai, 2008.

后 记

本书研究农民社会养老保险制度的公共投入优化问题，是在笔者博士学位论文的基础上修改而成。由于本人水平有限，加之农民社会养老保险制度是一个需要与时俱进的理论和实践课题，本书可能存在很多不足。今后，作者会进行后续的深入研究。

书稿付梓之时，感谢我的工作单位——华南农业大学公共管理学院的领导和同事给予我的诸多帮助，点点滴滴记在心头！

饮水思源，师恩难忘！感谢我的母校——中国人民大学对我的教育和培养，感谢母校所有老师细心无私的指导与帮助。

回首博士三年求学之路，有太多的人需要谨记，有太多的人需要感谢！

我最要感谢的是我的博士生导师——王延中研究员。“学生能够找到一位好老师，是其一生的幸运”。我就是这样一群幸运的学生之一。王老师学识渊博、勤勉刻苦、虚怀若谷、乐观旷达、待人热诚，凡此种种，难以尽数。准备考博期间，在武汉大学举行的一次学术会议上第一次见到王老师，我谈起自己的考博意向。如今还清晰记得王老师的话语：“选择读博士，将来进行学术研究，不会是一件很轻松的事情。如果认准了这条道路，就要有勤勉吃苦的准备。”在准备考博的日子里，每当我稍有松懈，就会想起王老师的告诫，使我不敢有所懈怠。毫无疑问，我是幸运的，在众多报考的学生中我被录取了，成为中国人民大学的一名博士生，成为王老师的学生。正是恩师引导我步入学术的殿堂，使我明白何为做真正的学术研究，何为真正的学者。恩师的一言一行、一论一说无不惠我甚若甘霖！博士论文得以顺利完成，字里行间无不浸透了恩师的大量心血。从论文的选题到研究框架的斟酌修改，恩师不断给予我悉心的指导和启发。初稿完成之后，恩师又在繁忙的工作之余逐字逐句进行认真细致的批阅，每每看到恩师凌晨返给我的邮件，都使我感动至深。师恩难谢，唯奋进不止。值此论文完稿之际，谨向恩师及恩师家人致以最美好的祝福和最真诚的谢意。

感谢郑功成教授，博士期间郑老师的两门课程使我对社会保障有了全新的认识，全新的理解。他对公平、正义、共享价值理念的追求，始终使我心存敬畏；他坚定强烈的社会责任感、认真忘我的工作态度，始终激励鼓舞着我。在劳动人事学院的三年学习中，感谢仇雨临教授、潘锦棠教授、韩克庆教授、杨立雄教授、杨俊副教授、鲁全老师的关心和帮助。感谢答辩委员会成员（石美遐老师、仇雨临老师、刘杰老师、韩克庆老师、薛在兴老师）对我论文提出的认真中肯的意见。感谢学院罗琼老师不辞辛劳地为我们提供诸多帮助，在此一并深表感谢。

感谢我敬爱的三叔！感谢您在学习上、生活上对我无微不至的关心和帮助，您为我指引了前进的方向，使我有了比较清晰的人生规划，有了前进的目标和奋斗的动力。如果没有您的指导与帮助，我至今可能还是一名奋战在一线的高中教师，根本没有到首都北京学习深造的机会。在北京的三年，我收获颇多，开阔了视野，增长了见识，见识了诸多学术界的泰斗级人物，明白了何为真正之学术，何为真正之学者，我想这是我一生的财富。

感谢我的各位博士同门，你们中有许多人曾给予我许多帮助！感谢我的室友向征博士、孙利虎博士，相信我们的友谊一定会天长地久！感谢我的师弟宁亚芳博士，我不在学校期间帮我处理太多的事务！感谢我的朋友们，我的求学生涯正是有你们的陪伴而始终快乐充实！限于篇幅，名单不再一一列举，我将永远珍惜这些宝贵的情谊！

感谢我的父母及亲人，你们的理解和关怀一直以来都是我最大的动力。你们对我每一次选择的全力支持和指导，才使我在求学道路上顺利地前行，我常常感到幸运和幸福！

感谢爱妻周杨女士，从 2001~2014 年，我们走过了相识、相知、相恋、相守的 13 年。正是你的支持与陪伴，使我有了不断奋斗前行的动力。感谢幼子徐辰轩，正是你的到来，给我们原本的二人世界平添了很多快乐！给了我们回到生命原点，再一次找回自己，完善自己，超越自己的机会。让我们看到了曾百般纯真的自我，也正是如此，让我们更加有勇气去做“最好的自己”，勇于自我管理。拥有正面诠释人生、感知幸福的能力。

最后，感谢经济管理出版社张世贤社长、申桂萍主任对本书提出的宝贵意见和建议，感谢他们对本书出版的大力支持！

徐 强

2015 年 1 月 26 日